발달지체 영유아 조기개입 | 인지편 1

임경옥 저

학지사

필자가 25년을 특수교육현장에 있으면서 느꼈던 가장 큰 안타까움은 장애 및 발달지체 영유아를 지도하기 위해 조기에 개입할 수 있는 지침서가 없다는 것이었다. 이와 관련하여 이들을 양육하는 부모와 현장에서 지도하는 교사들의 요구가 지속되었지만 감히 엄두를 낼 수가 없었다.

그러나 대학에서 후학을 양성하고자 운영하던 특수교육기관을 정리하면서 그동안 미루어왔던 장애 영유아 발달 영역별 지도를 위한 지침서를 현장 경험을 바탕으로 열정 하나만 가지고 집필하였고, 출간된 지 벌써 6년이 지났다.

열정만 가지고 집필했던 지침서는 6년이 지난 현 시점에서 돌이켜 보면 부끄러워 감히 내놓을 수 없을 만큼 미숙하고 부족한 부분이 너무 많아 죄송한 마음을 금할 길 없다. 그럼에도 불구하고 『장애 영유아 발달 영역별 지침서』(전5권)가 장애 영유아를 지도하는 데 많은 도움이 되었다는 장애아동의 부모님, 특수교사, 그리고 장애 영유아를 위한 유아 교육현장의 통합반 담당 교사들에게 먼저 감사드린다. 그리고 부족한 부분에 조언을 아끼지 않고 오랫동안 이 책을 지켜봐 주신 주변 지인들에게도 감사의 인사를 드린다. 이러한 지원과 채찍은 기존에 출판된 저서의 미숙하고 부족한 부분을 보완하여 전반적인 수정과 더불어 다시 집필해야 한다는 책무로 다가왔다. 그러므로 『발달지체 영유아 조기개입』에 대한 집필은 이 책을 아껴 주셨던 모든 분에게 감사의 마음으로 헌납하고자 심혈을 기울였으며, 처음 집필 시의 열정을 가지고 미숙하게 출간된 부끄러움을 조금이나마 만회하고자 최선을 다하였다.

이 책은 시리즈로 구성되어 각 영역별로 구성되어 있다. '인지' '수용언어' '표현언어' '대근육과 소근육' '사회성과 신변처리' 등의 영역으로 구성되어 있으며, 각 영역별로 가정에서도 장애 및 발달지체 영유아를 쉽게 지도할 수 있도록 초점을 맞추었다. 이를 위해 가능한 한 전문적인 용어를 배제하고 가장 쉽게 이해할 수 있는 용어를 선택하고자 고심하였으며, 실제적이고 기능 중심적인 항목을 배치하고자 노력하였다. 그리고 각 항목마다 되도록 자세히 서술하였고, 각 책의 부록에는 각 영역별 발달수준을 체크하여 지도할 수 있도록 항목별 시행 일자와 습득 일자를 기록할 수 있는 관찰표를 수록하였다.

따라서 이 책을 활용하여 지도할 경우, 각 항목의 방법 1은 수행 여부를 가늠하기 위한 선행검사에 중점을 두었으므로 방법 1로 각 항목의 수행 여부를 관찰표에 기록한 후 지도하도록 한다. 이를 위해 각 영역별로 개인별 특성을 고려하여 장애 및 발달지체 영유아의 현재 나이를 기준으로 한두 살 아래와 위 단계까지 관찰표에 수행 여부를 기록한 후 지도할 것을 권장한다. 또한 각 항목별 수행 후 반드시 다양하게 위치를 바꾸어 수행 여부를 확인해야 하며, 특히 그림 지도 시에는 위치가 고정되어 있어 외워서 수행될 가능성을 배제할 수 없으므로 그림을 여러 장 복사한 후 그림을 오려서 다양하게 위치를 바꾸어 확인해야 한다.

강화제(행동의 결과로 영유아가 좋아하는 것을 제공하는 것. 예: 음식물, 장난감, 스티커 등) 적용은 각 항목의 방법에 적용되어 있는 순서를 참고하여 필요시 각 단계마다 적절하게 상황을 판단하여 제공해 줄 것을 제안한다. 그리고 처음 지도 시에는 자주 강화제를 제공하다가 점차 줄여 나가야 함을 유의하도록 한다.

끝으로, 이 책이 장애 및 발달지체 영유아를 양육하는 부모님과 이들을 현장에서 지도하는 모든 교사 그리고 장애 영유아를 위한 보육교사와 특수교사를 배출하는 대학의 교재로서 미력하나마 도움이 되길 진심으로 바란다. 또한 이 책의 출판을 맡아 준 학지사의 김진환 사장님을 비롯하여 완성도 높은 책이 출판될 수 있도록 힘든 편집과 교정 및 삽화 작업을 묵묵히 도와주신 편집부 김준범 차장님과 직원들에게도 감사드린다. 마지막으로 이 책의 이해를 돕기 위해 사용한 삽화의 근간이 되어 준 『장애 영유아 발달 영역별 지침서』의 그림을 그려 준 딸 수지와 진심으로 격려해 주고 지원해 준 지인들에게 무한한 고마움을 전하며 모든 분에게 하나님의 축복과 영광이 함께하길 기원한다.

장애 및 발달지체 영유아의 행복한 삶을 기원하며

2017년 7월

임경옥

인지편

인지편

| 0~1세 | 1~2세 | 2~3세 | 3~4세 | 4~5세 | 5~6세 | 6~7세 |

 얼굴을 가린 손수건 치우기

목표 | 얼굴을 가린 손수건을 치울 수 있다.

자료 | 손수건, 강화제

방법 ❶

- 교사가 얼굴에 손수건을 덮은 후 손수건을 치우는 시범을 보인다.
- 침대나 바닥에 영아를 눕힌 후 영아 얼굴을 손수건으로 덮는다.
- 교사가 영아에게 노래를 불러 주거나 말을 걸어 함께 있음을 알려 준다.
- 영아 스스로 얼굴을 가린 손수건을 치워 보라고 한다.
- 수행되면 영아의 특성에 맞는 적절한 강화제를 제공한다.

방법 ❷

- 교사가 얼굴에 손수건을 덮은 후 손수건을 치우는 시범을 보인다.
- 침대나 바닥에 영아를 눕힌 후 영아 얼굴을 손수건으로 덮은 후 손수건을 치워 보라고 한다.
- 손수건을 치우지 못하면 교사가 영아의 손을 잡고 손수건 치우는 것을 도와준다.
- 도움을 점차 줄여 간다.
- 영아 스스로 얼굴을 가린 손수건을 치워 보라고 한다.
- 수행되면 영아의 특성에 맞는 적절한 강화제를 제공한다.

☞ 필요시 각 단계마다 적절한 강화제(예: 안아 주기, 뽀뽀하기, 칭찬하기, 좋아하는 과자나 장난감 주기 등)를 제공하면 과제 수행을 촉진할 수 있으므로 모든 연령에 활용하도록 한다.

☞ 일반적으로 영아의 얼굴을 손수건으로 가리는 경우 반사적으로 치우게 되어 쉽게 수행이 가능하다.

☞ 얼굴을 가린 손수건 치우기를 지도할 때 유의할 점은 교사 혹은 부모가 영아의 얼굴에 손수건을 덮으면 시야를 가려 불안해할 수 있으므로, 영아가 불안해하지 않도록 노래를 불러 주거나 말을 걸어 주도록 한다.

2 상자에서 물건 꺼내기 [0~1세]

목표 | 상자에 있는 물건을 꺼낼 수 있다.

자료 | 상자, 과자, 블록, 강화제

방법 ❶

- 교사가 상자에서 과자나 블록 꺼내는 방법을 시범 보인다.
- 그릇 속에 과자나 블록을 다시 넣는다.
- 영아에게 교사를 모방하여 상자에서 과자나 블록을 꺼내 보라고 한다.
- 수행되면 영아 스스로 꺼내 보게 한다.
- 수행되면 영아의 특성에 맞는 적절한 강화제를 제공한다.

방법 ❷

- 교사가 블록이나 과자, 사탕 등을 상자 속에 넣고 흔들어 소리를 냄으로써 영아의 주의를 집중시킨 후, 상자에서 꺼내는 시범을 보인다.
- 영아에게 교사를 모방하여 과자나 블록을 꺼내 보라고 말한다.

- 과자나 블록을 꺼내지 못하면 교사가 영아의 손을 잡고 과자나 블록 꺼내는 것을 도와준다.
- 교사가 과자 및 블록을 손가락으로 가리키면서 영아에게 꺼내 보라고 한다.
- 도움을 점차 줄여 간다.
- 영아 스스로 상자에서 과자나 블록을 꺼내 보라고 한다.
- 수행되면 영아의 특성에 맞는 적절한 강화제를 제공한다.

☞ 상자 대신 집에서 쉽게 사용할 수 있는 그릇이나 통을 사용할 수 있다. 그리고 일반적으로 영아가 좋아하는 과자를 사용하면 쉽게 수행이 가능하다.

③ 상자에 물건 넣기　　0~1세

목표 ┃ 상자에 물건을 넣을 수 있다.

자료 ┃ 상자, 그릇, 과자, 사탕, 블록, 물, 무게가 있는 작은 물건, 강화제

방법 ❶

- 교사가 상자에 과자나 사탕 또는 블록 넣는 방법을 시범 보인다.
- 영아에게 교사를 모방하여 상자에 과자나 사탕 또는 블록을 넣어 보라고 한다.
- 수행되면 영아 스스로 상자에 과자나 사탕 또는 블록을 넣어 보라고 한다.
- 수행되면 영아의 특성에 맞는 적절한 강화제를 제공한다.

방법 ❷

- 교사가 과자나 사탕, 또는 블록을 상자에 소리가 나게 넣으면서 영아의 주의를 집중시킨다.
- 상자 밖에 있는 과자나 사탕 또는 블록을 가리키면서 "상자 안에 넣어요."라고 말한다.

- 상자 안에 넣지 못하면 교사가 영아의 손을 잡고 과자나 사탕 또는 블록 넣는 것을 도와준다.
- 도움을 점차 줄여 간다.
- 영아에게 상자에 과자나 사탕 또는 블록을 넣어 보라고 한다.
- 수행되면 영아의 특성에 맞는 적절한 강화제를 제공한다.

방법 ❸

- 그릇(통)에 물을 반쯤 채운다.
- 교사가 무게가 있는 작은 물건이나 블록을 떨어뜨려 물이 튀는 모습을 시범 보인다.
- 영아에게 "안에 넣어요."라고 말하면서 언어적인 도움을 준다.
- 영아가 그릇 안에 넣지 못하면 손을 잡고 도와준다.
- 도움을 점차 줄여 간다.
- 영아에게 그릇에 무게가 있는 작은 물건이나 블록을 넣어 보라고 한다.
- 수행되면 영아의 특성에 맞는 적절한 강화제를 제공한다.

☞ 주의점: 영아가 좋아하는 과자를 사용할 경우 상자 안에 넣지 않고 먹으려고 하는 경우가 종종 발생한다. 그러므로 과자를 사용할 경우 영아의 특성을 파악하여 신중을 기하도록 한다.

 상자에 물건 세 개를 넣었다 꺼내기 0~1세

목표 | 상자에 물건 세 개를 넣었다 꺼낼 수 있다.
자료 | 상자, 블록, 강화제

방법 ❶

- 상자와 상자에 넣을 물건을 준비한다.
- 교사가 상자에 물건 세 개를 집어 넣으면서 "안에."라고 말하고, 꺼내면서 "밖에."

라고 말하며 물건 세 개를 집어 넣고 꺼내는 방법을 시범 보인다.

- 영아에게 교사를 모방하여 상자에 물건 세 개를 넣었다 꺼내 보라고 한다.
- 수행되면 영아 스스로 상자에 물건 세 개를 넣었다 꺼내 보게 한다.
- 수행되면 영아의 특성에 맞는 적절한 강화제를 제공한다.

방법 ❷

- 교사가 "안에." 라고 말하면서 상자 안에 물건 세 개를 집어 넣는 방법을 시범 보인다.
- 영아에게 교사를 모방하여 상자에 물건 세 개를 넣어 보라고 한다.
- 넣지 못하면 교사가 영아의 손을 잡고 상자 안에 물건 세 개를 넣을 수 있도록 도와준다.
- 교사가 상자를 가리키며 물건 세 개를 넣어 보라고 한다.
- 도움을 점차 줄여 간다.
- 영아 스스로 상자에 물건 세 개를 넣어 보라고 한다.
- 수행되면 교사가 다시 "밖에." 라고 말하면서 상자에서 물건 세 개를 밖으로 꺼내는 시범을 보인다.
- 영아에게 교사를 모방하여 상자에서 물건 세 개를 꺼내 보라고 한다.
- 물건을 꺼내지 못하면 교사가 영아의 손을 잡고 상자 안에서 물건 세 개를 꺼낼 수 있도록 도와준다.
- 교사가 상자에 물건 세 개를 넣었다 꺼내는 시범을 다시 보여 준 후 영아 스스로 상자에 물건 세 개를 넣었다 꺼내 보라고 한다.
- 수행되면 영아의 특성에 맞는 적절한 강화제를 제공한다.

5 줄에 매달려 있는 장난감 흔들기 0~1세

목표 | 줄에 매달려 있는 장난감을 흔들 수 있다.

자료 | 영아용 침대, 줄, 흔들면 소리 나는 장난감(예: 종, 딸랑이 등), 강화제

방법 ❶

- 영아가 좋아하는 흔들면 소리 나는 다양한 장난감(예: 종, 딸랑이 등)을 줄에 매단다.
- 교사가 줄에 매달린 장난감을 흔들어 장난감이 앞, 뒤로 움직이면서 소리 나는 것을 영아가 볼 수 있도록 시범 보인다.
- 영아에게 교사를 모방하여 장난감을 흔들어 보라고 한다.
- 수행되면 영아 스스로 장난감을 흔들어 보라고 한다.
- 수행되면 영아의 특성에 맞는 적절한 강화제를 제공한다.

방법 ❷

- 영아용 침대의 난간에 영아의 손이 닿을 수 있는 길이로 소리 나는 다양한 장난감을 줄에 매단다.
- 영아를 침대에 눕힌다.
- 교사가 먼저 장난감을 흔들어 보인 후 영아도 모방하게 한다.
- 모방하지 못하면 교사가 영아의 손을 잡고 장난감을 흔들 수 있도록 도와준다.
- 교사가 영아의 손을 잡아 장난감에 영아의 손을 올려 준 후 흔들어 보라고 한다.
- 도움을 점차 줄여 간다.
- 영아 스스로 장난감을 흔들어 보라고 한다.
- 수행되면 영아의 특성에 맞는 적절한 강화제를 제공한다.

☞ 영아가 좋아하는 장난감 대신 과자, 사탕 등을 줄에 매달아 사용해도 효과적이다.

6 물건이나 사물 쳐다보기 `0~1세`

목표 | 물건이나 사물을 쳐다볼 수 있다.

자료 | 딸랑이, 각종 소리 나는 장난감, 과자, 사탕, 강화제

방법 ❶

- 교사가, 예를 들어 영아 눈앞에서 딸랑이를 흔들어 영아의 주의를 집중시킨다.
- 교사가 딸랑이를 계속 흔들면서 천천히 움직여 영아가 딸랑이를 계속 쳐다보게 한다.
- 수행되면 영아의 특성에 맞는 적절한 강화제를 제공한다.

방법 ❷

- 교사가, 예를 들어 영아 눈앞에서 딸랑이를 흔들어 주의를 집중시킨 후 딸랑이를 천천히 영아의 시야에서 치운다.
- 쳐다보지 않으면 교사가 딸랑이를 흔드는 행동을 반복하거나 딸랑이에 영아가 좋아하는 과자를 매달아 쳐다보도록 한다.
- 수행되면 과자를 떼어 낸 후 딸랑이만 가지고 천천히 움직여 영아가 딸랑이를 쳐다보도록 한다.
- 도움을 점차 줄여 간다.
- 교사가 딸랑이를 흔들며 천천히 움직일 때 영아 스스로 딸랑이를 쳐다보는지 확인한다.
- 수행되면 영아의 특성에 맞는 적절한 강화제를 제공한다.

☞ 영아가 좋아하는 소리 나는 장난감이나 좋아하는 과자 및 사탕 또는 바스락 소리가 나는 색깔이 있는 비닐을 딸랑이 대신 사용할 수 있다. 특히 영아가 좋아하는 과자나 사탕 또는 바스락 소리가 나는 색깔이 있는 비닐이 딸랑이보다 효과적일 경우도 있다.

7 떨어진 과자(장난감) 집어 올리기 0~1세

목표 | 떨어진 과자(장난감)를 집어 올릴 수 있다.

자료 | 과자 및 소리 나는 장난감, 쟁반, 강화제

방법 ❶

- 교사가 바닥에 쟁반을 놓고 장난감이나 과자를 쟁반에 떨어뜨린다.
- 교사가 바닥에 떨어진 장난감이나 과자를 집어 올리는 시범을 보인다.
- 영아에게 교사를 모방하여 장난감이나 과자를 집어 올리게 한다.
- 수행되면 영아 스스로 장난감이나 과자를 집어 올리게 한다.
- 수행되면 영아의 특성에 맞는 적절한 강화제를 제공한다.

방법 ❷

- 교사가 바닥에 쟁반을 놓고 장난감이나 과자를 쟁반에 떨어뜨린다.
- 교사가 바닥에 떨어진 장난감이나 과자를 집어 올리는 시범을 보인다.
- 영아에게 교사를 모방하여 장난감이나 과자를 집어 올리게 한다.
- 모방하지 못하면 교사가 영아의 손을 잡고 장난감이나 과자를 집어 올려 준다.
- 교사가 바닥에 있는 장난감이나 과자를 가리키며 영아에게 "장난감(과자)을 집어요."라고 말한다.
- 도움을 점차 줄여 간다.
- 영아 스스로 바닥에 있는 장난감이나 과자를 집어 올려 보라고 한다.
- 수행되면 영아의 특성에 맞는 적절한 강화제를 제공한다.

☞ 같은 방법으로 과자 및 장난감 외에 영아가 좋아하는 다른 물건을 사용해도 효과적이다.

8 컵 속에 있는 과자 찾기 〔0~1세〕

목표 | 컵 속에 있는 과자를 찾을 수 있다.

자료 | 좋아하는 과자류, 4절 종이, 손수건, 불투명 컵, 투명 컵, 강화제

방법 ❶

- 교사가 영아가 보는 앞에서 좋아하는 과자를 컵 안으로 떨어뜨리거나 컵 속에 집어 넣는다.
- 교사가 과자가 든 컵을 4절 종이(손수건)로 덮은 후 4절 종이(손수건)를 치우고 컵 속의 과자를 찾는 시범을 보인다.
- 영아에게 교사를 모방하여 과자를 찾아보라고 한다.
- 수행되면 영아 스스로 종이(손수건)를 치우고 컵 속의 과자를 찾아보라고 한다.
- 수행되면 영아의 특성에 맞는 적절한 강화제를 제공하거나 과자를 먹게 한다.

방법 ❷

- 교사가 영아가 보는 앞에서 좋아하는 과자를 컵 안으로 떨어뜨리거나 컵 속에 집어 넣는다.
- 교사가 과자가 든 컵을 4절 종이(손수건)로 덮은 후 4절 종이(손수건)를 치우고 컵 속의 과자를 찾는 시범을 보인다.
- 영아에게 교사를 모방하여 과자를 찾아보라고 한다.
- 모방하지 못하면 교사가 영아의 손을 잡고 종이(손수건)를 치운 후 과자를 찾아 준다.
- 교사가 종이(손수건)를 치운 후 영아에게 과자를 찾아보라고 한다.
- 교사가 종이(손수건)를 가리키며 영아에게 치우게 한 후 과자를 찾아보라고 한다.
- 도움을 점차 줄여 간다.
- 영아 스스로 종이(손수건)를 치운 후 컵 속에 있는 과자를 찾아보라고 한다.
- 수행되면 영아의 특성에 맞는 적절한 강화제를 제공하거나 과자를 먹게 한다.

☞ 어려워하면 처음에는 투명 컵을 사용하다 수행되면 불투명 컵으로 바꾸어 사용하도록 한다.

☞ 과자 대신 영아가 좋아하는 장난감이나 다른 물건이 있다면 대체하여 사용해도 효과적이다.

⑨ 상자 밑에 숨겨 놓은 물건 찾기 　1~2세

목표 ┃ 상자 밑에 숨겨 놓은 물건을 찾을 수 있다.

자료 ┃ 상자, 불투명 컵, 투명 컵, 손수건, 수건, 쟁반, 장난감, 영아가 좋아하는 과자, 강화제

방법 ❶

- 영아가 보는 앞에서 상자 밑에 과자나 장난감을 숨긴다.
- 교사가 "과자는 어디 있나 여~기 ♬"라고 노래 부르며 상자 밑에 있는 과자나 장난감을 찾는 시범을 보인다.
- 영아에게 교사를 모방하여 상자 밑에 있는 과자나 장난감을 찾아보라고 한다.
- 수행되면 영아 스스로 상자 밑에 있는 과자나 장난감을 찾아보라고 한다.
- 수행되면 영아의 특성에 맞는 적절한 강화제를 제공한다.

방법 ❷

- 영아가 보는 앞에서 상자 밑에 과자나 장난감을 숨긴 후 교사가, 예를 들어 "과자는 어디 있나 여~기 ♬"라고 노래 부르며 상자 밑에 있는 과자를 찾는 시범을 보인다.
- 영아에게 교사를 모방하여 상자 밑에 있는 과자나 장난감을 찾아보라고 한다.
- 과자나 장난감을 찾지 못하면 교사가 영아의 손을 잡고 상자 아래 숨겨 둔 과자나

장난감을 찾아 준다.

- 교사가 "과자는 어디 있나 여~기 ♬"라고 노래 부르며 과자가 있는 곳을 손으로 가리켜 준다.
- 도움을 점차 줄여 간다.
- 영아 스스로 상자 밑에 있는 과자나 장난감을 찾아보라고 한다.
- 수행되면 영아의 특성에 맞는 적절한 강화제를 제공한다.

방법 ❸

- 교사가 영아가 보는 앞에서 투명 컵을 거꾸로 뒤집어 투명 컵 안에 과자나 영아가 좋아하는 장난감을 놓는다.
- 교사가, 예를 들어 "과자는 어디 있나 여~기 ♬"라고 노래 부르며 투명 컵을 들어 과자를 찾는 시범을 보인다.
- 영아에게 교사를 모방하여 투명 컵 밑에 있는 과자를 찾아보라고 한다.
- 과자를 찾지 못하면 나머지 방법은 방법 ❷와 같이 지도한다.
- 수행되면 투명 컵을 불투명 컵으로 바꾸어 다시 시행한다.
- 수행되면 영아의 특성에 맞는 적절한 강화제를 제공한다.

☞ 같은 방법으로 손수건, 수건, 쟁반 밑에 감추어 둔 물건 찾기 놀이를 한다.

☞ 각 방법마다 노래 "♬ 눈은 어~디 있나 여~기!"를 응용하여 '눈' 대신 숨겨 놓은 물건의 이름을 넣어 노래 부르며 놀이식으로 지도하면 효과적이다.

10 도형판에서 동그라미 도형 꺼내기 1~2세

목표 ｜ 도형판에서 동그라미 도형을 꺼낼 수 있다.

자료 ｜ 동그라미, 세모, 네모 도형판, 강화제

방법 ❶

- 교사가 도형판에서 동그라미 도형을 꺼내는 시범을 보인다.
- 영아에게 교사를 모방하여 동그라미 도형을 꺼내 보라고 한다.
- 수행되면 영아 스스로 동그라미 도형을 꺼내 보라고 한다.
- 수행되면 영아의 특성에 맞는 적절한 강화제를 제공한다.

방법 ❷

- 교사가 도형판에서 동그라미 도형을 꺼내는 시범을 보인다.
- 교사가 도형판에서 동그라미 도형을 제외한 나머지 부분을 가려 준다.
- 영아에게 동그라미 도형을 꺼내 보라고 한다.
- 꺼내지 못하면 교사가 영아의 손을 잡고 동그라미 도형을 꺼내 준다.
- 교사가 동그라미 도형을 가리키며 영아에게 꺼내 보라고 한다.
- 도움을 점차 줄여 간다.
- 영아 스스로 동그라미 도형을 꺼내 보라고 한다.
- 수행되면 교사가 도형판에서 도형을 가렸던 부분은 치우고 영아에게 동그라미 도형을 꺼내 보라고 한다.
- 수행되면 하나의 도형만 가린 후, 예를 들어 동그라미 도형과 세모 도형, 혹은 동그라미 도형과 네모 도형 중에서 동그라미 도형을 찾아 꺼내 보라고 한다.
- 수행되면 도형을 가린 부분을 치우고 세 가지 도형 중 동그라미 도형을 찾아 꺼내 보라고 한다.
- 수행되면 영아의 특성에 맞는 적절한 강화제를 제공한다.

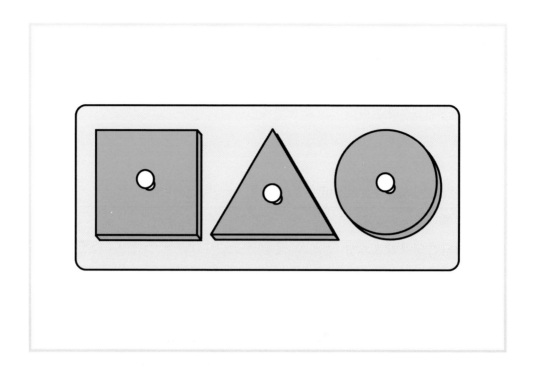

11 도형판에 동그라미 도형 넣기

1~2세

목표 | 도형판에 동그라미 도형을 넣을 수 있다.

자료 | 동그라미, 세모, 네모 도형판, 강화제

방법 ❶

- 교사가 도형판에 동그라미 도형을 어떻게 넣는지 시범을 보인다.
- 영아에게 교사를 모방하여 동그라미 도형을 찾아 넣어 보라고 한다.
- 수행되면 영아 스스로 동그라미 도형을 찾아 넣어 보라고 한다.
- 수행되면 영아의 특성에 맞는 적절한 강화제를 제공한다.

방법 ❷

- 교사가 도형판에 동그라미 도형을 넣는 시범을 보인다.

- 교사가 도형판에서 동그라미 도형을 제외한 나머지 부분을 가려 준다.
- 영아에게 동그라미 도형을 넣어 보라고 한다.
- 넣지 못하면 교사가 영아의 손을 잡고 동그라미 도형을 넣어 준다.
- 교사가 동그라미 도형을 가리키며 영아에게 넣어 보라고 한다.
- 도움을 점차 줄여 간다.
- 영아 스스로 동그라미 도형을 넣어 보라고 한다.
- 수행되면 교사가 도형판에서 도형을 가렸던 부분은 치우고 영아에게 동그라미 도형을 넣어 보라고 한다.
- 수행되면 하나의 도형만 가린 후, 예를 들어 동그라미 도형과 세모 도형, 혹은 동그라미 도형과 네모 도형 중에서 동그라미 도형을 찾아 넣어 보라고 한다.
- 수행되면 도형을 가린 부분을 치우고 세 가지 도형 중 동그라미 도형을 찾아 넣어 보라고 한다.
- 수행되면 영아의 특성에 맞는 적절한 강화제를 제공한다.

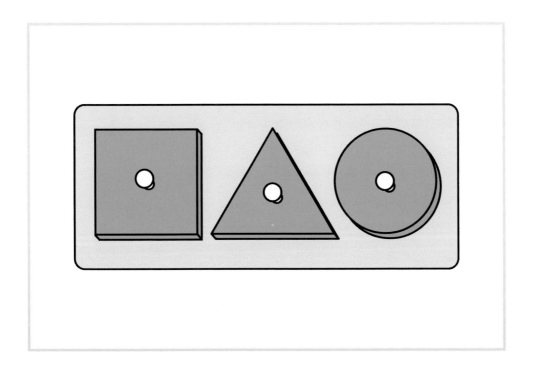

12 두 개의 원기둥 꽂기

목표 | 원기둥판에 두 개의 원기둥을 꽂을 수 있다.

자료 | 원기둥판과 원기둥, 4절 종이 또는 손수건, 강화제

방법 ❶

- 교사가 원기둥판에 두 개의 원기둥을 꽂는 시범을 보인다.
- 영아에게 교사를 모방하여 두 개의 원기둥을 꽂아 보라고 한다.
- 수행되면 영아 스스로 두 개의 원기둥을 꽂아 보라고 한다.
- 수행되면 영아의 특성에 맞는 적절한 강화제를 제공한다.

방법 ❷

- 교사가 원기둥판에 두 개의 원기둥을 꽂는 시범을 보인다.
- 영아에게 교사를 모방하여 두 개의 원기둥을 꽂아 보라고 한다.
- 꽂지 못하면 교사가 원기둥 판에 원기둥 한 개를 꽂는 시범을 보인 후 영아에게 꽂아 보라고 한다.
- 꽂지 못하면 교사가 영아의 손을 잡고 꽂아 준다.
- 교사가 원기둥이 들어갈 곳을 가리키며 영아에게 꽂아 보라고 한다.
- 교사가 한 개의 원기둥이 들어갈 곳만 남겨 두고 나머지는 모두 4절 종이나 손수건으로 가려 준 후 영아에게 꽂아 보라고 한다.
- 도움을 점차 줄여 간다.
- 영아 스스로 원기둥을 한 개 꽂아 보라고 한다.
- 수행되면 교사가 원기둥을 가렸던 4절 종이나 손수건을 치운 후 영아에게 원기둥 한 개를 꽂아 보라고 한다.
- 수행되면 다시 교사가 원기둥 두 개를 꽂는 시범을 보인 후 영아에게 원기둥 두 개를 꽂아 보라고 한다.

- 꽂지 못하면 원기둥 한 개를 꽂는 방법과 같은 방법으로 지도한다.
- 수행되면 영아의 특성에 맞는 적절한 강화제를 제공한다.

☞ 원기둥판은 시중에서 시판되는 교구를 사용하면 편리하고 다양하게 활용할 수 있다. 없을 경우
   작은 상자를 이용하여 열 개의 구멍을 내고 양초나 색연필을 꽂게 하면 된다.

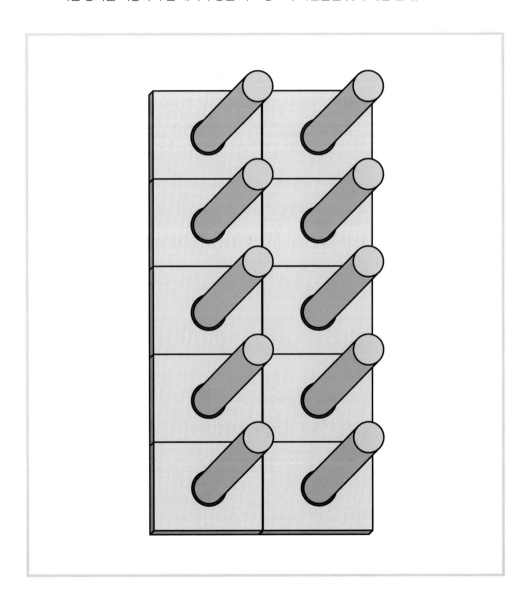

13 세 개의 블록 쌓기

목표 | 세 개의 블록을 쌓을 수 있다.

자료 | 블록 세 개, 컵쌓기블록, 강화제

방법 ❶

- 교사가 블록 세 개를 가지고 순서대로 쌓는 방법의 시범을 보인다.
- 영아에게 교사를 모방하여 블록 세 개를 쌓아 보라고 한다.
- 수행되면 영아 스스로 블록 세 개를 쌓아 보라고 한다.
- 수행되면 영아의 특성에 맞는 적절한 강화제를 제공한다.

방법 ❷

- 교사가 2개의 블록을 가지고 순서대로 쌓는 방법을 시범 보인다.
- 영아에게 교사를 모방하여 블록 두 개를 쌓아 보라고 한다.
- 쌓지 못하면 교사가 블록 하나를 제시하고 영아에게 그 위에 쌓아 보라고 한다.
- 쌓지 못하면 교사가 영아의 손을 잡고 쌓아 준다.
- 도움을 점차 줄여 간다.
- 영아에게 스스로 두 개의 블록을 쌓아 보라고 한다.
- 수행되면 교사가 세 개의 블록을 가지고 순서대로 쌓는 방법을 시범 보인다.
- 영아에게 교사를 모방하여 블록 세 개를 쌓아 보라고 한다.
- 수행되면 영아 스스로 블록 세 개를 쌓아 보라고 한다.
- 수행되면 영아의 특성에 맞는 적절한 강화제를 제공한다.

방법 ❸

- 교사가 블록 세 개를 가지고 순서대로 쌓는 방법을 영아에게 시범 보인다.
- 교사가 두 개의 블록을 쌓아 놓은 후 나머지 한 개를 영아에게 쌓게 한다.

- 쌓지 못하면 교사가 영아의 손을 잡고 쌓아 준다.
- 수행되면 교사가 블록 한 개를 쌓아 놓은 후 나머지 두 개를 영아에게 쌓게 한다.
- 쌓지 못하면 교사가 영아의 손을 잡고 쌓아 준다.
- 도움을 점차 줄여 간다.
- 영아에게 스스로 블록 세 개를 쌓아 보라고 한다.
- 수행되면 영아의 특성에 맞는 적절한 강화제를 제공한다.

☞ 시판되고 있는 컵쌓기블록을 가지고 세 개의 블록 쌓기를 지도해도 효과적이다. 컵쌓기블록은 보유하고 있으면 다양하게 활용할 수 있다.

☞ 블록이 없을 경우 200ml 빈 우유 팩 세 개를 가지고 지도하거나 크기가 다른 컵을 세 개 준비하여 지도해도 된다.

14 같은 물건 짝짓기   1~2세

목표 ∣ 같은 물건을 짝지을 수 있다.
자료 ∣ 친숙한 물건 세 쌍(예: 컵, 휴지, 신발, 가방, 숟가락 등), 강화제
방법 ❶

- 교사가 책상이나 마루에 친숙한 물건 세 쌍을 놓고 각각 짝지어진 모양을 보여 준다.
- 교사가 세 개의 물건을 가진 후 짝이 되는 물건은 책상이나 마루에 놓는다.
- 책상이나 마루에 놓인 물건에 교사가 갖고 있는 물건을 각각 놓아 짝지어진 모양을 시범 보인다.
- 영아에게 교사를 모방하여 세 쌍의 물건을 각각 짝지어 보라고 한다.
- 수행되면 영아 스스로 같은 물건을 짝지어 보라고 한다.
- 수행되면 영아의 특성에 맞는 적절한 강화제를 제공한다.

방법 ❷

- 책상이나 마루에, 예를 들어 컵 한 쌍을 놓고 짝지어진 모양을 보여 준다.
- 책상이나 마루에 컵을 놓고, 교사가 갖고 있는 컵을 옆에 놓아 어떻게 짝짓는지 시범을 보인다.
- 영아에게 컵을 준 후 교사를 모방하여 책상에 놓인 컵과 짝지어 보라고 한다.
- 모방하지 못하면 교사가 영아의 손을 잡고 컵을 짝지어 준다.
- 교사가 책상에 놓인 컵을 가리키며 영아에게 컵을 짝지어 보라고 한다.
- 도움을 점차 줄여 간다.
- 영아 스스로 컵과 컵을 짝지어 보라고 한다.
- 수행되면 책상에 휴지와 컵을 놓고 영아에게 컵을 준 후 컵을 짝지어 보라고 한다.
- 수행되면 교사가 책상에 휴지를 놓고 교사가 가지고 있는 휴지를 옆에 놓아 짝지어진 모양을 시범 보인다.
- 영아에게 휴지를 준 후 교사를 모방하여 책상에 놓인 휴지와 짝지어 보라고 한다.
- 짝짓지 못하면 컵과 같은 방법으로 지도한다.
- 수행되면 책상에 컵과 휴지를 놓고 영아가 컵과 휴지를 각각 짝지을 수 있는지 확인한다.
- 수행되면 신발도 같은 방법으로 지도한다.
- 수행되면 영아의 특성에 맞는 적절한 강화제를 제공한다.

방법 ❸

- 친숙한 세 쌍의 물건이 짝지어진 모양을 보여 준다.
- 영아와 교사가 각각의 물건을 하나씩 나누어 갖는다.
- 교사가 갖고 있는 물건 중, 예를 들어 휴지를 보여 주면서 영아에게 "이것과 같은 것 주세요."라고 한다.
- 주지 못하면 영아가 가지고 있는 물건 중 '휴지'를 가리키며 달라고 한다.
- 도움을 점차 줄여 간다.

- 교사가 휴지를 보여 주면서 같은 것을 달라고 하면 영아 스스로 준다.
- 수행되면 나머지 물건도 같은 방법으로 지도한다.
- 수행되면 교사가 순서를 바꾸어 같은 물건을 달라고 할 때 영아가 줄 수 있는지 확인한다.
- 수행되면 영아의 특성에 맞는 적절한 강화제를 제공한다.

☞ 위와 같은 방법으로 동그라미, 네모, 세모 도형을 세 쌍 준비하여 같은 도형을 짝지을 수 있도록 지도하거나, 동물 그림을 세 쌍 준비하여 같은 동물을 짝짓게 하는 등 다양하게 지도할 수 있다.

15 두 조각 퍼즐 맞추기   1~2세

목표 ┃ 두 조각 퍼즐을 맞출 수 있다.
자료 ┃ 손잡이가 달린 두 조각 퍼즐판 또는 두 조각의 퍼즐판, 강화제
방법 ❶
- 교사가 퍼즐판에서 두 조각 퍼즐을 어떻게 맞추는지 시범 보인다.
- 영아에게 교사를 모방하여 두 조각 퍼즐을 맞추어 보라고 한다.
- 수행되면 영아 스스로 두 조각 퍼즐을 맞추어 보라고 한다.
- 수행되면 영아의 특성에 맞는 적절한 강화제를 제공한다.

방법 ❷
- 교사가 퍼즐판에서 두 조각 퍼즐을 어떻게 맞추는지 시범 보인다.
- 교사가 두 조각 퍼즐판에서 한 조각은 그대로 두고 한 조각만 꺼낸 후 한 조각 퍼즐을 어떻게 맞추는지 시범 보인다.
- 영아에게 한 조각의 퍼즐을 맞추어 보라고 한다.
- 맞추지 못하면 교사가 영아의 손을 잡고 한 조각을 맞추어 준다.

• 교사가 비워진 퍼즐 자리를 가리키며 영아에게 "여기에 넣어요."라고 말한다.

• 도움을 점차 줄여 간다.

• 수행되면 영아 스스로 한 조각을 맞추게 한다.

• 수행되면 두 조각 퍼즐을 꺼내어 영아에게 맞추어 보라고 한다.

• 맞추지 못하면 교사가 영아의 손을 잡고 한 조각을 넣은 후 남아 있는 한 조각은 영아 스스로 넣게 한다.

• 수행되면 교사가 비워진 퍼즐 자리를 가리키며 영아에게 두 조각을 넣어 보라고 한다.

• 수행되면 영아 스스로 두 조각의 퍼즐을 맞추어 보라고 한다.

• 수행되면 영아의 특성에 맞는 적절한 강화제를 제공한다.

☞ 방법 ❷의 경우 퍼즐을 다 꺼내어 차례대로 한 조각씩 넣는 방법의 시범을 보인 후 순서대로 지도해도 된다.

☞ 집에서 간단하게 만들어서 사용할 수 있다. 예를 들어, 초코파이 상자의 앞면 그림을 두 조각으로 잘라서 사용하거나 동물 또는 과일 그림을 두 조각으로 잘라서 활용해도 된다.

16 신체 한 부위 가리키기

목표 | 신체 한 부위를 가리킬 수 있다.

자료 | 인형, 거울, 스티커, 강화제

방법 ❶

- 교사가 "코~는 ♬ 어디 있나? ♬ 여~기."라고 노래 부르며 교사의 '코'를 가리키는 시범을 보인다.
- 영아에게 교사를 모방하여 자신의 '코'를 가리켜 보라고 한다.
- 수행되면 영아 스스로 자신의 '코'를 가리켜 보라고 한다.
- 수행되면 영아의 특성에 맞는 적절한 강화제를 제공한다.

방법 ❷

- 거울 앞에 서서 교사가 "코~는 ♬ 어디 있나? ♬ 여~기."라고 노래 부르며 교사의 '코'를 가리키는 시범을 보인다.
- 교사가 영아의 '코'를 가리키며 "네 코야."라고 가리켜 준다.
- 교사가 "○○의 ♬ 코~는 ♬ 어디 있나?"라고 물어본다.
- '코'를 가리키지 못하면 교사가 "○○의 코~는 ♬ 어디 있나? ♬ 여~기."라고 노래 부르며 영아의 손을 잡고 '코'를 가리켜 준다.
- 교사가 영아의 '코'를 가리켜 주면서 영아에게 '코'를 가리켜 보라고 한다.
- 수행되면 교사가 자신의 '코'를 가리키며 영아에게도 자신의 '코'를 가리켜 보라고 한다.
- 도움의 양을 점차 줄여 간다.
- 수행되면 영아 스스로 '코'를 가리켜 보라고 한다.
- 수행되면 영아의 특성에 맞는 적절한 강화제를 제공한다.

- 거울 앞에 서서 교사가 "코~는 ♬ 어디 있나? ♬ 여~기."라고 노래 부르며 교사의 '코'를 가리키는 시범을 보인다.
- 교사가 "○○의 코~는 ♬ 어디 있나? ♬ 여~기"라고 노래 부르며 영아의 '코'를 가리킨다.
- 영아에게 '코'를 가리켜 보라고 한다.
- '코'를 가리키지 못하면 교사가 영아의 '코'에 스티커를 붙여 준다.
- 영아가 '코'에 붙은 스티커를 떼어 내려고 하면 교사가 "코예요."라고 말해 준다.
- 이와 같은 과정을 몇 번 반복한다.
- 도움의 양을 점차 줄여 간다.
- 교사가 스티커를 붙여 주지 않고 영아에게 스스로 '코'를 가리켜 보라고 한다.
- 수행되면 영아의 특성에 맞는 적절한 강화제를 제공한다.

☞ 영아의 신체에 직접 적용하기 전에 먼저 인형을 가지고 노래를 부르면서 같은 방법으로 지도하면 효과적일 수 있다.

☞ 일반적으로 신체 부위에 스티커를 붙이면 영아가 무의식적으로 스티커를 떼 내려고 한다. 그러므로 신체 부위 지도 시 스티커를 적절하게 사용하면 신체 부위를 빠르게 습득할 수 있어 효과적이다.

☞ 신체 부위 가리키기 지도 시 혹은 수행되고 난 후 "코, 코, 코, 코, 코, ♬ 눈~ ♬" "눈, 눈, 눈, 눈, ♬ 코~ ♬"라고 하면서 신체 부위를 가리키는 놀이 즉, 마지막에 나오는 신체 부위(예: "코, 코, 코, 코, ♬ 눈~ ♬"이라고 할 때는 '눈'을 짚어야 함)를 누가 먼저 짚는지 놀이를 하면 재미있게 신체 부위를 습득할 수 있다.

17 물건과 같은 그림 짝짓기

목표 ┃ 물건과 같은 그림을 짝지을 수 있다.

자료 ┃ 친숙한 물건과 그림 세 쌍(예: 휴지, 컵, 칫솔), 강화제

방법 ❶

- 책상이나 마루에 친숙한 물건을 놓고 물건과 같은 그림이 각각 짝지어진 모양을 보여 준다.
- 책상이나 마루에 친숙한 물건 세 개를 놓고 그림 세 개는 교사가 갖는다.
- 책상이나 마루에 놓인 물건에 교사가 갖고 있는 그림을 각각 놓아 짝지어진 모양을 시범 보인다.
- 영아에게 교사를 모방하여 물건과 같은 그림을 짝지어 보라고 한다.
- 수행되면 영아 스스로 물건과 같은 그림을 짝지어 보라고 한다.
- 수행되면 영아의 특성에 맞는 적절한 강화제를 제공한다.

방법 ❷

- 책상이나 마루에, 예를 들어 칫솔을 놓고 교사가 갖고 있는 칫솔 그림을 놓아 어떻게 짝짓는지 시범 보인다.
- 영아에게 칫솔 그림을 준 후 교사를 모방하여 책상에 놓인 칫솔과 짝지어 보라고 한다.

- 모방하지 못하면 교사가 영아의 손을 잡고 칫솔과 칫솔 그림을 짝지어 준다.
- 교사가 책상에 놓인 칫솔을 가리키며 영아에게 이것과 같은 그림을 옆에 놓아 보라고 한다.
- 도움을 점차 줄여 간다.
- 수행되면 영아 스스로 칫솔과 칫솔 그림을 짝지어 보라고 한다.
- 수행되면 책상에 칫솔과 컵을 놓고 영아에게 칫솔 그림을 준 후 칫솔 옆에 놓아 보라고 한다.
- 수행되면 교사가 책상에 컵을 놓고 교사가 가지고 있는 컵 그림을 컵 옆에 놓아 짝짓는 시범을 보인다.
- 영아에게 컵 그림을 준 후 교사를 모방하여 책상에 놓인 컵과 짝지어 보라고 한다.
- 짝짓지 못하면 칫솔과 같은 방법으로 지도한다.
- 수행되면 책상에 칫솔과 컵을 놓고 영아에게 칫솔과 컵 그림을 준 후 각각 짝지어 보라고 한다.
- 수행되면 휴지도 같은 방법으로 지도한다.
- 수행되면 영아의 특성에 맞는 적절한 강화제를 제공한다.

방법 ❸
- 친숙한 세 쌍의 물건과 그림이 짝지어진 모습을 보여 준다.
- 교사가 세 개의 그림을 갖고 영아에게는 세 개의 물건을 준다.
- 교사가 갖고 있는 그림 중, 예를 들어 칫솔 그림을 보여 주면서 영아에게 "이것과 같은 것 주세요."라고 한다.
- 주지 못하면 영아가 가지고 있는 물건 중 '칫솔'을 가리키며 달라고 한다.
- 도움을 점차 줄여 간다.
- 교사가 칫솔 그림을 보여 주면서 그림과 같은 물건을 달라고 하면 영아 스스로 준다.
- 수행되면 나머지 물건도 같은 방법으로 지도한다.
- 수행되면 영아의 특성에 맞는 적절한 강화제를 제공한다.

18 다섯 개의 원기둥 꽂기 2~3세

목표 │ 판에 다섯 개의 원기둥을 꽂을 수 있다.

자료 │ 원기둥판과 원기둥, 4절 종이 또는 손수건, 강화제

방법 ❶

- 교사가 원기둥판에 다섯 개의 원기둥을 꽂는 시범을 보인다.
- 영아에게 교사를 모방하여 다섯 개의 원기둥을 꽂아 보라고 한다.
- 수행되면 영아 스스로 다섯 개의 원기둥을 꽂아 보라고 한다.
- 수행되면 영아의 특성에 맞는 적절한 강화제를 제공한다.

방법 ❷

- 교사가 원기둥판에 다섯 개의 원기둥을 꽂는 시범을 보인다.
- 영아에게 교사를 모방하여 다섯 개의 원기둥을 꽂아 보라고 한다.
- 꽂지 못하면 교사가 영아의 손을 잡고 꽂아 준다.
- 교사가 원기둥이 들어갈 곳을 가리키며 영아에게 꽂아 보라고 한다.
- 교사가 세 개의 원기둥이 들어갈 곳만 남겨 두고 나머지는 4절 종이나 손수건으로 가려 준 후 영아에게 꽂아 보라고 한다.
- 도움을 점차 줄여 간다.
- 영아 스스로 원기둥을 세 개 꽂아 보라고 한다.
- 수행되면 교사가 원기둥을 가렸던 4절 종이나 손수건을 치운 후 영아에게 원기둥 다섯 개를 꽂아 보라고 한다.
- 수행되면 영아의 특성에 맞는 적절한 강화제를 제공한다.

☞ 원기둥판은 시중에서 시판되는 교구를 사용하면 편리하고 다양하게 활용할 수 있다. 없을 경우 작은 상자를 이용하여 열 개의 구멍을 내고 양초나 색연필을 꽂게 하면 된다.

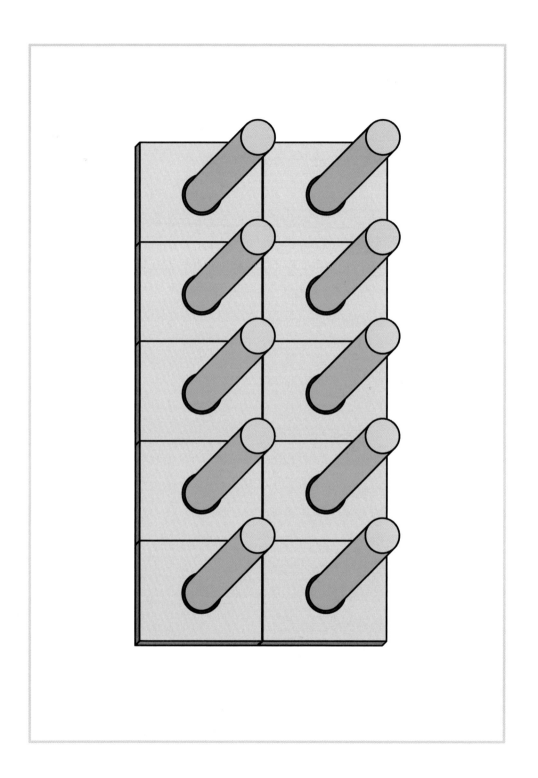

19 같은 도형 짝짓기 2~3세

목표 | 같은 도형을 짝지을 수 있다.

자료 | 동그라미, 세모, 네모 도형이나 블록 각 한 쌍, 강화제

방법 ❶

- 교사가 동그라미, 네모, 세모 도형 세 쌍을 놓고 각각 짝지어진 모양을 보여 준다.
- 교사가 세 개의 도형을 가진 후 짝이 되는 도형은 책상이나 마루에 놓는다.
- 책상이나 마루에 놓인 도형 위나 옆에 교사가 갖고 있는 도형을 각각 놓아 짝지어 진 모양을 시범 보인다.
- 영아에게 교사를 모방하여 세 쌍의 도형을 각각 짝지어 보라고 한다.
- 수행되면 영아 스스로 세 쌍의 도형을 짝지어 보라고 한다.
- 수행되면 영아의 특성에 맞는 적절한 강화제를 제공한다.

방법 ❷

- 책상에 같은 도형 한 쌍을 놓아 짝지어진 모양을 보여 준다.
- 예를 들어, 책상에 놓인 네모 도형 위나 옆에 교사가 가지고 있는 네모 도형을 놓 아 짝지어진 모양을 시범 보인다.
- 영아에게 교사를 모방하여 네모 도형을 짝지어 보라고 한다.
- 모방하지 못하면, 교사가 영아의 손을 잡고 영아가 가지고 있는 네모 도형을 짝지 어 준다.
- 교사가 네모 도형을 가리키며 영아에게 네모 도형을 짝지어 보라고 한다.
- 도움을 점차 줄여 간다.
- 수행되면 영아 스스로 네모 도형을 짝지어 보라고 한다.
- 수행되면 책상에 네모와 동그라미 도형을 놓고 영아에게 네모 도형을 짝지어 보라 고 한다.

2~3 세

- 수행되면 교사가 책상에 네모와 동그라미 도형을 놓고 두 개의 도형을 짝짓는 시범을 보인다.
- 교사가 영아에게 네모와 동그라미 도형을 준 후 교사를 모방하여 책상에 놓인 두 도형과 각각 짝지어 보라고 한다.
- 짝짓지 못하면 네모 도형과 같은 방법으로 지도한다.
- 수행되면 영아 스스로 두 도형을 짝지어 보라고 한다.
- 수행되면 세모 도형도 같은 방법으로 지도한다.
- 수행되면 세 도형을 섞어 놓고 다양하게 위치를 바꾸어 각각의 도형을 짝지을 수 있는지 확인해 본다.
- 수행되면 영아의 특성에 맞는 적절한 강화제를 제공한다.

☞ 영아와 교사가 각각의 도형을 하나씩 나누어 가진 후 교사가 갖고 있는 도형과 같은 도형을 영아에게 달라고 하는 방법으로 지도하면 영아의 특성에 따라 쉽게 습득할 수도 있다.

☞ 영아가 어려워하면 같은 도형끼리 같은 색깔(예: 동그라미 도형-빨간색, 세모 도형-노란색, 네모 도형-파란색)로 지도한 후 수행되면 모든 도형을 같은 색깔로 지도하면 된다.

20 세 가지 색 짝짓기   2~3세

목표 | 세 가지 색을 짝지을 수 있다.
자료 | 빨간색 · 노란색 · 파란색 카드 각 한 쌍, 빨간색 · 노란색 · 파란색 블록 각 10개, 컵 세 개, 강화제

방법 ❶

- 책상에 세 가지 색상의 카드를 놓고 각각 짝지어진 모양을 영아에게 보여 준다.
- 교사가 세 가지 색상의 카드를 가진 후 책상에 세 가지 색상의 카드를 놓는다.

- 교사가 "빨간색은 어디 있나 여~기! ♬"라고 노래 부르며 책상에 놓인 빨간색 카드에 교사가 갖고 있는 빨간색 카드를 놓아 짝짓는 시범을 보인다.
- 영아에게 교사를 모방하여 세 쌍의 카드를 짝지어 보라고 한다.
- 수행되면 영아 스스로 세 쌍의 카드를 짝지어 보라고 한다.
- 수행되면 영아의 특성에 맞는 적절한 강화제를 제공한다.

방법 ❷

- 교사가 "빨간색은 어디 있나 여~기! ♬"라고 노래 부르며 책상에 놓인 빨간색 카드에 교사가 갖고 있는 빨간색 카드를 놓아 짝짓는 시범을 보인다.
- 영아에게 교사를 모방하여 빨간색 카드를 짝지어 보라고 한다.
- 모방하지 못하면 교사가 "빨간색은 어디 있나 여~기! ♬"라고 노래 부르며 영아의 손을 잡고 빨간색 카드를 짝지어 준다.
- 교사가 손으로 빨간색 카드를 가리키며 같은 색을 짝지어 보라고 한다.
- 도움을 점차 줄여 간다.
- 수행되면 영아 스스로 빨간색 카드를 짝지어 보라고 한다.
- 수행되면 노란색도 같은 방법으로 지도한다.
- 수행되면 교사가 빨간색과 노란색 카드를 섞어 놓고 영아가 각각의 색을 짝지을 수 있는지 확인한다.
- 수행되면 파란색 카드도 같은 방법으로 지도한다.
- 수행되면 세 가지 색상의 카드 위치를 다양하게 바꾸어 놓은 후 영아가 각각의 색을 짝지을 수 있는지 확인한다.
- 수행되면 영아의 특성에 맞는 적절한 강화제를 제공한다.

방법 ❸

- 교사가 세 개의 컵에 빨간색, 파란색, 노란색 블록을 넣어 놓은 후 같은 색의 블록을 컵에 넣는 시범을 보인다.

- 영아에게 블록을 준 후 교사를 모방하여 각 컵에 같은 색의 블록을 넣어 보라고 한다.
- 모방하지 못하면 교사가 영아의 손을 잡고 각 컵에 같은 색의 블록을 넣어 준다.
- 교사가, 예를 들어 빨간색 블록을 가리키며 영아에게 빨간색 블록이 담긴 컵에 넣어 보라고 한다.
- 도움을 점차 줄여 간다.
- 수행되면 영아 스스로 각각의 색 블록이 담겨 있는 컵에 같은 색깔의 블록을 넣어 보라고 한다.
- 수행되면 교사가 세 개의 컵에 각각 다른 색 블록을 하나씩 담아 위치를 바꾸어 놓고 나머지 색 블록은 다 섞어 놓는다.
- 영아에게 각각의 컵에 넣어져 있는 색과 같은 색의 블록을 찾아 넣어 보라고 한다.
- 수행되면 영아의 특성에 맞는 적절한 강화제를 제공한다.

☞ 영아와 교사가 세 가지 색상의 카드를 하나씩 나누어 가진 후 교사가 갖고 있는 색상과 같은 색상을 영아에게 달라고 하는 방법으로 지도하면 영아의 특성에 따라 쉽게 습득할 수도 있다.

☞ 영아가 좋아하는 물건(예: 소리 나는 장난감)이나 다양한 자료를 세 가지 색으로 준비하여 적절하게 활용할 수 있다.

21 도형판에 세 가지 도형 넣기 2~3세

목표 | 도형판에 세 가지 도형을 넣을 수 있다.
자료 | 동그라미, 네모, 세모 도형판, 4절 종이, 손수건, 강화제
방법 ❶

- 교사가 동그라미, 네모, 세모 도형을 도형판에 넣는 시범을 보인다.
- 영아에게 교사를 모방하여 도형판에 세 가지 도형을 넣어 보라고 한다.

- 수행되면 영아 스스로 도형판에 세 가지 도형을 넣어 보라고 한다.
- 수행되면 영아의 특성에 맞는 적절한 강화제를 제공한다.

방법 ❷

- 교사가 동그라미, 네모, 세모 도형을 도형판에 넣는 시범을 보인다.
- 교사가 동그라미 도형을 제외한 나머지 부분을 4절 종이나 손수건으로 가린 후 동그라미 도형을 넣는 시범을 보인다.
- 영아에게 교사를 모방하여 동그라미 도형을 넣어 보라고 한다.
- 동그라미 도형을 넣지 못하면 교사가 영아의 손을 잡고 넣어 준다.
- 교사가 동그라미 도형을 가리키며 넣어 보라고 한다.
- 도움을 점차 줄여 간다.
- 수행되면 영아 스스로 도형판에 동그라미 도형을 넣어 보라고 한다.
- 수행되면 가렸던 도형 중 하나(예: 네모)를 더 제시하여 동그라미 도형을 넣을 수 있는지 확인한다.
- 수행되면 네모 도형도 같은 방법으로 지도한다.
- 수행되면 가렸던 부분들을 다 제거하고 동그라미 도형과 네모 도형을 넣을 수 있는지 확인한다.
- 수행되면 세모 도형도 같은 방법으로 지도한 후 세 가지 도형을 넣어 보라고 한다.
- 수행되면 영아의 특성에 맞는 적절한 강화제를 제공한다.

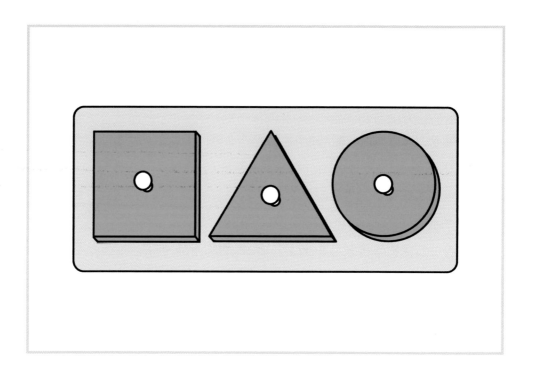

22 도형블록과 도형카드 짝짓기 2~3세

목표 ｜ 도형블록과 도형카드를 짝지을 수 있다.

자료 ｜ 동그라미·세모·네모 모양의 도형블록 세 개, 동그라미·세모·네모 도형이
그려진 카드, 강화제

방법 ❶

- 교사가 도형블록과 도형카드를 짝짓는 시범을 보인다.
- 영아에게 교사를 모방하여 도형블록과 도형카드를 짝지어 보라고 한다.
- 수행되면 영아 스스로 도형블록과 도형카드를 짝지어 보라고 한다.
- 수행되면 영아의 특성에 맞는 적절한 강화제를 제공한다.

방법 ❷

- 교사가 도형블록과 도형카드가 짝지어 있는 모양을 영아에게 보여 준다.
- 교사가, 예를 들어 동그라미 도형블록과 동그라미 도형카드를 짝짓는 시범을 보인다.
- 영아에게 교사를 모방하여 동그라미 도형블록과 동그라미 도형카드를 짝지어 보라고 한다.
- 모방하지 못하면 교사가 영아의 손을 잡고 동그라미 도형블록과 동그라미 도형카드를 짝지어 준다.
- 교사가 동그라미 도형블록을 가리키며 영아에게 "이것과 같은 것 놓아요."라고 한다.
- 교사가 동그라미 카드를 보여 주며 "이것과 같은 것 주세요."라고 한다.
- 도움을 점차 줄여 간다.
- 수행되면 영아 스스로 동그라미 도형블록과 동그라미 도형카드를 짝지어 보라고 한다.
- 수행되면 교사가 동그라미와 네모 도형카드를 놓고 영아가 동그라미 도형블록을 짝지을 수 있는지 확인한다.
- 수행되면 네모와 세모 도형블록을 도형카드와 짝짓는 것도 같은 방법으로 지도한다.
- 수행되면 영아의 특성에 맞는 적절한 강화제를 제공한다.

방법 ❸

- 교사가 도형이 그려진 카드 세 장을 갖고 영아에게는 세 개의 도형블록을 준다.
- 교사가 갖고 있는 도형카드 중, 예를 들어 네모 도형카드를 보여 주며 영아에게 "이것과 같은 것 주세요."라고 말한다.
- 주지 못하면 교사가 영아의 손을 잡고 네모 도형블록을 준다.
- 교사가 영아가 가지고 있는 도형블록 중 '네모 도형블록'을 가리키며 달라고

한다.

- 교사가 네모 도형카드를 보여 주며 영아에게 "이것과 같은 것 주세요."라고 말한다.
- 도움을 점차 줄여 간다.
- 수행되면 교사가 네모 도형카드를 보여 줄 때 영아 스스로 네모 도형블록을 주게 한다.
- 수행되면 나머지 도형카드와 도형블록을 짝짓는 것도 같은 방법으로 지도한다.
- 수행되면 영아의 특성에 맞는 적절한 강화제를 제공한다.

☞ 어려워하면 각각의 도형카드와 도형블록을 같은 색(예: 빨간색 네모 도형카드와 빨간색 네모 도형블록, 노란색 세모 도형카드와 노란색 세모 도형블록)으로 준비하여 지도하면 쉽게 습득한다. 수행되면 각각의 도형카드와 도형블록을 다른 색(예: 빨간색 네모 도형카드와 파란색 네모 도형블록, 노란색 세모 도형카드와 빨간색 세모 도형블록)으로 확인해 보아야 한다. 같다는 개념보다 색이 힌트가 되어 짝지을 수 있다.

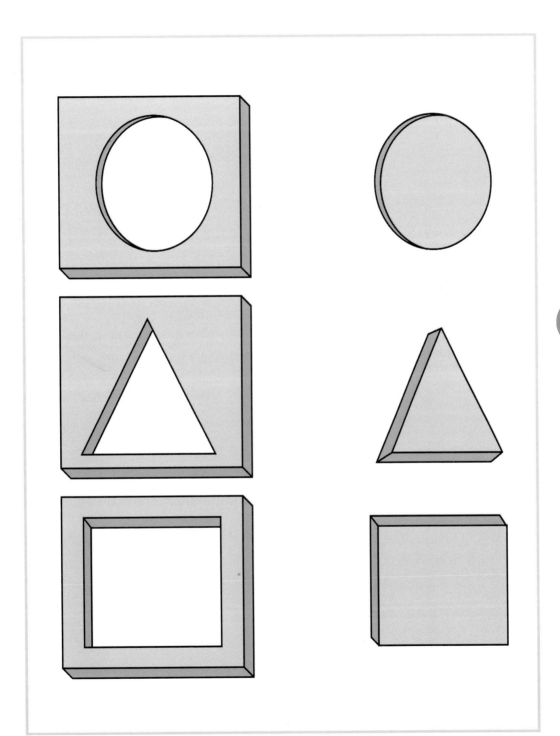

23 두 부분으로 나누어진 도형 완성하기 2~3세

목표 | 두 부분으로 나누어진 도형을 완성할 수 있다.

자료 | 두 부분으로 나누어진 도형 그림, 종이, 색연필, 강화제

방법 ❶

- 교사가 영아에게 각 도형이 반으로 나누어진 형태와 완성된 형태를 보여 준다.
- 교사가 두 부분으로 나누어진 도형을 가지고 도형 모양을 완성하는 시범을 보인다.
- 영아에게 교사를 모방하여 도형 모양을 완성해 보라고 한다.
- 수행되면 영아 스스로 도형 모양을 완성해 보라고 한다.
- 수행되면 영아의 특성에 맞는 적절한 강화제를 제공한다.

방법 ❷

- 교사가 영아에게 각 도형이 반으로 나누어진 형태와 완성된 형태를 보여 준다. 교사가, 예를 들어 두 부분으로 나누어진 동그라미를 가지고 동그라미 모양을 완성하는 시범을 보인다.
- 영아에게 교사를 모방하여 동그라미 모양을 완성해 보라고 한다.
- 모방하지 못하면 교사가 영아의 손을 잡고 동그라미 모양을 완성해 준다.
- 교사가 동그라미의 반쪽을 제시한 후 영아에게 나머지 동그라미의 반쪽을 맞추어 동그라미를 완성해 보라고 한다.
- 교사가 동그라미의 반을 가리키며 영아에게 나머지 동그라미의 반쪽을 맞추어 동그라미를 완성해 보라고 한다.
- 도움을 점차 줄여 간다.
- 수행되면 영아 스스로 두 부분으로 나누어진 동그라미를 완성해 보라고 한다.
- 수행되면 네모도 같은 방법으로 지도한다.
- 수행되면 반으로 나누어진 동그라미와 네모 그림을 섞어 놓고 영아에게 동그라미

와 네모를 완성해 보라고 한다.

- 수행되면 세모도 같은 방법으로 지도한다.
- 수행되면 반으로 나누어진 세 도형 그림을 섞어 놓고 영아에게 각 도형을 완성해 보라고 한다.
- 수행되면 영아의 특성에 맞는 적절한 강화제를 제공한다.

방법 ❸

- 교사가 영아에게 각 도형이 반으로 나누어진 형태와 완성된 형태를 보여 준다.
- 교사가, 예를 들어 종이에 동그라미의 윤곽선을 그려 반으로 나눈 후 두 조각의 동그라미를 윤곽선 안에 넣어 동그라미 모양을 완성하는 시범을 보인다.
- 영아에게 동그라미의 두 조각을 준 후 윤곽선 안에 넣어 동그라미 모양을 완성해 보라고 한다.
- 동그라미를 윤곽선 안에 넣지 못하면 교사가 영아의 손을 잡고 넣어 준다.
- 교사가 윤곽선 안에 동그라미의 한 조각을 놓은 후 나머지 한 조각은 영아에게 넣어 보라고 한다.
- 영아에게 동그라미의 두 조각을 준 후 한 조각만 윤곽선 안에 넣어 보라고 한다.
- 수행되면 영아에게 나머지 동그라미 한 조각도 윤곽선 안에 넣어 보라고 한다.
- 수행되면 영아 스스로 동그라미의 두 조각을 윤곽선 안에 넣어 동그라미 모양을 완성해 보라고 한다.
- 도움을 점차 줄여 간다.
- 수행되면 윤곽선을 지우고 영아에게 동그라미의 두 조각을 준 후 동그라미 모양을 완성해 보라고 한다.
- 완성하지 못하면 교사가 영아의 손을 잡고 같이 완성해 준다.
- 영아 스스로 두 부분으로 나누어진 동그라미를 완성해 보라고 한다.
- 수행되면 다른 도형도 같은 방법으로 지도한 후 두 조각으로 나누어진 각 도형을 섞어 놓고 각 도형을 완성할 수 있는지 확인한다.

• 수행되면 영아의 특성에 맞는 적절한 강화제를 제공한다.

☞ 시중에서 두 부분으로 나누어진 형태를 완성할 수 있는 도형 교구를 구입하여 활용해도 효과적
　이다.

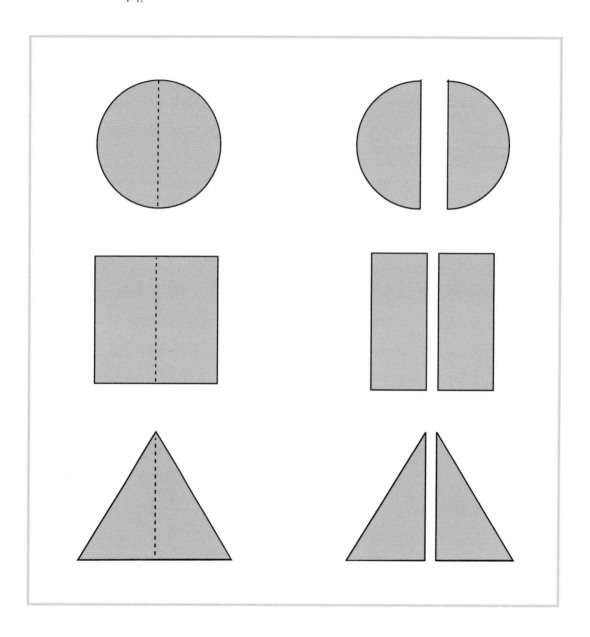

다양한 도형 끼우기　　　2~3세

목표 ｜ 다양한 도형을 끼울 수 있다.

자료 ｜ 도형 끼우기 교구, 강화제

방법 ❶

- 교사가 다양한 도형 끼우는 방법을 시범 보인다.
- 영아에게 교사를 모방하여 다양한 도형을 끼워 보라고 한다.
- 수행되면 영아 스스로 다양한 도형을 끼워 보라고 한다.
- 수행되면 영아의 특성에 맞는 적절한 강화제를 제공한다.

방법 ❷

- 교사가 다양한 도형 끼우는 방법을 시범 보인다.
- 영아에게 교사를 모방하여 다양한 도형을 끼워 보라고 한다.
- 도형을 끼우지 못하면 교사가, 예를 들어 동그라미 도형을 가지고 동그라미 도형이 들어갈 자리에 끼우는 방법을 시범 보인 후 영아에게 끼워 보라고 한다.
- 끼우지 못하면 교사가 영아의 손을 잡고 끼워 준다.
- 교사가 동그라미 도형이 들어가야 할 위치를 가리켜 주며 영아에게 끼워 보라고 한다.
- 도움을 점차 줄여 간다.
- 수행되면 영아 스스로 동그라미 도형을 끼워 보라고 한다.
- 수행되면 교사가 네모 도형을 가지고 끼우는 방법을 시범 보인 후 영아에게 끼워 보라고 한다.
- 끼우지 못하면 동그라미 도형을 끼우는 것과 같은 방법으로 지도한다.
- 수행되면 영아에게 동그라미 도형과 네모 도형을 준 후 각각 도형을 끼울 수 있는지 확인한다.

• 수행되면 다른 도형들도 같은 방법으로 지도한다.
• 수행되면 영아의 특성에 맞는 적절한 강화제를 제공한다.

☞ 도형 끼우기 교구는 시중에서 쉽게 구입할 수 있으며, 같은 색 짝짓기, 같은 도형 짝짓기 등 다양하게 활용할 수 있다.

25 링 쌓기 2~3세

목표 | 링을 쌓을 수 있다.

자료 | 링 쌓기 교구, 강화제

방법 ❶

- 교사가 링을 순서대로 기둥에 넣어 쌓는 방법을 시범 보인다.
- 영아에게 교사를 모방하여 링을 순서대로 기둥에 넣어 쌓아 보라고 한다.
- 수행되면 영아 스스로 링을 순서대로 기둥에 넣어 쌓아 보라고 한다.
- 수행되면 영아의 특성에 맞는 적절한 강화제를 제공한다.

방법 ❷

- 교사가 링을 순서대로 기둥에 넣어 쌓는 방법을 시범 보인다.
- 예를 들어, 링이 여섯 개일 경우 교사가 다섯 개를 기둥에 넣어 쌓아 놓고 한 개는 영아에게 쌓아 보라고 한다.
- 쌓지 못하면 교사가 영아의 손을 잡고 쌓아 준다.
- 교사가 링을 쌓아야 할 위치를 가리켜 주며 영아에게 링을 기둥에 넣어 쌓아 보라고 한다.
- 도움을 점차 줄여 간다.
- 수행되면 영아 스스로 링 한 개를 기둥에 넣어 쌓아 보라고 한다.
- 수행되면 교사가 네 개를 기둥에 넣어 쌓아 놓고 두 개는 영아에게 쌓아 보라고 한다.
- 쌓지 못하면 교사가 영아의 손을 잡고 쌓아 준다.
- 수행되면 나머지 링 쌓기도 같은 방법으로 지도한다.
- 수행되면 영아에게 링을 여섯 개 제시하여 링을 순서대로 기둥에 넣어 쌓아 보라고 한다.
- 수행되면 영아의 특성에 맞는 적절한 강화제를 제공한다.

방법 ❸

- 교사가 링을 순서대로 기둥에 넣어 쌓는 방법을 시범 보인다.
- 영아에게 교사를 모방하여 링을 순서대로 기둥에 넣어 쌓아 보라고 한다.
- 쌓지 못하면 교사가 두 개의 링만 가지고 순서대로 기둥에 넣어 쌓는 방법을 시범 보인다.
- 영아에게 교사를 모방하여 두 개의 링을 순서대로 기둥에 넣어 쌓아 보라고 한다.
- 쌓지 못하면 교사가 영아의 손을 잡고 두 개의 링을 순서대로 기둥에 넣어 쌓아 준다.
- 교사가 링을 쌓아야 할 위치를 가리켜 주며 영아에게 두 개의 링을 순서대로 기둥에 넣어 쌓아 보라고 한다.
- 도움을 점차 줄여 간다.
- 수행되면 영아 스스로 두 개의 링을 순서대로 기둥에 넣어 쌓아 보라고 한다.
- 수행되면 교사가 세 개의 링을 순서대로 기둥에 넣어 쌓는 방법을 시범 보인다.
- 영아에게 교사를 모방하여 세 개의 링을 순서대로 기둥에 넣어 쌓아 보라고 한다.
- 쌓지 못하면 교사가 영아의 손을 잡고 세 개의 링을 순서대로 기둥에 넣어 쌓아 준다.
- 수행되면 나머지 링도 같은 방법으로 지도한다.
- 수행되면 영아에게 링을 여섯 개 제시하여 순서대로 기둥에 넣어 쌓아 보라고 한다.
- 수행되면 영아의 특성에 맞는 적절한 강화제를 제공한다.

☞ 링 쌓기 교구는 다양한 모양들이 시판되고 있어 시중에서 쉽게 구입할 수 있으며, 특히 링을 넣으면 소리나 음악이 나오게 되어 있는 것들도 있어 영아가 흥미롭게 수행하는 데 도움이 된다.

2~3세

26 여섯 개의 블록으로 모양 만들기 2~3세

목표 | 여섯 개의 블록으로 모양을 만들 수 있다.

자료 | 다양한 모양의 블록 쌍, 강화제

방법 ❶

- 교사가 예를 들어 네모 블록 다섯 개와 세모 블록 한 개로 집을 만드는 모양을 시범 보인다.
- 영아에게 교사를 모방하여 블록으로 집을 만들어 보라고 한다.
- 수행되면 영아 스스로 블록으로 집을 만들어 보라고 한다.
- 수행되면 영아의 특성에 맞는 적절한 강화제를 제공한다.

방법 ❷

- 교사와 유아가 예를 들어, 집을 만들 수 있는 네모 블록 다섯 개와 세모 블록 한 개를 각각 갖는다.
- 교사가 네모 블록 다섯 개와 세모 블록 한 개로 집을 만드는 모양을 시범 보인다.
- 영아에게 교사를 모방하여 블록으로 집을 만들어 보라고 한다.
- 집을 만들지 못하면 교사가 네모 블록 세 개를 나란히 배열하는 시범을 보인다.
- 영아에게 교사를 모방하여 네모 블록 세 개를 나란히 놓아 보라고 한다.
- 네모 블록 세 개를 나란히 놓지 못하면 교사가 영아의 손을 잡고 나란히 놓아 준다.
- 영아에게 교사가 배열한 세 개의 블록을 가리키며 "이것과 똑같이 만들어 보아요."라고 한다.
- 도움의 양을 점차 줄여 간다.
- 영아 스스로 네모 블록 세 개를 나란히 놓아 보라고 한다.
- 수행되면 교사가 배열된 세 개의 블록 위에 네모 블록 두 개를 올려놓는 시범을 보인다.

- 영아에게 배열된 세 개의 블록 위에 네모 블록 두 개를 올려놓아 보라고 한다.
- 영아가 네모 블록 두 개를 올려놓지 못하면 교사가 영아의 손을 잡고 올려 준다.
- 영아 스스로 네모 블록 두 개를 올려놓아 보라고 한다.
- 수행되면 교사가 올려진 두 개의 블록 위에 세모 모양 블록 한 개를 올려놓는 시범을 보인다.
- 영아에게 올려진 두 개의 블록 위에 세모 모양 블록 한 개를 올려놓아 보라고 한다.
- 수행되면 영아 스스로 여섯 개의 블록으로 집 모양을 만들어 보라고 한다.
- 수행되면 교사가 블록 여섯 개를 가지고 여러 가지 모양을 만드는 시범을 보인 후 같은 방법으로 지도한다.
- 수행되면 영아의 특성에 맞는 적절한 강화제를 제공한다.

27 신체 세 부위 가리키기 2~3세

목표 | 신체의 세 부위를 가리킬 수 있다.

자료 | 인형, 거울, 스티커, 강화제

방법 ❶

- 코는 앞 단계에서 수행하였으므로 확인한 후 시행한다.
- 교사가 "눈~은 ♬ 어디 있나? ♬ 여~기." 라고 노래 부르며 교사의 '눈' 을 가리키는 시범을 보인다.
- 영아에게 교사를 모방하여 자신의 '눈' 을 가리켜 보라고 한다.
- 수행되면 영아 스스로 자신의 '눈' 을 가리켜 보라고 한다.
- 수행되면 교사가 "입~은 ♬ 어디 있나? ♬ 여~기." 라고 노래 부르며 교사의 입을 가리키는 시범을 보인다.
- 영아에게 교사를 모방하여 자신의 '입' 을 가리켜 보라고 한다.
- 수행되면 영아 스스로 자신의 '입' 을 가리켜 보라고 한다.

- 수행되면 영아 스스로 '코' '눈' 을 가리켜 보라고 한다.
- 수행되면 영아 스스로 '코' '눈' '입' 을 가리켜 보라고 한다.
- 수행되면 영아의 특성에 맞는 적절한 강화제를 제공한다.

방법 ❷

- 교사가 "눈~은 ♬ 어디 있나? ♬ 여~기." 라고 노래 부르며 교사의 '눈' 을 가리키는 시범을 보인다.
- 교사가 영아의 '눈' 을 가리키며 "네 눈이야." 라고 말해 준다.
- 교사가 "○○의 ♬ 눈~은 ♬ 어디 있나?" 라고 물어본다.
- '눈' 을 가리키지 못하면 교사가 "○○의 눈~은 ♬ 어디 있나? ♬ 여~기." 라고 노래 부르며 영아의 손을 잡고 '눈' 을 가리켜 준다.
- 교사가 영아의 '눈' 을 가리켜 주며 영아에게 '눈' 을 가리켜 보라고 한다.
- 수행되면 교사가 자신의 '눈' 을 가리키며 영아에게도 자신의 '눈' 을 가리켜 보라고 한다.
- 도움의 양을 점차 줄여 간다.
- 수행되면 영아 스스로 '눈' 을 가리켜 보라고 한다.
- 수행되면 '입' 도 '눈' 과 같은 방법으로 지도한다.
- 수행되면 영아 스스로 '코' '눈' 을 가리켜 보라고 한다.
- 수행되면 영아 스스로 '코' '눈' '입' 을 가리켜 보라고 한다.
- 수행되면 영아의 특성에 맞는 적절한 강화제를 제공한다.

방법 ❸

- 거울 앞에 서서 교사가 "눈~은 ♬ 어디 있나? ♬ 여~기." 라고 노래 부르며 교사의 '눈' 을 가리키는 시범을 보인다.
- 교사가 "○○의 눈~은 ♬ 어디 있나? ♬ 여~기." 라고 노래 부르며 영아의 '눈' 을 가리킨다.

2~3
세

- 영아에게 '눈'을 가리켜 보라고 한다.
- '눈'을 가리키지 못하면 교사가 영아의 '눈'에 스티커를 붙여 준다.
- 영아가 '눈'에 붙은 스티커를 떼어 내려고 하면 교사가 "눈이예요."라고 말해 준다.
- 이와 같은 과정을 몇 번 반복한다.
- 교사가 스티커를 붙여 주지 않고 영아에게 스스로 '눈'을 가리켜 보라고 한다.
- 수행되면 '입'도 '눈'과 같은 방법으로 지도한다.
- 수행되면 영아 스스로 '코' '눈'을 가리켜 보라고 한다.
- 수행되면 영아 스스로 '코' '눈' '입'을 가리켜 보라고 한다.
- 수행되면 영아의 특성에 맞는 적절한 강화제를 제공한다.

☞ 영아의 신체에 직접 적용하기 전에 먼저 인형을 가지고 노래 부르며 같은 방법으로 지도하면 효과적일 수 있다.

☞ 일반적으로 신체 부위에 스티커를 붙이면 영아가 무의식적으로 스티커를 떼 내려고 한다. 그러므로 신체 부위 지도 시 스티커를 적절하게 사용하면 효과적이다.

☞ 신체 부위 가리키기 지도 시, 혹은 수행되고 난 후 "코, 코, 코, 코, ♬ 눈~ ♬" "눈, 눈, 눈, 눈, 눈, ♬ 코~ ♬"라고 하면서 신체 부위를 가리키는 놀이 즉, 마지막에 나오는 신체 부위(예: "코, 코, 코, 코, ♬ 눈~ ♬"이라고 할 때는 '눈'을 짚어야 함)를 누가 먼저 짚는지 놀이를 하면 재미있게 신체 부위를 습득할 수 있다.

28 1~3 숫자 가리키기 2~3세

목표 | 1~3의 숫자를 가리킬 수 있다.

자료 | 1~3 숫자카드, 1~3이 쓰여 있는 숫자블록, 강화제

방법 ❶

- 교사가, 예를 들어 "1은 어디 있나 여~기! ♬"라고 노래 부르며 각각의 숫자카드를 보여 준다.
- 교사가 1~3의 숫자를 각각 가리키는 시범을 보인다.
- 영아에게 교사를 모방하여 1~3의 숫자를 각각 가리켜 보라고 한다.
- 수행되면 영아에게 1~3의 숫자카드를 제시한 후 교사가 "숫자 1은 뭘까, 맞춰~봐요, 맞춰~봐요 ♬"라고 노래 부르며 영아에게 1~3의 숫자를 각각 가리켜 보라고 한다.
- 수행되면 영아의 특성에 맞는 적절한 강화제를 제공한다.

2~3세

방법 ❷

- 교사가 1과 3의 숫자를 제시한 후 1을 가리키는 시범을 보인다.
- 교사가 "1은 어디 있나 여~기! ♬"라고 노래 부르며 1의 숫자카드를 가리켜 준다.
- 교사가 1과 3의 숫자카드를 보여 주며 영아에게 "숫자 1은 뭘까 맞춰~봐요, 맞춰~봐요 ♬"라고 물어본다.
- 1을 가리키지 못하면 교사가 "1은 어디 있나 여~기! ♬"라고 노래 부르며 영아의 손을 잡고 1을 가리켜 준다.
- 교사가 1과 3의 숫자카드를 제시한 후 1을 가리키며 영아에게 "숫자 1은 뭘까 맞춰~봐요, 맞춰~봐요 ♬"라고 물어본다.
- 도움을 점차 줄여 간다.
- 교사가 1과 3의 숫자카드를 제시한 후 영아 스스로 1을 가리켜 보라고 한다.

- 수행되면 교사가 1과 3의 숫자를 제시한 후 3을 가리키는 시범을 보인다.
- 교사가 "3은 어디 있나 여~기! ♫"라고 노래 부르며 3을 가리켜 준다.
- 교사가 1과 3의 숫자카드를 보여 주며 영아에게 "숫자 3은 뭘까 맞춰~봐요, 맞춰 ~봐요 ♫"라고 물어본다.
- 3을 가리키지 못하면 교사가 "3은 어디 있나 여~기! ♫"라고 노래 부르며 영아의 손을 잡고 3을 가리켜 준다.
- 교사가 1과 3의 숫자카드를 놓고 3을 가리키며 영아에게 "숫자 3은 뭘까 맞춰~봐요, 맞춰~봐요 ♫"라고 물어본다.
- 도움을 점차 줄여 간다.
- 교사가 1과 3의 숫자카드를 제시한 후 영아 스스로 3을 가리켜 보라고 한다.
- 수행되면 1과 3의 숫자카드 위치를 바꾸어 영아가 1과 3을 가리킬 수 있는지 확인한다.
- 수행되면 교사가 2와 3의 숫자를 제시한 후 2를 가리키는 시범을 보인다.
- 2를 가리키지 못하면 1과 3을 지도한 것과 같은 방법으로 지도한다.
- 수행되면 교사가 1~3의 숫자카드 위치를 다양하게 바꾸어 영아가 1~3의 숫자를 가리킬 수 있는지 확인한다.
- 수행되면 영아의 특성에 맞는 적절한 강화제를 제공한다.

방법 ❸
- 1과 3의 숫자카드를 책상 위에 놓는다.
- 교사가 "1은 어디 있나 여~기! ♫"라고 노래 부르며 1을 가리키는 시범을 보인다.
- 교사가 영아에게 "숫자 1은 뭘까 맞춰~봐요, 맞춰~봐요 ♫"라고 노래 부르며 1을 달라고 한다.
- 주지 못하면 교사가 1을 가리키며 영아에게 1을 달라고 한다.
- 교사가 1의 숫자를 보여 주며 영아에게 같은 것을 달라고 한다.
- 도움을 점차 줄여 간다.

- 교사가 1을 달라고 할 때 영아 스스로 1을 주도록 한다.
- 수행되면 교사가 1과 3의 숫자를 섞어 놓고 "숫자 1은 뭘까 맞춰~봐요, 맞춰~봐요 ♬"라고 노래 부르며 1을 달라고 한다.
- 수행되면 교사가 3을 가르키는 시범을 보인다.
- 3을 가리키지 못하면 1을 지도한 것과 같은 방법으로 지도한다.
- 수행되면 1과 3의 위치를 다양하게 바꾸어 교사가 요구하는 숫자를 줄 수 있는지 확인한다.
- 수행되면 교사가 2와 3의 숫자를 제시한 후 2를 가리키는 시범을 보인다.
- 2를 가리키지 못하면 1을 지도한 것과 같은 방법으로 지도한다.
- 수행되면 교사가 1~3의 위치를 다양하게 바꾸어 교사가 요구하는 숫자를 줄 수 있는지 확인한다.
- 수행되면 영아의 특성에 맞는 적절한 강화제를 제공한다.

☞ 숫자를 지도할 때는 순서대로 지도하기보다는 일반적으로 발음의 차이가 확실하게 나는 숫자를 먼저 지도하는 것이 효과적이다. 특히 1과 2는 발음이 비슷하기 때문에 1과 3을 먼저 지도한 후 수행되면 2를 추가해서 지도하는 것이 영아들에게는 쉽게 숫자를 습득할 수 있는 하나의 방법이 될 수 있다.

☞ 숫자를 지도할 때 숫자노래(예: 숫자송)를 활용하여 놀이식으로 지도하면 효과적이다.

29 1~3 세기

목표 | 1~3을 셀 수 있다.

자료 | 1~3이 쓰인 숫자카드, 강화제

방법 ❶

- 교사가 영아에게 1~3이 쓰인 숫자카드를 제시한 후 "일, 이, 삼." 이라고 말하면서 숫자를 세는 시범을 보인다.
- 영아에게 교사를 모방하여 "일, 이, 삼." 이라고 말하면서 숫자를 세어 보라고 한다.
- 수행되면 영아 스스로 "일, 이, 삼." 이라고 말하면서 숫자를 세어 보라고 한다.
- 수행되면 영아의 특성에 맞는 적절한 강화제를 제공한다.

방법 ❷

- 교사가 영아에게 1~3이 쓰인 숫자카드를 제시한 후 '1' 숫자카드를 가리키며 "일." 이라고 세는 시범을 보인다.
- 영아에게 교사를 모방하여 '1' 숫자카드를 가리키며 "일." 이라고 세어 보라고 한다.
- '일' 을 세지 못하면 교사가 영아의 손을 잡고 '1' 숫자카드를 가리키며 "일." 이라고 세어 준다.
- 도움을 점차 줄여 간다.
- 영아 스스로 '1' 숫자카드를 가리키며 "일." 이라고 세어 보라고 한다.
- 수행되면 교사가 숫자카드 1, 2를 가지고 "일, 이." 라고 세는 시범을 보인다.
- 영아에게 교사를 모방하여 숫자카드 1, 2를 가지고 "일, 이." 라고 세어 보라고 한다.
- 모방하지 못하면 교사가 '일' 을 세어 주고 영아에게 '이' 를 세어 보라고 한다.
- 수행되면 영아 스스로 숫자카드 1, 2를 가지고 "일, 이." 라고 세어 보라고 한다.
- 수행되면 교사가 숫자카드 1, 2, 3을 가지고 "일, 이, 삼." 이라고 세는 시범을 보인다.
- 영아에게 교사를 모방하여 숫자카드 1, 2, 3을 가지고 "일, 이, 삼." 이라고 세어 보

라고 한다.

- 세지 못하면 교사가 "일, 이."를 세어 주고 영아에게 "삼."을 세어 보라고 한다.
- 수행되면 영아 스스로 숫자카드 1, 2, 3을 가지고 "일, 이, 삼."이라고 세어 보라고 한다.
- 수행되면 영아의 특성에 맞는 적절한 강화제를 제공한다.

30 블록 세 개 세기   2~3세

목표 │ 블록 세 개를 셀 수 있다.
자료 │ 여섯 개의 블록, 강화제
방법 ❶

- 교사가 영아에게 세 개의 블록을 제시한 후 "하나, 둘, 셋."이라고 말하면서 블록 세는 방법을 시범 보인다.
- 영아에게 교사를 모방하여 "하나, 둘, 셋."이라고 말하면서 블록을 세어 보라고 한다.
- 수행되면 영아 스스로 "하나, 둘, 셋."이라고 말하면서 블록을 세어 보라고 한다.
- 수행되면 영아의 특성에 맞는 적절한 강화제를 제공한다.

방법 ❷

- 교사가 영아에게 세 개의 블록을 제시한 후 블록 세 개 중 한 개를 세면서 "하나."라고 세는 시범을 보인다.
- 영아에게 교사를 모방하여 블록 한 개를 "하나."라고 말하면서 세어 보라고 한다.
- '하나'를 세지 못하면 교사가 영아의 손을 잡고 "하나."라고 말하면서 세어 준다.
- 영아가 블록을 셀 때 교사가 "하."만 말해 준 후 영아가 "나."라고 말하게 한다.
- 도움을 점차 줄여 간다.

- 영아 스스로 블록 한 개를 "하나."라고 말하면서 세어 보라고 한다.
- 수행되면 교사가 블록 두 개를 가지고 "하나, 둘."이라고 말하면서 세는 방법을 시범 보인다.
- 영아에게 교사를 모방하여 블록 두 개를 가지고 "하나, 둘."이라고 말하면서 세어 보라고 한다.
- 모방하지 못하면 교사가 "하나."를 세어 주고 영아에게 "둘."을 세어 보라고 한다.
- 수행되면 영아 스스로 블록 두 개를 가지고 "하나, 둘."이라고 말하면서 세어 보라고 한다.
- 수행되면 교사기 블록 세 개를 가지고 "하나, 둘, 셋."이라고 말하면서 세는 방법을 시범 보인다.
- 영아에게 교사를 모방하여 블록 세 개를 가지고 "하나, 둘, 셋"이라고 말하면서 세어 보라고 한다.
- 모방하지 못하면 교사가 "하나, 둘."을 세어 주고 영아에게 "셋."을 세어 보라고 한다.
- 수행되면 영아 스스로 블록 세 개를 가지고 "하나, 둘, 셋."이라고 말하면서 세어 보라고 한다.
- 수행되면 영아의 특성에 맞는 적절한 강화제를 제공한다.

31 네 조각 퍼즐 맞추기 `2~3세`

목표 | 네 조각의 퍼즐을 맞출 수 있다.

자료 | 퍼즐조각에 손잡이가 달린 네 조각의 퍼즐판 또는 네 조각의 퍼즐판, 손수건 또는 수건, 강화제

방법 ❶

- 교사가 네 조각의 퍼즐 맞추는 시범을 보인다.

- 영아에게 교사를 모방하여 네 조각의 퍼즐을 맞추어 넣어 보라고 한다.
- 수행되면 영아 스스로 네 조각의 퍼즐을 맞추어 넣어 보라고 한다.
- 수행되면 영아의 특성에 맞는 적절한 강화제를 제공한다.

방법 ❷

- 교사가 네 조각의 퍼즐판에서 한 조각의 퍼즐을 꺼내 퍼즐 맞추는 시범을 보인다.
- 영아에게 교사를 모방하여 한 조각의 퍼즐을 맞추어 넣어 보라고 한다.
- 넣지 못하면 교사가 영아의 손을 잡고 한 조각의 퍼즐을 맞추어 넣어 준다.
- 교사가 영아에게 퍼즐 넣을 곳을 가리키며 퍼즐을 맞추어 넣어 보라고 한다.
- 도움을 점차 줄여 간다.
- 수행되면 영아 스스로 한 조각의 퍼즐을 맞추어 넣어 보라고 한다.
- 수행되면 교사가 두 조각의 퍼즐을 꺼내 퍼즐 맞추는 시범을 보인다.
- 영아에게 교사를 모방하여 두 조각의 퍼즐을 맞추어 넣어 보라고 한다.
- 넣지 못하면 한 조각의 퍼즐을 맞추는 것과 같은 방법으로 지도한다.
- 수행되면 영아 스스로 두 조각의 퍼즐을 맞추어 보라고 한다.
- 수행되면 교사가 세 조각의 퍼즐을 꺼내 퍼즐 맞추는 시범을 보인다.
- 영아에게 교사를 모방하여 세 조각의 퍼즐을 맞추어 넣어 보라고 한다.
- 수행되면 영아 스스로 세 조각의 퍼즐을 맞추어 보라고 한다.
- 수행되면 교사가 네 조각의 퍼즐을 꺼내 퍼즐 맞추는 시범을 보인다.
- 영아에게 교사를 모방하여 네 조각의 퍼즐을 맞추어 넣어 보라고 한다.
- 수행되면 영아 스스로 네 조각의 퍼즐을 맞추어 보라고 한다.
- 수행되면 영아의 특성에 맞는 적절한 강화제를 제공한다.

방법 ❸

- 네 조각의 퍼즐판에서 한 조각의 퍼즐을 제외한 세 조각 부분은 손수건으로 가린다.
- 교사가 네 조각의 퍼즐판에 한 조각의 퍼즐 넣는 방법을 시범 보인다.

- 영아에게 교사를 모방하여 한 조각의 퍼즐을 맞추어 넣어 보라고 한다.
- 넣지 못하면 교사가 영아의 손을 잡고 한 조각의 퍼즐을 맞추어 넣어 준다.
- 교사가 영아에게 퍼즐 넣을 곳을 가리키며 한 조각의 퍼즐을 넣어 보라고 한다.
- 도움을 점차 줄여 간다.
- 수행되면 영아 스스로 한 조각의 퍼즐을 맞추어 넣어 보라고 한다.
- 수행되면 교사가 두 조각의 퍼즐을 제외한 나머지 두 조각 부분은 손수건으로 가린 후 두 조각의 퍼즐 넣는 방법을 시범 보인다.
- 영아에게 교사를 모방하여 두 조각의 퍼즐을 맞추어 넣어 보라고 한다.
- 넣지 못하면 힌 조각의 퍼즐을 지도한 것과 같은 방법으로 지도한다.
- 수행되면 유아 스스로 두 조각의 퍼즐을 맞추어 넣어 보라고 한다.
- 수행되면 교사가 세 조각의 퍼즐을 제외한 나머지 한 조각 부분은 손수건으로 가린 후 세 조각의 퍼즐 넣는 방법을 시범 보인다.
- 영아에게 교사를 모방하여 세 조각의 퍼즐을 맞추어 넣어 보라고 한다.
- 넣지 못하면 두 조각의 퍼즐을 지도한 것과 같은 방법으로 지도한다.
- 수행되면 유아 스스로 세 조각의 퍼즐을 맞추어 넣어 보라고 한다.
- 수행되면 교사가 가렸던 부분들을 제거하고 네 조각의 퍼즐을 꺼내 맞추는 시범을 보인다.
- 영아에게 교사를 모방하여 네 조각의 퍼즐을 맞추어 넣어 보라고 한다.
- 수행되면 영아 스스로 네 조각의 퍼즐을 맞추어 보라고 한다.
- 수행되면 영아의 특성에 맞는 적절한 강화제를 제공한다.

☞ 방법 ❷의 경우 퍼즐을 다 꺼내어 차례대로 한 조각씩 넣는 방법의 시범을 보인 후 순서대로 지도해도 된다.

☞ 집에서 간단하게 만들어서 사용할 수 있다. 예를 들어, 초코파이 상자의 앞면 그림을 네 조각으로 잘라서 사용하거나, 동물 또는 과일 그림을 네 조각으로 잘라서 활용해도 된다.

32 같은 그림 짝짓기 2~3세

목표 | 같은 그림을 짝지을 수 있다.

자료 | 같은 그림 세 쌍(예: 나비, 사과, 자동차, 신발 등), 강화제

방법 ❶

- 교사가 같은 그림 세 쌍을 짝짓는 방법을 시범 보인다.
- 영아에게 교사를 모방하여 세 쌍의 그림을 각각 짝지어 보라고 한다.
- 수행되면 영아 스스로 세 쌍의 그림을 짝지어 보라고 한다.
- 수행되면 영아의 특성에 맞는 적절한 강화제를 제공한다.

방법 ❷

- 교사가 영아에게 같은 그림 세 쌍이 짝지어져 있는 모양을 보여 준 후 세 쌍을 짝 짓는 방법을 시범 보인다.
- 영아에게 교사를 모방하여 세 쌍의 그림을 각각 짝지어 보라고 한다.
- 짝짓지 못하면 교사가, 예를 들어 사과 그림 한 쌍을 짝짓는 시범을 보인다.
- 영아에게 교사를 모방하여 사과 그림 한 쌍을 짝지어 보라고 한다.
- 짝짓지 못하면 교사가 영아의 손을 잡고 사과를 짝지어 준다.
- 교사가 사과를 가리키며 영아에게 사과를 짝지어 보라고 한다.
- 도움을 점차 줄여 간다.
- 수행되면 영아 스스로 사과 그림 한 쌍을 짝지어 보라고 한다.
- 수행되면, 예를 들어 사과와 나비 그림을 놓고 영아에게 사과 그림을 준 후 짝지어 보라고 한다.
- 수행되면 교사가 나비 그림 한 쌍을 짝짓는 시범을 보인다.
- 영아에게 교사를 모방하여 나비 그림 한 쌍을 짝지어 보라고 한다.
- 짝짓지 못하면 사과를 짝짓는 것과 같은 방법으로 지도한다.

- 수행되면 사과와 나비 그림을 제시한 후 영아가 사과와 나비를 각각 짝지을 수 있는지 확인한다.
- 수행되면 나머지 그림도 같은 방법으로 지도한다.
- 수행되면 영아의 특성에 맞는 적절한 강화제를 제공한다.

방법 ❸

- 교사가 영아에게 같은 그림 세 쌍이 짝지어져 있는 모양을 보여 준 후 세 쌍을 짝짓는 방법을 시범 보인다.
- 영아와 교사가 같은 그림을 하나씩 나누어 갖는다.
- 교사가 갖고 있는 그림 중, 예를 들어 나비를 보여 주면서 영아에게 "이것과 같은 것 주세요."라고 한다.
- 주지 못하면 영아가 가지고 있는 그림 중 '나비'를 가리키며 달라고 한다.
- 도움을 점차 줄여 간다.
- 교사가 나비를 보여 주면서 같은 것을 달라고 하면 영아 스스로 줄 수 있는지 확인한다.
- 수행되면 나머지 그림도 같은 방법으로 지도한다.
- 수행되면 교사가 순서를 바꾸어 같은 그림을 달라고 할 때 영아가 줄 수 있는지 확인한다.
- 수행되면 영아의 특성에 맞는 적절한 강화제를 제공한다.

☞ 위와 같은 방법으로 과일이나 동물 그림을 세 쌍 준비하여 같은 것을 짝짓게 하는 등 다양하게 지도할 수 있다.

33 같은 색 분류하기 2~3세

목표 | 같은 색을 분류할 수 있다.

자료 | 다양한 색상의 블록, 색 카드 등, 접시 또는 컵, 강화제

방법 ❶

- 교사가 다양한 색상의 블록이나 카드를 섞어 놓고 같은 색끼리 분류하는 시범을 보인다.
- 영아에게 교사를 모방하여 같은 색끼리 분류해 보라고 한다.
- 수행되면 영아 스스로 같은 색끼리 분류해 보라고 한다.
- 수행되면 영아의 특성에 맞는 적절한 강화제를 제공한다.

방법 ❷

- 교사가 다양한 색상의 블록이나 카드를 섞어 놓고 같은 색끼리 분류하는 시범을 보인다.
- 영아에게 교사를 모방하여 같은 색끼리 분류해 보라고 한다.
- 분류하지 못하면 교사가 다양한 색상의 블록이나 카드 중, 예를 들어 빨간색들을 분류하는 시범을 보인다.
- 영아에게 교사를 모방하여 빨간색들을 분류해 보라고 한다.
- 분류하지 못하면 교사가 영아의 손을 잡고 빨간색들을 찾아 준다.
- 교사가 빨간색을 보여 주며 영아에게 같은 색들을 모아 보라고 한다.
- 교사가 다양한 색상의 블록이나 카드 중에 빨간색들을 가리키며 찾아보라고 한다.
- 도움을 점차 줄여 간다.
- 수행되면 영아 스스로 빨간색들을 분류해 보라고 한다.
- 수행되면 교사가 다양한 색상의 블록이나 카드 중에 노란색들을 분류하는 시범을 보인다.

- 영아에게 교사를 모방하여 노란색들을 분류해 보라고 한다.
- 분류하지 못하면 빨간색과 같은 방법으로 지도한다.
- 수행되면 교사가 빨간색과 노란색을 보여 주며 영아에게 같은 색들을 분류해 보라고 한다.
- 수행되면 교사가 다양한 색상의 블록이나 카드 중에 파란색들을 분류하는 시범을 보인다.
- 영아에게 교사를 모방하여 파란색들을 분류해 보라고 한다.
- 분류하지 못하면 노란색과 같은 방법으로 지도한다.
- 수행되면 교사가 빨간색과 노란색, 파란색을 보여 주며 영아에게 같은 색들을 분류해 보라고 한다.
- 수행되면 다른 색들도 같은 방법으로 지도한다.
- 수행되면 영아의 특성에 맞는 적절한 강화제를 제공한다.

방법 ❸
- 교사가 다양한 색상의 블록이나 카드를 섞어 놓는다.
- 교사가, 예를 들어 빨간색, 파란색, 노란색, 검은색 블록을 각각 하나씩 담아 놓은 접시에 같은 색깔의 블록을 놓는 시범을 보인다.
- 영아에게 교사를 모방하여 각 접시에 놓인 색깔과 같은 색의 블록을 놓아 보라고 한다.
- 놓지 못하면 교사가 영아의 손을 잡고 각 접시에 놓인 색깔과 같은 색의 블록을 놓아 준다.
- 교사가, 예를 들어 "빨간색은 어디 있나 여~기! ♬"라고 노래 부르며 빨간색 블록을 가리킨 후 영아에게 빨간색 블록이 놓인 접시에 빨간색 블록을 놓아 보라고 한다.
- 다른 색도 같은 방법으로 접시에 놓아 보라고 한다.
- 도움을 점차 줄여 간다.

- 수행되면 영아 스스로 각각의 색 블록이 담겨 있는 접시에 같은 색깔의 블록을 놓아 보라고 한다.
- 수행되면 교사가 블록이 놓인 접시의 위치를 바꾸어 놓은 후 영아에게 같은 색깔의 블록을 찾아 놓아 보라고 한다.
- 수행되면 영아의 특성에 맞는 적절한 강화제를 제공한다.

34 두 부분으로 나누어진 형태 완성하기

목표 | 두 부분으로 나누어진 형태를 완성할 수 있다.

자료 | 과일, 동물, 사진이나 그림이 두 부분으로 나누어진 형태, 종이, 색연필, 강화제

방법 ❶

- 교사가 유아에게 각 과일이 반으로 나누어진 형태와 완성된 형태를 보여 준다.
- 교사가 두 부분으로 나누어진 과일을 가지고 과일 모양을 완성하는 시범을 보인다.
- 유아에게 교사를 모방하여 과일 모양을 완성해 보라고 한다.
- 수행되면 유아 스스로 과일 모양을 완성해 보라고 한다.
- 수행되면 동물도 같은 방법으로 확인한다.
- 수행되면 유아의 특성에 맞는 적절한 강화제를 제공한다.

방법 ❷

- 교사가 유아에게 각 과일이 반으로 나누어진 형태와 완성된 형태를 보여 준다.
- 교사가 두 부분으로 나누어진 과일을 가지고 과일 모양을 완성하는 시범을 보인다.
- 유아에게 교사를 모방하여 과일 모양을 완성해 보라고 한다.
- 모방하지 못하면 교사가, 예를 들어 두 부분으로 나누어진 사과를 가지고 사과 모양을 완성하는 시범을 보인다.
- 유아에게 교사를 모방하여 사과 모양을 완성해 보라고 한다.

- 모방하지 못하면 교사가 유아의 손을 잡고 사과 모양을 완성해 준다.
- 교사가 사과의 반쪽을 제시한 후 유아에게 나머지 사과의 반쪽을 맞추어 사과를 완성해 보라고 한다.
- 교사가 사과의 반을 가리키며 유아에게 나머지 사과의 반쪽을 맞추어 사과를 완성해 보라고 한다.
- 도움을 점차 줄여 간다.
- 수행되면 유아 스스로 두 부분으로 나누어진 사과를 완성해 보라고 한다.
- 수행되면 포도도 같은 방법으로 지도한다.
- 수행되면 반으로 나누어진 사과와 포도 그림을 섞어 놓고 유아에게 사과와 포도를 완성해 보라고 한다.
- 수행되면 동물도 같은 방법으로 지도한다.
- 수행되면 유아의 특성에 맞는 적절한 강화제를 제공한다.

방법 ❸

- 교사가 유아에게 각 과일이 반으로 나누어진 형태와 완성된 형태를 보여 준다.
- 교사가, 예를 들어 종이에 포도의 윤곽선을 그려 반으로 나눈 후 두 조각의 포도를 윤곽선 안에 넣어 포도 모양을 완성하는 시범을 보인다.
- 유아에게 포도의 두 조각을 준 후 윤곽선 안에 넣어 포도 모양을 완성해 보라고 한다.
- 포도를 윤곽선 안에 넣지 못하면 교사가 유아의 손을 잡고 넣어 준다.
- 교사가 윤곽선 안에 포도의 한 조각을 놓은 후 나머지 한 조각은 유아에게 넣어 보라고 한다.
- 유아에게 포도의 두 조각을 준 후 한 조각만 윤곽선 안에 넣어 보라고 한다.
- 도움을 점차 줄여 간다.
- 수행되면 유아에게 나머지 포도 한조각도 윤곽선 안에 넣어 보라고 한다.
- 수행되면 유아 스스로 포도의 두 조각을 윤곽선 안에 넣어 포도 모양을 완성해 보

라고 한다.

- 수행되면 윤곽선을 지우고 유아에게 포도의 두 조각을 준 후 포도 모양을 완성해 보라고 한다.
- 완성하지 못하면 교사가 유아의 손을 잡고 같이 완성해 준다.
- 유아 스스로 두 부분으로 나누어진 사과를 완성해 보라고 한다.
- 수행되면 다른 과일도 같은 방법으로 지도한 후 두 조각으로 나누어진 각 과일을 섞어 놓고 각 과일을 완성할 수 있는지 확인한다.
- 수행되면 동물도 같은 방법으로 지도한다.
- 수행되면 유아의 특성에 맞는 적절한 강화제를 제공한다.

☞ 시중에서 두 부분으로 나누어진 형태를 완성할 수 있는 다양한 교구들을 구입하여 활용해도 효과적이다.

35 함께 사용되는 물건 짝짓기 3~4세

목표 | 함께 사용되는 물건을 짝지을 수 있다.

자료 | 칫솔과 치약, 주전자와 컵, 연필과 종이 등 각각의 실물과 그림, 강화제

방법 ❶

- 교사가 칫솔, 주전자 등을 놓고 함께 사용되는 치약과 컵 등을 짝짓는 시범을 보인다.
- 유아에게 교사를 모방하여 함께 사용되는 물건들을 짝지어 보라고 한다.
- 수행되면 유아 스스로 함께 사용되는 물건들을 짝지어 보라고 한다.
- 수행되면 유아의 특성에 맞는 적절한 강화제를 제공한다.

방법 ❷

- 교사가, 예를 들어 치약, 주전자, 크레파스 등을 놓고 함께 사용되는 칫솔과 컵, 스케치북 등을 짝짓는 시범을 보인다.
- 유아에게 치약과, 주전자, 크레파스 등을 제시하고 함께 사용되는 물건들을 짝지어 보라고 한다.
- 짝짓지 못하면 교사가 주전자를 제시하고 컵을 짝짓는 시범을 보인다.
- 유아에게 교사를 모방하여 주전자와 컵을 짝지어 보라고 한다.
- 짝짓지 못하면 교사가 유아의 손을 잡고 주전자와 컵을 짝지어 준다.
- 교사가 주전자를 가리키며 컵과 짝지어 보라고 한다.
- 도움을 점차 줄여 간다.
- 수행되면 유아 스스로 주전자와 컵을 짝지어 보라고 한다.
- 수행되면 교사가 주전자와 칫솔을 놓고 유아가 주전자와 컵을 짝지을 수 있는지 확인해 본다.
- 수행되면 나머지 그림들도 같은 방법으로 지도한다.

• 수행되면 유아의 특성에 맞는 적절한 강화제를 제공한다.

방법 ❸

• 함께 사용되는 물건들이 연결된 그림을 보여 준다.

• 교사가 어떻게 연결하는지 시범을 보인 후 유아에게 모방하여 연결해 보라고 한다.

• 연결하지 못하면 교사가 함께 사용되는 물건들을 연결하는 점선을 전부 그려 준 후 유아에게 연결하라고 한다.

• 수행되면 점선을 전부 지우고 함께 사용되는 물건들을 연결하라고 한다.

• 연결하지 못하면 교사가, 예를 들어 칫솔과 치약을 어떻게 연결하는지 시범을 보인 후 유아에게 연결하라고 한다.

• 연결하지 못하면 교사가 유아의 손을 잡고 칫솔과 치약을 연결해 준다.

• 교사가 치약을 가리키며 유아에게 연결하라고 한다.

• 도움을 점차 줄여 간다.

• 유아 스스로 칫솔과 치약을 연결해 보라고 한다.

• 수행되면 다른 물건들도 같은 방법으로 연결하도록 지도한다.

• 수행되면 그림의 위치를 바꾸어 다시 한 번 확인한다.

• 수행되면 유아의 특성에 맞는 적절한 강화제를 제공한다.

☞ 그림을 오려서 함께 사용되는 물건들을 짝짓게 한 후 방법 ❸을 지도하면 효과적이다.

36 셋 이상의 물건 일대일 대응하기 3~4세

목표 | 셋 이상의 물건을 일대일 대응시킬 수 있다.

자료 | 컵 세 개, 빨대 다섯 개, 사탕, 초콜릿, 과자 각 다섯 개, 강화제

방법 ❶

- 교사가 컵 세 개와 빨대 다섯 개를 가지고 각 컵에 빨대를 하나씩 꽂는 방법을 시범 보인다.
- 유아에게 교사를 모방하여 각 컵에 빨대를 하나씩 꽂아 보라고 한다.
- 수행되면 유아 스스로 각 컵에 빨대를 하나씩 꽂아 보라고 한다.
- 수행되면 유아의 특성에 맞는 적절한 강화제를 제공한다.

방법 ❷

- 교사가 컵 세 개와 빨대 다섯 개를 가지고 각 컵에 빨대를 하나씩 꽂는 방법을 시범 보인다.
- 유아에게 교사를 모방하여 각 컵에 빨대를 하나씩 꽂아 보라고 한다.
- 모방하지 못하면 교사가 책상에 컵 한 개를 놓은 후 빨대 두 개를 가지고 컵에 빨대를 하나만 꽂는 시범을 보인다.
- 유아에게 두 개의 빨대를 준 후 컵에 하나만 꽂아 보라고 한다.
- 꽂지 못하면 교사가 유아의 손을 잡고 컵에 하나만 꽂아 준다.
- 교사가 컵을 가리키며 빨대를 하나만 꽂아 보라고 한다.
- 도움을 점차 줄여 간다.
- 수행되면 유아 스스로 컵에 빨대를 하나만 꽂아 보라고 한다.
- 수행되면 교사가 책상에 컵 두 개를 놓은 후 빨대 세 개를 가지고 각 컵에 빨대를 하나씩만 꽂는 시범을 보인다.
- 유아에게 세 개의 빨대를 준 후 두 개의 컵에 하나씩만 꽂아 보라고 한다.

- 꽂지 못하면 컵 한 개에 빨대를 꽂는 것과 같은 방법으로 지도한다.
- 수행되면 교사가 유아에게 세 개, 혹은 네 개의 빨대를 준 후 두 개의 컵에 빨대를 각각 하나씩 하나씩 꽂아 보라고 한다.
- 수행되면 교사가 세 개의 컵에 빨대를 하나씩 꽂는 시범을 보인 후 유아에게 꽂아 보라고 한다.
- 수행되면 유아에게 다섯 개의 빨대를 준 후 세 개의 컵에 빨대를 각각 하나씩 꽂아 보라고 한다.
- 수행되면 유아의 특성에 맞는 적절한 강화제를 제공한다.

☞ 셋 이상의 물건을 일대일 대응시킬 경우에 같은 개수를 제공하면 수행 여부를 판단하기가 어렵기 때문에 같은 개수를 제공하지 않도록 유의하여야 한다.

☞ 유아가 좋아하는 과자류를 각 컵에 넣게 하여 일대일 대응시키거나 일상생활에서 쉽게 구할 수 있는 컵과 컵받침, 그릇과 숟가락, 컵과 소리 나는 종 등을 이용하여 지도해도 효과적이다. 그러나 경우에 따라서는 유아가 좋아하는 과자류에 집착하여 과제 진행이 어려울 수 있으므로 유의하도록 한다.

3~4세

37 여섯 조각 퍼즐 맞추기　　　3~4세

목표 | 여섯 조각의 퍼즐을 맞출 수 있다.
자료 | 퍼즐조각에 손잡이가 달린 여섯 조각의 퍼즐판, 강화제
방법 ❶
- 교사가 여섯 조각의 퍼즐 맞추는 시범을 보인다.
- 유아에게 교사를 모방하여 여섯 조각의 퍼즐을 맞추어 보라고 한다.
- 수행되면 유아 스스로 여섯 조각의 퍼즐을 맞추어 보라고 한다.

- 수행되면 유아의 특성에 맞는 적절한 강화제를 제공한다.

- 교사가 여섯 조각의 퍼즐판에서 한 조각의 퍼즐을 꺼내 퍼즐 맞추는 시범을 보인다.
- 유아에게 교사를 모방하여 한 조각의 퍼즐을 맞추어 보라고 한다.
- 모방하지 못하면 교사가 유아의 손을 잡고 한 조각의 퍼즐을 맞추어 넣어 준다.
- 교사가 퍼즐 넣을 곳을 가리키며 유아에게 퍼즐을 맞추어 넣어 보라고 한다.
- 도움을 점차 줄여 간다.
- 수행되면 유아 스스로 한 조각의 퍼즐을 맞추어 넣어 보라고 한다.
- 수행되면 교사가 두 조각의 퍼즐을 꺼내 퍼즐 맞추는 시범을 보인다.
- 유아에게 교사를 모방하여 두 조각의 퍼즐을 맞추어 넣어 보라고 한다.
- 맞추지 못하면 한 조각의 퍼즐을 맞추는 것과 같은 방법으로 지도한다.
- 수행되면 나머지 퍼즐도 같은 방법으로 지도한다.
- 수행되면 유아 스스로 여섯 조각 퍼즐을 맞추어 보라고 한다.
- 수행되면 유아의 특성에 맞는 적절한 강화제를 제공한다.

- 여섯 조각의 퍼즐판에서 두 조각의 퍼즐을 제외한 네 조각 부분은 손수건으로 가린다.
- 교사가 여섯 조각의 퍼즐판에 두 조각의 퍼즐을 넣는 방법을 시범 보인다.
- 유아에게 교사를 모방하여 두 조각의 퍼즐을 맞추어 넣어 보라고 한다.
- 넣지 못하면 교사가 유아의 손을 잡고 두 조각의 퍼즐을 맞추어 넣어 준다.
- 교사가 유아에게 퍼즐 넣을 곳을 가리키며 .두 조각의 퍼즐을 넣어 보라고 한다.
- 도움을 점차 줄여 간다.
- 수행되면 유아 스스로 두 조각의 퍼즐을 맞추어 넣어 보라고 한다.
- 수행되면 교사가 세 조각의 퍼즐을 제외한 나머지 세 조각 부분은 손수건으로 가

린 후 세 조각의 퍼즐 넣는 방법을 시범 보인다.

- 유아에게 교사를 모방하여 세 조각의 퍼즐을 맞추어 넣어 보라고 한다.
- 넣지 못하면 두 조각의 퍼즐을 지도한 것과 같은 방법으로 지도한다.
- 수행되면 유아 스스로 세 조각의 퍼즐을 맞추어 넣어 보라고 한다.
- 수행되면 교사가 네 조각의 퍼즐을 제외한 나머지 두 조각 부분은 손수건으로 가린 후 네 조각의 퍼즐 넣는 방법을 시범 보인다.
- 유아에게 교사를 모방하여 네 조각의 퍼즐을 맞추어 넣어 보라고 한다.
- 넣지 못하면 세 조각의 퍼즐을 지도한 것과 같은 방법으로 지도한다.
- 수행되면 유아 스스로 네 조각의 퍼즐을 맞추어 넣어 보라고 한다.
- 수행되면 교사가 다섯 조각의 퍼즐을 제외한 나머지 한 조각 부분은 손수건으로 가린 후 다섯 조각의 퍼즐 넣는 방법을 시범 보인다.
- 유아에게 교사를 모방하여 다섯 조각의 퍼즐을 맞추어 넣어 보라고 한다.
- 넣지 못하면 네 조각의 퍼즐을 지도한 것과 같은 방법으로 지도한다.
- 수행되면 유아 스스로 다섯 조각의 퍼즐을 맞추어 넣어 보라고 한다.
- 수행되면 교사가 가렸던 부분들을 제거하고 여섯 조각의 퍼즐을 꺼내 맞추는 시범을 보인다.
- 유아에게 교사를 모방하여 여섯 조각의 퍼즐을 맞추어 넣어 보라고 한다.
- 수행되면 유아 스스로 여섯 조각의 퍼즐을 맞추어 보라고 한다.
- 수행되면 유아의 특성에 맞는 적절한 강화제를 제공한다.

☞ 방법 ❷의 경우 퍼즐을 다 꺼내어 차례대로 한 조각씩 넣는 방법의 시범을 보인 후 순서대로 지도해도 된다.

☞ 집에서 간단하게 만들어서 사용할 수 있다. 예를 들어, 달력의 그림이나 초코파이 상자의 앞면 그림을 여섯 조각으로 잘라서 사용하거나 다양한 그림을 여섯 조각으로 잘라서 활용해도 된다.

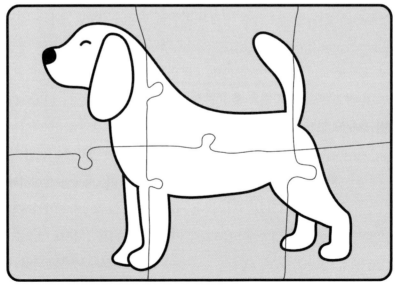

38 같은 모양 도형 분류하기 3~4세

목표 | 같은 모양 도형을 분류할 수 있다.

자료 | 다양한 모양의 도형블록, 다양한 모양의 도형카드 등, 접시 또는 컵, 강화제

방법 ❶

- 교사가 다양한 모양의 도형블록이나 카드를 섞어 놓고 같은 모양의 도형끼리 분류하는 시범을 보인다.
- 유아에게 교사를 모방하여 같은 모양의 도형을 분류해 보라고 한다.
- 수행되면 유아 스스로 같은 모양의 도형을 분류해 보라고 한다.
- 수행되면 유아의 특성에 맞는 적절한 강화제를 제공한다.

방법 ❷

- 교사가 다양한 모양의 도형블록이나 카드를 섞어 놓고 같은 모양의 도형끼리 분류하는 시범을 보인다.
- 유아에게 교사를 모방하여 같은 모양의 도형들을 분류해 보라고 한다.
- 분류하지 못하면 교사가 다양한 모양의 도형블록이나 카드 중, 예를 들어 네모 모양의 도형을 분류하는 시범을 보인다.
- 유아에게 교사를 모방하여 네모 모양의 도형을 분류해 보라고 한다.
- 분류하지 못하면 교사가 유아의 손을 잡고 네모 모양의 도형을 찾아 준다.
- 교사가 네모 모양의 도형을 보여 주며 유아에게 네모 도형을 모아 보라고 한다.
- 교사가 다양한 모양의 블록이나 카드 중에 네모 모양의 도형을 가리키며 찾아보라고 한다.
- 도움을 점차 줄여 간다.
- 수행되면 유아 스스로 네모 모양의 도형을 분류해 보라고 한다.
- 수행되면 교사가 다양한 모양의 도형블록이나 카드 중에 별 모양 도형을 분류하는

시범을 보인다.

- 유아에게 교사를 모방하여 별 모양 도형을 분류해 보라고 한다.
- 분류하지 못하면 네모 모양 도형과 같은 방법으로 지도한다.
- 수행되면 교사가 네모 모양 도형과 별 모양 도형을 보여 주며 유아에게 같은 모양의 도형을 분류해 보라고 한다.
- 수행되면 교사가 다양한 모양의 도형블록이나 카드 중에 세모 모양 도형을 분류하는 시범을 보인다.
- 유아에게 교사를 모방하여 세모 모양 도형을 분류해 보라고 한다.
- 분류하지 못하면 별 모양 도형과 같은 방법으로 지도한다.
- 수행되면 교사가 네모 모양 도형과 별 모양 도형, 세모 모양 도형을 보여 주며 유아에게 같은 모양의 도형을 분류해 보라고 한다.
- 수행되면 다른 모양의 도형도 같은 방법으로 지도한다.
- 수행되면 유아의 특성에 맞는 적절한 강화제를 제공한다.

방법 ❸

- 교사가 다양한 모양의 도형블록이나 카드를 섞어 놓는다.
- 교사가, 예를 들어 네모, 별, 세모, 동그라미 도형블록을 각각 하나씩 담아 놓은 접시에 같은 모양의 도형블록을 놓는 시범을 보인다.
- 유아에게 교사를 모방하여 각 접시에 놓인 도형 모양과 같은 도형의 블록을 놓아 보라고 한다.
- 놓지 못하면 교사가 유아의 손을 잡고 각 접시에 놓인 도형 모양과 같은 도형의 블록을 놓아 준다.
- 교사가, 예를 들어 "네모 도형은 어디 있나 여~기! ♬"라고 노래 부르며 네모 도형을 가리킨 후 유아에게 네모 도형블록이 놓인 접시에 놓아 보라고 한다.
- 다른 도형들도 같은 방법으로 접시에 놓아 보라고 한다.
- 도움을 점차 줄여 간다.

- 수행되면 유아 스스로 각각의 도형블록이 담겨 있는 접시에 같은 모양의 도형블록을 놓아 보라고 한다.
- 수행되면 교사가 블록이 놓인 접시의 위치를 바꾸어 놓고 유아에게 같은 모양의 도형 블록을 놓아 보라고 한다.
- 수행되면 유아의 특성에 맞는 적절한 강화제를 제공한다.

39 크기 순서대로 네 개 쌓기 3~4세

목표 | 크기 순서대로 네 개를 쌓을 수 있다.

자료 | 컵쌓기블록 다섯 개, 크기가 다른 상자 다섯 개, 강화제

방법 ❶

- 교사가 컵쌓기블록 다섯 개를 가지고 크기 순서대로 네 개 쌓는 방법을 시범 보인다.
- 유아에게 교사를 모방하여 컵쌓기블록 다섯 개를 가지고 크기 순서대로 네 개를 쌓아 보라고 한다.
- 수행되면 컵쌓기블록 다섯 개를 가지고 유아 스스로 크기 순서대로 네 개를 쌓아 보라고 한다.
- 수행되면 유아의 특성에 맞는 적절한 강화제를 제공한다.

방법 ❷

- 교사가 컵쌓기블록 다섯 개를 가지고 크기 순서대로 네 개 쌓는 방법을 시범 보인다.
- 교사가 블록 세 개를 쌓아 놓고 한 개는 유아에게 쌓아 보라고 한다.
- 쌓지 못하면 교사가 유아의 손을 잡고 쌓아 준다.
- 교사가 블록을 쌓아야 할 위치를 가리켜 주며 유아에게 쌓아 보라고 한다.

- 도움을 점차 줄여 간다.
- 수행되면 유아 스스로 컵블록 한 개를 쌓아 보라고 한다.
- 수행되면 교사가 두 개를 쌓아 놓고 두 개는 유아에게 쌓아 보라고 한다.
- 쌓지 못하면 교사가 유아의 손을 잡고 쌓아 준다.
- 수행되면 교사가 컵블록 한 개를 제시하고 세 개는 유아에게 쌓아 보라고 한다.
- 수행되면 유아에게 컵쌓기블록 다섯 개를 제시하여 크기 순서대로 스스로 네 개를 쌓아 보라고 한다.
- 수행되면 유아의 특성에 맞는 적절한 강화제를 제공한다.

방법 ❸

- 교사가 컵쌓기블록 다섯 개를 가지고 크기 순서대로 네 개 쌓는 방법을 시범 보인다.
- 유아에게 교사를 모방하여 크기 순서대로 네 개를 쌓아 보라고 한다.
- 쌓지 못하면 교사가 두 개의 컵블록만 가지고 크기 순서대로 쌓는 방법을 시범 보인다.
- 유아에게 교사를 모방하여 크기 순서대로 두 개를 쌓아 보라고 한다.
- 쌓지 못하면 교사가 유아의 손을 잡고 크기 순서대로 두 개를 쌓아 준다.
- 교사가 큰 컵 위에 쌓을 컵을 가리키며 유아에게 쌓아 보라고 한다.
- 도움을 점차 줄여 간다.
- 수행되면 유아 스스로 크기 순서대로 두 개를 쌓아 보라고 한다.
- 수행되면 교사가 컵블록 세 개를 가지고 크기 순서대로 쌓는 방법을 시범 보인다.
- 유아에게 교사를 모방하여 크기 순서대로 세 개를 쌓아 보라고 한다.
- 쌓지 못하면 교사가 유아의 손을 잡고 크기 순서대로 세 개를 쌓아 준다.
- 교사가 제일 큰 컵 위에 쌓을 컵을 가리키며 유아에게 쌓아 보라고 한 후 그 다음 컵을 가리키며 쌓아 보라고 한다.
- 도움을 점차 줄여 간다.

- 수행되면 유아 스스로 크기 순서대로 세 개를 쌓아 보라고 한다.
- 수행되면 같은 방법으로 크기 순서대로 네 개를 쌓도록 지도한다.
- 수행되면 교사가 컵블록 다섯 개를 제시하여 유아 스스로 네 개를 쌓아 보라고 한다.
- 수행되면 유아의 특성에 맞는 적절한 강화제를 제공한다.

☞ 컵블록 네 개를 제시할 경우 세 개를 맞추면 하나는 자동으로 맞추어지기 때문에 반드시 다섯 개를 제시하도록 유의한다.

☞ 컵쌓기블록은 시판하는 교구로 크기에 따라 끼워 맞추게 만들어진 열 개의 컵으로 되어 있다. 컵쌓기블록 대신 크기가 다른 상자 다섯 개 등을 활용해도 된다.

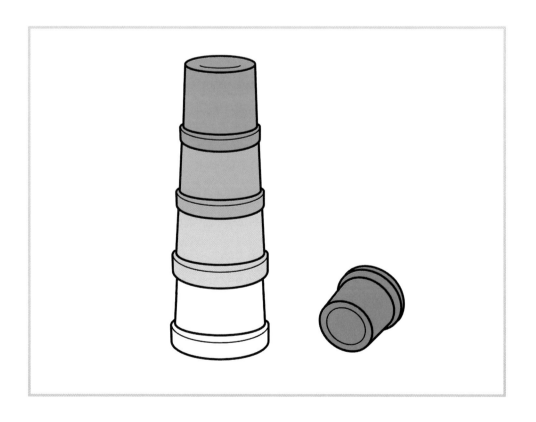

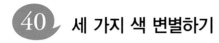

40 세 가지 색 변별하기 3~4세

목표 | 세 가지 색을 변별할 수 있다.

자료 | 빨간색·노란색·파란색 크레파스, 빨간색·노란색·파란색 카드, 빨간색·
노란색·파란색 블록이나 장난감, 강화제

방법 ❶

- 교사가 빨간색, 노란색, 파란색 크레파스나 색 카드를 보여 준 후, 각각의 색 이름
을 말하며 가리키는 시범을 보인다.
- 유아에게 교사를 모방하여 각각의 색을 가리켜 보라고 한다.
- 수행되면 교사가 각 색깔의 이름을 말해 줄 때 유아 스스로 가리켜 보라고 한다.
- 수행되면 교사가 빨간색, 노란색, 파란색 크레파스나 색 카드의 위치를 바꾸어 유
아에게 가리켜 보라고 한다.
- 수행되면 유아의 특성에 맞는 적절한 강화제를 제공한다.

방법 ❷

- 교사가 빨간색과 노란색 크레파스를 유아 앞에 놓고 각각의 색 이름을 말해 준 후
"빨간색은 ♩ 어디 있니♫ 여~기."라고 노래 부르며 빨간색을 가리키는 시범을
보인다.
- 교사가 "빨간색."이라고 반복하여 말한 후 유아에게 "빨간색 가리켜 보세요."라고
말한다.
- 가리키지 못하면 교사가 유아의 손을 잡고 빨간색을 가리켜 준다.
- 교사가 빨간색을 가리키며 유아에게 빨간색을 가리켜 보라고 한다.
- 도움을 점차 줄여 간다.
- 수행되면 교사가 빨간색을 가리켜 보라고 할 때 유아 스스로 빨간색을 가리킬 수
있는지 확인한다.

- 수행되면 빨간색과 노란색의 위치를 바꾸어 놓고 유아가 빨간색을 가리킬 수 있는지 확인한다.
- 수행되면 교사가 "노란색." 이라고 반복하여 말한 후 "노란색은 ♬ 어디 있나 ♬ 여기."라고 노래 부르며 노란색을 가리키는 시범을 보인다.
- 교사가 유아에게 "노란색 가리켜 보세요."라고 말한다.
- 가리키지 못하면 빨간색과 같은 방법으로 지도한다.
- 수행되면 교사가 빨간색, 노란색, 파란색을 유아 앞에 놓고 빨간색과 노란색을 가리킬 수 있는지 확인한다.
- 수행되면 파란색도 같은 방법으로 지도한다.
- 수행되면 교사가 빨간색, 노란색, 파란색의 위치를 다양하게 바꾸어 놓고 유아가 가리킬 수 있는지 확인한다.
- 수행되면 유아의 특성에 맞는 적절한 강화제를 제공한다.

방법 ❸

- 교사가 빨간색 크레파스를 유아 앞에 놓고 "빨간색은 ♬ 어디 있나 ♬ 여~기."라고 노래 부르며 빨간색을 주는 시범을 보인다.
- 유아에게 '빨간색'을 달라고 한다.
- 주지 못하면 교사가 유아의 손을 잡고 '빨간색'을 준다.
- 교사가 빨간색을 가리키며 유아에게 "빨간색 주세요."라고 한다.
- 도움을 점차 줄여 간다.
- 수행되면 교사가 빨간색을 달라고 할 때 유아 스스로 빨간색을 주게 한다.
- 수행되면 교사가 빨간색과 파란색을 섞어 놓고 유아가 빨간색을 줄 수 있는지 확인한다.
- 수행되면 파란색도 같은 방법으로 지도한다.
- 수행되면 빨간색과 파란색의 위치를 다양하게 바꾸어 유아가 각각의 색을 줄 수 있는지 확인한다.

- 수행되면 노란색도 같은 방법으로 지도한 후 교사가 요구하는 색을 각각 줄 수 있는지 확인한다.
- 수행되면 유아의 특성에 맞는 적절한 강화제를 제공한다.

☞ 색 지도 시 연상을 할 수 있도록 도와주면 효율적으로 지도할 수도 있다(예: '사과 같은 빨간 색' '바나나 같은 노란색'). 그리고 유아에게 세 가지 색상의 스티커를 주고 교사가 말하는 색을 붙여 보는 놀이를 하면 재미있어한다.

41 세 가지 도형 변별하기 `3~4세`

목표 | 세 가지 도형을 변별할 수 있다.
자료 | 동그라미 · 네모 · 세모 도형카드, 동그라미 · 네모 · 세모 모양의 블록, 강화제
방법 ❶

- 교사가 동그라미, 세모, 네모 도형카드 또는 세 가지 도형의 블록을 책상 위에 놓는다.
- 교사가 각각의 도형 이름을 말하면서 도형을 가리키는 시범을 보인다.
- 유아에게 교사를 모방하여 각각의 도형을 가리켜 보라고 한다.
- 수행되면 교사가 각 도형의 이름을 말해 줄 때 유아 스스로 가리켜 보라고 한다.
- 수행되면 동그라미, 세모, 네모 도형카드 또는 세 가지 도형의 블록 위치를 바꾸어 확인한다.
- 수행되면 유아의 특성에 맞는 적절한 강화제를 제공한다.

방법 ❷

- 교사가 동그라미와 네모를 유아 앞에 놓고 각각의 도형 이름을 말해 준 후 "동그라미는 ♫ 어디 있나 ♫ 여~기."라고 노래 부르며 동그라미를 가리키는 시범을 보

인다.

- 교사가 "동그라미."라고 반복하여 말한 후 유아에게 "동그라미 가리켜 보세요."라고 한다.
- 가리키지 못하면 교사가 유아의 손을 잡고 가리켜 준다.
- 교사가 동그라미를 가리키며 유아에게 가리켜 보라고 한다.
- 도움의 양을 점차 줄여 간다.
- 수행되면 유아 스스로 동그라미를 가리켜 보라고 한다.
- 수행되면 동그라미와 네모의 위치를 바꾸어 확인한다.
- 수행되면 교사가 "네모."라고 반복하여 말한 후 "네모는 ♬ 어디 있나 ♬ 여~기."라고 노래 부르며 네모를 가리키는 시범을 보인다.
- 유아에게 "네모 가리켜 보세요."라고 한다.
- 가리키지 못하면 동그라미와 같은 방법으로 지도한다.
- 수행되면 동그라미, 네모, 세모를 유아 앞에 놓고 동그라미와 네모를 가리킬 수 있는지 확인한다.
- 수행되면 세모도 같은 방법으로 지도한다.
- 수행되면 동그라미, 네모, 세모의 위치를 다양하게 바꾸어 놓고 가리킬 수 있는지 확인한다.
- 수행되면 유아의 특성에 맞는 적절한 강화제를 제공한다.

3~4
세

☞ 도형 지도 시 처음에는 각각 색깔이 다른 도형(동그라미는 빨간색, 네모는 파란색, 세모는 노란색)을 준비해서 지도하면 더 쉽게 접근할 수도 있다. 이때 수행하면 반드시 같은 색깔의 도형을 준비해서 확인해야 한다. 유아가 도형의 이름보다 색깔을 단서로 삼아서 도형을 가리키는 경우가 발생한다.

신체 여섯 부위 가리키기

목표 │ 신체 여섯 부위를 가리킬 수 있다.

자료 │ 인형, 거울, 스티커, 강화제

방법 ❶

- 앞 단계에서 수행한 '코' '눈' '입' 을 확인한 후 교사가 '손' '발' '머리' 를 가리키는 시범을 보인다.
- 유아에게 교사를 모방하여 각각의 신체 부위를 가리켜 보라고 한다.
- 수행되면 교사가 각 신체 이름을 말해 준 때 유아 스스로 가리켜 보라고 한다.
- 수행되면 유아의 특성에 맞는 적절한 강화제를 제공한다.

방법 ❷

- 교사가 '손' '발' '머리' 를 가리키는 시범을 보인다.
- 교사가 유아의 손을 가리키거나 만지면서 "○○의 손이에요." 라고 말해 준 후 유아에게 손을 가리켜 보라고 한다.
- 가리키지 못하면 교사가 유아의 손을 잡고 "손이에요." 라고 말해 준 후 유아에게 '손' 을 가리켜 보라고 한다.
- 교사가 유아의 '손' 을 가리키며 유아에게 '손' 을 가리켜 보라고 한다.
- 도움을 점차 줄여 간다.
- 수행되면 교사가 물어볼 때 유아 스스로 '손' 을 가리켜 보라고 한다.
- 수행되면 교사가 물어볼 때 유아 스스로 '코' '입' '눈' '손' 을 가리킬 수 있는지 확인한다.
- 수행되면 같은 방법으로 '발' 을 지도한 후 교사가 물어볼 때 유아가 '코' '입' '눈' '손' '발' 을 가리킬 수 있는지 확인한다.
- 수행되면 같은 방법으로 '머리' 를 지도한 후 교사가 물어볼 때 유아가 '코' '입'

'눈' '손' '발' '머리'를 가리킬 수 있는지 확인한다.

- 수행되면 교사가 다양하게 순서를 바꾸어 물어볼 때 유아가 각각의 신체 부위를 가리킬 수 있는지 확인한다.
- 수행되면 유아의 특성에 맞는 적절한 강화제를 제공한다.

방법 ❸

- 교사가 '손' '발' '머리'를 가리키는 시범을 보인다.
- 유아에게 교사를 모방하여 각각의 신체 부위를 가리켜 보라고 한다.
- 가리키지 못하면 교사가 유아의 손을 만지면서 "○○의 손이에요."라고 말해 준 후 유아에게 '손'을 가리켜 보라고 한다.
- '손'을 가리키지 못하면 교사가 유아의 '손'에 스티커를 붙여 준다.
- 유아가 손에 붙은 스티커를 만지거나 떼어 내려고 하면 교사가 "손이에요."라고 말해 준다.
- 도움의 양을 점차 줄여 간다.
- 수행되면 유아 스스로 '손'을 가리켜 보라고 한다.
- 수행되면 교사가 물어볼 때 유아 스스로 '코' '입' '눈' '손'을 가리킬 수 있는지 확인한다.
- 수행되면 같은 방법으로 '발'을 지도한 후 교사가 물어볼 때 유아가 '코' '입' '눈' '손' '발'을 가리킬 수 있는지 확인한다.
- 수행되면 같은 방법으로 '머리'를 지도한 후 교사가 물어볼 때 유아가 '코' '입' '눈' '손' '발' '머리'를 가리킬 수 있는지 확인한다.
- 수행되면 교사가 다양하게 순서를 바꾸어 물어볼 때 유아가 각각의 신체 부위를 가리킬 수 있는지 확인한다.
- 수행되면 유아의 특성에 맞는 적절한 강화제를 제공한다.

☞ 각 방법마다 "눈~은 어디 있나 여~기 ♬ 코~는 어디 있나 여~기 ♬ 입~은 어디 있나 여~

기 ♬ 손~은 어디 있나 여~기 ♬ 발~은 어디 있나 여~기.”라고 노래 부르며 놀이식으로 지도하면 효과적이다.

☞ 인형을 각각 가지고 누가 먼저 신체 부위를 가리키는지 게임 방식으로 지도하면 유아가 재미있게 신체 부위를 습득할 수 있다.

 단순한 미로에 선 긋기　　　3~4세

목표 │ 단순한 미로에 선을 그을 수 있다.
자료 │ 단순한 미로 그림, 색연필 또는 연필, 유아가 좋아하는 과자류, 스티커, 강화제
방법 ❶
- 교사가 색연필로 단순한 미로를 따라 선을 긋는 방법을 시범 보인다.
- 유아에게 교사를 모방하여 단순한 미로를 따라 선을 그어 보라고 한다.
- 수행되면 유아 스스로 단순한 미로를 따라 선을 그어 보라고 한다.
- 수행되면 유아의 특성에 맞는 적절한 강화제를 제공한다.

방법 ❷
- 교사가 색연필로 단순한 미로를 따라 선을 긋는 방법을 시범 보인다.
- 유아에게 교사를 모방하여 단순한 미로를 따라 선을 그어 보라고 한다.
- 선을 긋지 못하면 교사가 유아의 손을 잡고 그어 준다.
- 교사가 손가락으로 미로를 가리켜 주면서 유아에게 교사의 손가락을 따라 선을 그어 보라고 한다.
- 선을 긋지 못하면 교사가 출발점에 스티커를 붙여 주고 미로 중간 지점에, 예를 들어 조각 초콜릿을 놓아 준 후 유아에게 미로를 따라 선을 그어 보라고 한다.
- 수행되면 교사가 미로의 출발점에 스티커를 붙여 주고 미로 도착점에, 예를 들어

조각 초콜릿을 놓아 준 후 유아에게 선을 그어 보라고 한다.

- 수행되면 교사가 미로의 출발점에 스티커를 붙여 준 후 유아에게 선을 그어 보라고 한다.
- 수행되면 교사가 미로를 가리키며 유아에게 미로를 따라 선을 그어 보라고 한다.
- 도움을 점차 줄여 간다.
- 수행되면 유아 스스로 미로를 따라 선을 그어 보라고 한다.
- 수행되면 유아의 특성에 맞는 적절한 강화제를 제공한다.

방법 ❸

- 교사가 미로에 점선을 그려 놓은 후 점선을 따라 긋는 방법을 시범 보인다.
- 유아에게 교사를 모방하여 점선을 따라 선을 그어 보라고 한다.
- 긋지 못하면 교사가 유아의 손을 잡고 점선을 따라 선을 그어 준다.
- 교사가 점선을 가리키며 유아에게 점선을 따라 선을 그어 보라고 한다.
- 수행되면 교사가 미로의 3/4만 점선을 그려 주고 유아에게 점선을 따라 그린 후 나머지는 스스로 그려 보라고 한다.
- 긋지 못하면 교사가 유아의 손을 잡고 점선을 따라 선을 그어 준다.
- 수행되면 교사가 미로의 2/4만 점선을 그려 주고 유아에게 점선을 따라 그린 후 나머지는 스스로 그려 보라고 한다.
- 수행되면 교사가 미로의 1/4만 점선을 그려 주고 유아에게 점선을 따라 그린 후 나머지는 스스로 그려 보라고 한다.
- 수행되면 교사가 미로의 시작점과 끝점에 스티커를 붙여 주거나 유아가 좋아하는 과자류를 도착점에 놓은 후 유아에게 미로를 따라 선을 그어 보라고 한다.
- 수행되면 교사가 미로의 시작점에 스티커를 붙여 준 후 유아에게 미로를 따라 선을 그어 보라고 한다.
- 수행되면 유아 스스로 미로를 따라 선을 그어 보라고 한다.
- 수행되면 유아의 특성에 맞는 적절한 강화제를 제공한다.

3~4
세

☞ 그림처럼 시중에서 판매되는 미로 교구를 활용하여 먼저 지도한 후 미로 따라 선 긋기를 지도하면 효과적이다.

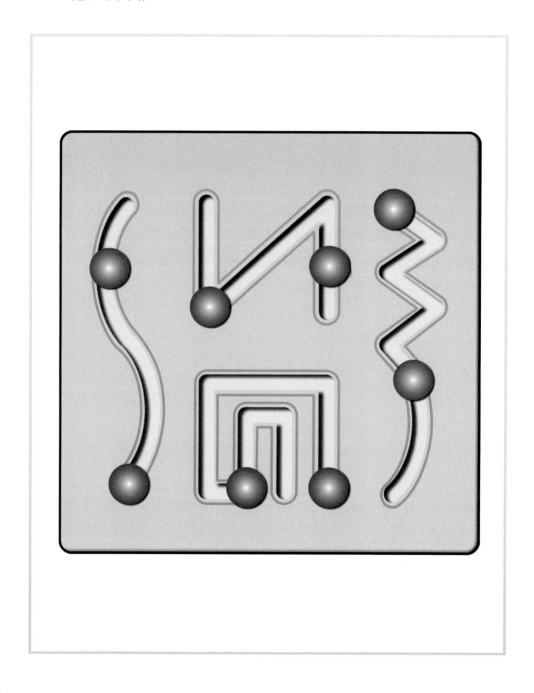

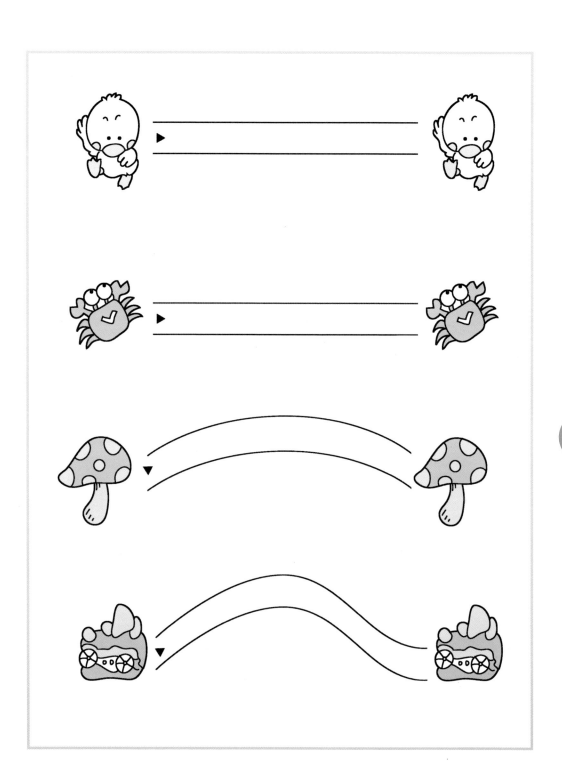

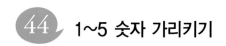

44 1~5 숫자 가리키기 3~4세

목표 | 1~5의 숫자를 가리킬 수 있다.

자료 | 1~5 숫자카드, 1~5가 쓰여 있는 숫자블록, 강화제

방법 ❶

- 교사가, 예를 들어 "1은 어디 있나 여~기! ♬"라고 노래 부르며 각각의 숫자카드를 보여 준다.
- 교사가 1~5의 숫자를 각각 가리키는 시범을 보인다.
- 유아에게 교사를 모방하여 1~5의 숫자를 각각 가리켜 보라고 한다.
- 수행되면 유아에게 1~5의 숫자카드를 제시한 후 교사가 "숫자 1은 뭘까 맞춰~봐요, 맞춰~봐요 ♬"라고 노래 부르며 유아에게 1~5 숫자를 각각 가리켜 보라고 한다.
- 수행되면 유아의 특성에 맞는 적절한 강화제를 제공한다.

방법 ❷

- 1~3은 앞 단계에서 수행하였으므로 확인 후 시행한다.
- 교사가 4와 5의 숫자를 제시한 후 4를 가리키는 시범을 보인다.
- 교사가 "4는 어디 있나 여~기! ♬"라고 노래 부르며 4의 숫자를 가리켜 준다.
- 교사가 4와 5의 숫자카드를 보여 주며 유아에게 "숫자 4는 뭘까 맞춰~봐요, 맞춰~봐요 ♬"라고 물어본다.
- 4를 가리키지 못하면 교사가 "4는 어디 있나 여~기! ♬"라고 노래 부르며 유아의 손을 잡고 4를 가리켜 준다.
- 교사가 4와 5의 숫자카드를 제시한 후 4를 가리키며 유아에게 "숫자 4는 뭘까 맞춰~봐요, 맞춰~봐요 ♬"라고 물어본다.
- 도움을 점차 줄여 간다.

- 교사가 4와 5의 숫자를 제시한 후 유아 스스로 4를 가리켜 보라고 한다.
- 수행되면 교사가 4와 5의 숫자를 제시한 후 5를 가리키는 시범을 보인다.
- 교사가 "5는 어디 있나 여~기! ♬"라고 노래 부르며 5를 가리켜 준다.
- 교사가 4와 5의 숫자카드를 보여 주며 유아에게 "숫자 5는 뭘까 맞춰~봐요, 맞춰~봐요 ♬"라고 물어본다.
- 5를 가리키지 못하면 교사가 "5는 어디 있나 여~기! ♬"라고 노래 부르며 유아의 손을 잡고 5를 가리켜 준다.
- 교사가 4와 5의 숫자카드를 놓고 5를 가리키며 유아에게 "숫자 5는 뭘까 맞춰~봐요, 맞춰~봐요 ♬"라고 물어본다.
- 도움을 점차 줄여 간다.
- 교사가 4와 5의 숫자카드를 제시한 후 유아 스스로 5를 가리켜 보라고 한다.
- 수행되면 4와 5의 숫자카드 위치를 바꾸어 유아가 4와 5를 가리킬 수 있는지 확인한다.
- 수행되면 교사가 1~5의 숫자카드 위치를 다양하게 바꾸어 유아가 1~5의 숫자를 가리킬 수 있는지 확인한다.
- 수행되면 유아의 특성에 맞는 적절한 강화제를 제공한다.

방법 ❸

- 1~3은 앞 단계에서 수행하였으므로 확인 후 시행한다.
- 4와 5의 숫자카드를 책상 위에 놓는다.
- 교사가 "4는 어디 있나 여~기! ♬"라고 노래 부르며 4를 가리키는 시범을 보인다.
- 교사가 유아에게 "숫자 4는 뭘까 맞춰~봐요, 맞춰~봐요 ♬"라고 노래 부르며 4를 달라고 한다.
- 주지 못하면 교사가 4를 가리키며 유아에게 4를 달라고 한다.
- 교사가 4를 보여 주며 유아에게 같은 것을 달라고 한다.
- 도움을 점차 줄여 간다.

3~4
세

- 교사가 4를 달라고 할 때 유아 스스로 4를 주도록 한다.
- 수행되면 교사가 4와 5의 숫자를 섞어 놓고 "숫자 4는 뭘까 맞춰~봐요, 맞춰~봐요 ♬"라고 노래 부르며 4를 달라고 한다.
- 수행되면 5도 같은 방법으로 지도한다.
- 5를 가리키지 못하면 4를 지도한 것과 같은 방법으로 지도한다.
- 수행되면 4와 5의 위치를 다양하게 바꾸어 교사가 요구하는 숫자를 줄 수 있는지 확인한다.
- 수행되면 교사가 1~5의 위치를 다양하게 바꾸어 교사가 요구하는 숫자를 줄 수 있는지 확인한다.
- 수행되면 유아의 득성에 맞는 적절한 강화제를 제공한다.

☞ 숫자를 지도할 때는 순서대로 지도하기보다는 일반적으로 발음의 차이가 확실하게 나는 숫자를 먼저 지도하는 것이 효과적이다. 특히 1과 2는 발음이 비슷하기 때문에 1과 5 또는 1과 3을 먼저 지도하고, 수행되면 나머지 숫자를 추가해서 지도하는 것이 유아들에게는 쉽게 숫자를 습득할 수 있는 하나의 방법이 될 수 있다.

☞ 숫자를 지도할 때 숫자노래(예: 숫자송)를 활용하여 놀이식으로 지도하면 효과적이다.

 1~5 순서대로 배열하기   3~4세

목표 | 1~5까지 순서대로 배열할 수 있다.
자료 | 1~5 숫자카드 두 쌍, 1~5가 쓰인 숫자블록 두 쌍, 강화제
방법 ❶
- 교사가 각각의 숫자카드를 보여 주면서 읽어 준 후 1~5의 숫자를 순서대로 배열하는 시범을 보인다.

- 유아에게 교사를 모방하여 1~5의 숫자를 순서대로 배열해 보라고 한다.
- 수행되면 유아 스스로 1~5의 숫자를 순서대로 배열해 보라고 한다.
- 수행되면 유아의 특성에 맞는 적절한 강화제를 제공한다.

방법 ❷

- 교사가 숫자카드 1, 2를 가지고 순서대로 배열하는 시범을 보인다.
- 유아에게 1, 2를 순서대로 배열해 보라고 한다.
- 배열하지 못하면 교사가 1을 제시한 후 유아에게 1을 2 앞에 놓아 보라고 한다.
- 놓지 못하면 교사가 유아의 손을 잡고 1을 2 앞에 놓아 준다.
- 교사가 1을 가리키며 1을 2 앞에 놓아 보라고 한다.
- 도움을 점차 줄여 간다.
- 수행되면 유아 스스로 1을 2 앞에 놓아 보라고 한다.
- 수행되면 교사가 2를 제시한 후 유아에게 2를 1 뒤에 놓아 보라고 한다.
- 2를 1 뒤에 놓지 못하면 1을 지도한 것과 같은 방법으로 지도한다.
- 수행되면 유아 스스로 1, 2를 순서대로 배열해 보라고 한다.
- 수행되면 교사가 1~3의 숫자를 순서대로 배열하는 시범을 보인 후 유아에게 순서대로 놓아 보라고 한다.
- 수행되면 교사가 1~3의 숫자카드를 섞어 놓은 후 유아에게 순서대로 배열해 보라고 한다.
- 이와 같은 방법으로 4~5까지 지도한다.
- 수행되면 교사가 1~5의 숫자카드를 섞어 놓은 후 유아에게 순서대로 배열해 보라고 한다.
- 수행되면 유아의 특성에 맞는 적절한 강화제를 제공한다.

방법 ❸

- 교사가 1~5의 숫자를 읽어 주며 순서대로 배열한다.

- 교사가 2~5까지 숫자를 배열한 후 1을 2 앞에 놓는 시범을 보인다.
- 유아에게 교사를 모방하여 1을 2 앞에 놓아 보라고 한다.
- 놓지 못하면 교사가 유아의 손을 잡고 1을 2 앞에 놓아 준다.
- 교사가 1을 가리키며 1을 2 앞에 놓아 보라고 한다.
- 도움을 점차 줄여 간다.
- 수행되면 유아 스스로 1을 2 앞에 놓아 보라고 한다.
- 수행되면 교사가 3~5까지 숫자를 배열한 후 1, 2를 순서대로 3 앞에 놓는 시범을 보인다.
- 유아에게 교사를 모방하여 1과 2를 순서대로 3 앞에 놓아 보라고 한다.
- 놓지 못하면 교사가 유아의 손을 잡고 1과 2를 순서대로 3 앞에 놓아 준다.
- 교사가 1과 2를 가리키며 유아에게 1과 2를 순서대로 3 앞에 놓아 보라고 한다.
- 도움을 점차 줄여 간다.
- 수행되면 유아 스스로 1과 2를 순서대로 3 앞에 놓아 보라고 한다.
- 이와 같은 방법으로 5까지 순서대로 배열할 수 있도록 지도한다.
- 수행되면 교사가 1~5의 숫자카드를 섞어 놓은 후 유아에게 순서대로 배열해 보라고 한다.
- 수행되면 유아의 특성에 맞는 적절한 강화제를 제공한다.

방법 ❹
- 교사가 1~5의 숫자를 읽어 주며 순서대로 배열한다.
- 교사가 1~4까지의 숫자를 순서대로 배열한 후 4 뒤에 5를 놓는 시범을 보인다.
- 유아에게 교사를 모방하여 4 뒤에 5를 놓아 보라고 한다.
- 놓지 못하면 교사가 유아의 손을 잡고 4 뒤에 5를 놓아 준다.
- 교사가 5를 가리키며 4 뒤에 5를 놓아 보라고 한다.
- 도움을 점차 줄여 간다.
- 수행되면 유아 스스로 4 뒤에 5를 놓아 보라고 한다.

- 수행되면 교사가 1~3의 숫자를 배열한 후 3 뒤에 4, 5를 순서대로 놓는 시범을 보인다.
- 유아에게 교사를 모방하여 3 뒤에 4와 5를 순서대로 놓아 보라고 한다.
- 놓지 못하면 교사가 유아의 손을 잡고 3 뒤에 4와 5를 순서대로 놓아 준다.
- 교사가 4와 5를 가리키며 유아에게 3 뒤에 4와 5를 순서대로 놓아 보라고 한다.
- 도움을 점차 줄여 간다.
- 수행되면 유아 스스로 3 뒤에 4와 5를 순서대로 놓아 보라고 한다.
- 이와 같은 방법으로 나머지 숫자도 배열할 수 있도록 지도한다.
- 수행되면 교사가 1~5의 숫자카드를 섞어 놓은 후 유아에게 순서대로 배열해 보라고 한다.
- 수행되면 유아의 특성에 맞는 적절한 강화제를 제공한다.

방법 ❺

- 교사가 1~5의 숫자를 연결할 수 있는 그림을 제시하고 숫자를 따라 순서대로 연결하는 시범을 보인다.
- 유아에게 1~5의 숫자를 순서대로 연결해 보라고 한다.
- 연결하지 못하면 교사가 숫자 1과 2를 연결하는 시범을 보인다.
- 유아에게 교사를 모방하여 1과 2를 연결해 보라고 한다.
- 연결하지 못하면 교사가 유아의 손을 잡고 연결해 준다.
- 교사가 "1은 어디 있나 여~기 ♬ 2는 어디 있나 여~기 ♬"라고 노래 부르며 손으로 연결하는 숫자를 가리켜 준다.
- 도움을 점차 줄여 간다.
- 수행되면 유아 스스로 1과 2를 순서대로 연결해 보라고 한다.
- 수행되면 교사가 1~3을 순서대로 연결하는 시범을 보인다.
- 유아에게 교사를 모방하여 1~3을 연결해 보라고 한다.
- 연결하지 못하면 1과 2를 연결하는 것과 같은 방법으로 지도한다.

• 수행되면 나머지 숫자를 연결하는 것도 같은 방법으로 지도한다.

• 수행되면 유아의 특성에 맞는 적절한 강화제를 제공한다.

☞ 1~3의 숫자카드를 제시한 후 2의 카드를 빼서 다시 제자리에 놓는 방법으로 지도해도 된다. 2를 중심으로 앞, 뒤의 숫자를 확인할 수 있으므로 유아의 특성에 따라 효과적일 수 있다.

☞ 숫자를 지도할 때 숫자노래(예: 숫자송)를 활용하여 놀이식으로 지도하면 효과적이다.

46 1~5 세기

목표 | 1~5를 셀 수 있다.

자료 | 1~5가 쓰인 숫자카드, 강화제

방법 ❶

- 1~3 세기는 앞 단계에서 수행하였으므로 확인한 후 시행한다.
- 교사가 유아에게 1~5가 쓰인 숫자카드를 제시한 후 "일, 이, 삼, 사, 오."라고 말하면서 숫자를 세는 시범을 보인다.
- 유아에게 교사를 모방하여 "일, 이, 삼, 사, 오."라고 말하면서 숫자를 세어 보라고 한다.
- 수행되면 유아 스스로 "일, 이, 삼, 사, 오."라고 말하면서 숫자를 세어 보라고 한다.
- 수행되면 유아의 특성에 맞는 적절한 강화제를 제공한다.

방법 ❷

- 교사가 유아에게 1~5가 쓰인 숫자카드를 제시한 후 앞 단계에서 수행한 1~3의 숫자를 셀 수 있는지 확인한다.
- 수행되면 교사가 1~5가 쓰인 숫자카드를 제시하고 유아에게 "일, 이, 삼."이라고 세게 한 후 교사가 "사."라고 세는 시범을 보인다.
- 유아에게 교사를 모방하여 "일, 이, 삼, 사."라고 말하면서 숫자를 세어 보라고 한다.
- '사'를 세지 못하면 교사가 유아의 손을 잡고 숫자 4를 세면서 "사."라고 말해 준다.
- 유아가 숫자를 셀 때 교사가 "일, 이, 삼."이라고 말해 준 후 유아에게 다음 숫자를 세어 보라고 한다.
- 도움을 점차 줄여 간다.

- 수행되면 유아 스스로 "일, 이, 삼, 사."라고 말하면서 숫자를 세어 보라고 한다.
- 수행되면 교사가 1~5가 쓰인 숫자를 가리키며 "일, 이, 삼, 사, 오."라고 세는 시범을 보인다.
- 유아에게 교사를 모방하여 1~5가 쓰인 숫자를 가리키며 "일, 이, 삼, 사, 오."라고 세어 보게 한다.
- 세지 못하면 교사가 "일, 이, 삼, 사."를 세어 주고 유아에게 '오'를 세어 보라고 한다.
- 수행되면 유아 스스로 1~5가 쓰인 숫자를 가리키며 "일, 이, 삼, 사, 오."라고 세어 보게 한다.
- 수행되면 유아의 특성에 맞는 적절한 강화제를 제공한다.

 ## 블록 다섯 개 세기 3~4세

목표 | 블록 다섯 개를 셀 수 있다.

자료 | 열 개의 블록, 또는 숫자를 셀 수 있는 물건, 강화제

방법 ❶

- 블록 세 개 세기는 앞 단계에서 수행하였으므로 확인한 후 시행한다.
- 교사가 유아에게 다섯 개의 블록을 제시한 후 "하나, 둘, 셋, 넷, 다섯."이라고 말하면서 블록을 세는 방법을 시범 보인다.
- 유아에게 교사를 모방하여 "하나, 둘, 셋, 넷, 다섯."이라고 말하면서 블록을 세어 보라고 한다.
- 수행되면 유아 스스로 "하나, 둘, 셋, 넷, 다섯."이라고 말하면서 블록을 세어 보라고 한다.
- 수행되면 유아의 특성에 맞는 적절한 강화제를 제공한다.

- 교사가 유아에게 다섯 개의 블록을 제시한 후 앞 단계에서 수행한 블록 세 개를 셀 수 있는지 확인한다.
- 수행되면 유아에게 "하나, 둘, 셋."이라고 세게 한 후 교사가 "넷."이라고 세는 시범을 보인다.
- 유아에게 교사를 모방하여 "하나, 둘, 셋, 넷."이라고 말하면서 블록을 세어 보라고 한다.
- '넷'을 세지 못하면 교사가 유아의 손을 잡고 블록 네 개를 세면서 "넷."이라고 말해 준다.
- 유아가 블록을 셀 때 교사가 "하나, 둘, 셋."이라고 말해 준 후 유아에게 다음 블록을 세어 보라고 한다.
- 도움을 점차 줄여 간다.
- 수행되면 유아 스스로 "하나, 둘, 셋, 넷."이라고 말하면서 블록을 세어 보라고 한다.
- 수행되면 교사가 블록 다섯 개를 가지고 "하나, 둘, 셋, 넷, 다섯."이라고 말하면서 세는 방법을 시범 보인다.
- 유아에게 교사를 모방하여 블록 다섯 개를 가지고 "하나, 둘, 셋, 넷, 다섯."이라고 말하면서 세어 보라고 한다.
- 세지 못하면 교사가 "하나, 둘, 셋, 넷."을 세어 주고 유아에게 '다섯'을 세어 보라고 한다.
- 수행되면 유아 스스로 블록 다섯 개를 가지고 "하나, 둘, 셋, 넷, 다섯."이라고 말하면서 세어 보라고 한다.
- 수행되면 유아의 특성에 맞는 적절한 강화제를 제공한다.

3~4
세

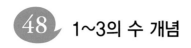

48 1~3의 수 개념

목표 │ 1~3의 수 개념을 습득할 수 있다.

자료 │ 1~3 숫자카드, 블록 열 개, 숫자스티커, 스티커, 수 개념 그림, 연필, 색연필, 강화제

방법 ❶

- 교사가 블록을 가지고 1~3 숫자카드에 각 수만큼 블록 놓는 방법을 시범 보인다.
- 유아에게 교사를 모방하여 1~3 숫자카드에 각 수만큼 블록을 놓아 보라고 한다.
- 수행되면 유아 스스로 1~3 숫자카드에 각 수만큼 블록을 놓아 보라고 한다.
- 수행되면 교사가 숫자카드 위치를 바꾸어 유아에게 1~3 숫자카드에 각 수만큼 블록을 놓아 보라고 한다.
- 수행되면 유아의 특성에 맞는 적절한 강화제를 제공한다.

방법 ❷

- 교사가 1~3 숫자카드에 각 수만큼 블록 놓는 방법을 시범 보인 후 각 개수를 세어 주면서 유아에게 교사를 따라서 세어 보라고 한다.
- 블록을 세지 못하면 교사가 1 숫자카드에 블록 한 개를 놓는 방법을 시범 보인다.
- 유아에게 교사를 모방하여 1 숫자카드에 블록 한 개를 놓아 보라고 한다.
- 놓지 못하면 교사가 유아의 손을 잡고 1 숫자카드에 블록 한 개를 놓아 준다.
- 교사가 블록 한 개를 가리키며 유아에게 1 숫자카드에 놓아 보라고 한다.
- 도움을 점차 줄여 간다.
- 수행되면 유아 스스로 1 숫자카드에 블록 한 개를 놓아 보라고 한다.
- 수행되면 교사가 2 숫자카드에 블록 두 개를 놓는 시범을 보인다.
- 유아에게 교사를 모방하여 2 숫자카드에 블록 두 개를 놓아 보라고 한다.
- 놓지 못하면 교사가 유아의 손을 잡고 2 숫자카드에 블록 두 개를 놓아 준다.

- 교사가 블록 두 개를 가리키며 유아에게 2 숫자카드에 놓아 보라고 한다.
- 수행되면 교사가 유아에게 "2 숫자카드에 블록 두 개를 놓아 보세요."라고 한다.
- 도움을 점차 줄여 간다.
- 수행되면 유아 스스로 2 숫자카드에 블록 두 개를 놓아 보라고 한다.
- 수행되면 교사가 숫자카드 1과 2를 제시한 후 유아에게 블록 여섯 개를 준다.
- 교사가 유아에게 1과 2 숫자카드에 각 숫자만큼의 블록을 놓아 보라고 한다.
- 수행되면 교사가 1과 2 숫자카드의 위치를 다양하게 바꾸어 유아가 각 숫자만큼 블록을 놓을 수 있는지 확인한다.
- 수행되면 교사가 3 숫자카드에 블록 세 개를 놓는 시범을 보인다.
- 유아에게 교사를 모방하여 3 숫자카드에 블록 세 개를 놓아 보라고 한다.
- 수행되면 교사가 1~3의 숫자카드를 제시한 후 유아에게 블록 열 개를 준다.
- 유아에게 1~3의 숫자카드에 각 숫자만큼의 블록을 놓아 보라고 한다.
- 수행되면 1~3의 숫자카드 위치를 다양하게 바꾸어 유아가 각 숫자만큼 블록을 놓을 수 있는지 확인한다.
- 수행되면 유아의 특성에 맞는 적절한 강화제를 제공한다.

3~4
세

방법 ❸

- 교사가 블록을 가지고 1~3 숫자카드에 각 수만큼 블록을 놓으면서 블록을 세는 방법을 시범 보인다.
- 교사가 1~3 숫자카드를 갖고 유아에게 열 개의 블록을 준다.
- 교사가 1을 보여 주며 유아에게 블록 한 개를 달라고 한다.
- 블록 한 개를 주지 못하면 교사가 "1은 ♬ 랄~랄~랄 ♬ 하나이고요."라고 노래 부르며 유아의 손을 잡고 블록 한 개를 준다.
- 유아가 가지고 있는 블록 중 교사가 '블록 한 개'를 가리키며 달라고 한다.
- 도움을 점차 줄여 간다.
- 교사가 1을 보여 주며 블록 한 개를 달라고 할 때 유아 스스로 블록 한 개를 준다.

- 수행되면 블록 두개와 세 개를 주는 것도 같은 방법으로 지도한다.
- 수행되면 교사가 1~3의 카드를 다양하게 바꾸어 보여 주며 각 숫자만큼 블록을 달라고 할 때 유아가 줄 수 있는지 확인한다.
- 수행되면 유아의 특성에 맞는 적절한 강화제를 제공한다.

방법 ❹
- 교사가 1~3의 숫자와 개수를 연결할 수 있는 그림을 가지고 어떻게 연결하는지 시범을 보인다.
- 유아에게 교사를 모방하여 1~3의 숫자와 개수를 연결하라고 한다.
- 연결하시 못하면 교사가 1~3의 숫자와 개수를 연결하는 점선을 세 개 그려 준 후 유아에게 연결하라고 한다.
- 연결하지 못하면 교사가 유아의 손을 잡고 1~3의 숫자와 개수를 연결해 준다.
- 교사가 각 숫자와 각 개수를 연결하는 점선을 가리키며 유아에게 연결하라고 한다.
- 도움을 점차 줄여 간다.
- 유아 스스로 점선을 따라 1~3의 숫자와 개수를 연결하라고 한다.
- 수행되면 교사가 숫자와 개수를 연결하는 점선을 두 개 그려 준 후 유아에게 연결하라고 한다.
- 연결하지 못하면 점선을 세 개 그려 준 후 연결한 것과 같은 방법으로 지도한다.
- 수행되면 숫자와 개수를 연결하는 점선을 한 개 그려 준 후 유아에게 연결하라고 한다.
- 수행되면 점선을 전부 지운 후 유아 스스로 숫자와 개수를 연결하라고 한다.
- 수행되면 1~3의 숫자와 개수의 위치를 다양하게 바꾸어 유아에게 연결하라고 한다.
- 수행되면 유아의 특성에 맞는 적절한 강화제를 제공한다.

- 교사가, 예를 들어 과일에 1~3의 숫자만큼 동그라미가 그려진 수 개념 그림을 가지고 동그라미를 각각 세어 숫자스티커를 붙이는 시범을 보인다.
- 유아에게 과일에 그려진 동그라미를 각각 세어 숫자스티커를 붙여 보라고 한다.
- 동그라미 수만큼 숫자스티커를 붙이지 못하면 교사가 동그라미를 "한 개."라고 센후 숫자스티커 1을 붙이는 시범을 보인다.
- 유아에게 교사를 모방하여 동그라미를 "한 개."라고 센 후 숫자스티커 1을 붙여보라고 한다.
- 숫자스티커 1을 붙이지 못하면 교사가 "1은 ♬ 랄~랄~랄 ♬ 하나이고요."라고 노래 부르며 유아의 손을 잡고 동그라미를 "한 개."라고 센 후 숫자스티커 1을 붙여 준다.
- 교사가 "한 개."라고 센 후 유아에게 숫자스티커 1을 붙여 보라고 한다.
- 도움을 점차 줄여 간다.
- 수행되면 유아 스스로 "한 개."라고 센 후 숫자스티커 1을 붙여 보라고 한다.
- 수행되면 교사가 동그라미를 "두 개."라고 센 후 숫자스티커 2를 붙이는 시범을 보인다.
- 유아에게 교사를 모방하여 동그라미를 "두 개."라고 센 후 숫자스티커 2를 붙여보라고 한다.
- 붙이지 못하면 동그라미를 "한 개."라고 센 후 숫자스티커 1을 붙인 것과 같은 방법으로 지도한다.
- 수행되면 교사가 동그라미가 1~2개 그려진 그림을 제시한 후 유아에게 동그라미를 세어 동그라미 개수에 맞는 숫자스티커를 붙여 보라고 한다.
- 수행되면 3도 같은 방법으로 지도한다.
- 수행되면 교사가 동그라미가 1~3개 그려진 그림을 제시한 후 유아에게 동그라미를 세어 동그라라미 개수에 맞는 숫자스티커를 붙여 보라고 한다.
- 수행되면 교사가 동그라미가 1~3개 그려진 그림의 위치를 다양하게 바꾸어 유아

3~4
세

가 동그라미 개수에 맞는 숫자스티커를 붙일 수 있는지 확인한다.
- 수행되면 유아의 특성에 맞는 적절한 강화제를 제공한다.

방법 ❻

- 교사가 과일 꼭지에 1~3의 숫자가 쓰인 수 개념 그림을 가지고 쓰인 숫자만큼 동그라미를 그리는 시범을 보인다.
- 유아에게 과일 꼭지에 쓰인 숫자만큼 동그라미를 그려 보라고 한다.
- 그리지 못하면 교사가 숫자 1을 센 후 "한 개."라고 말하면서 동그라미를 '한 개' 그리는 시범을 보인다.
- 유아에게 교사를 모방하여 숫자 1을 센 후 "한 개."라고 말하면서 동그라미를 '한 개' 그려 보라고 한다.
- 그리지 못하면 교사가 "1은 ♬ 랄~랄~랄 ♬ 하나이고요."라고 노래 부르며 유아의 손을 잡고 동그라미를 '한 개' 그려 준다.
- 교사가 "1은 ♬ 랄~랄~랄 ♬ 하나이고요."라고 노래 부르며 유아에게 동그라미를 '한 개' 그려 보라고 한다.
- 도움을 점차 줄여 간다.
- 수행되면 유아 스스로 "한 개."라고 말하면서 숫자 1에 동그라미를 '한 개' 그려 보라고 한다.
- 수행되면 교사가 숫자 2를 센 후 "두 개."라고 말하면서 동그라미를 '두 개' 그리는 시범을 보인다.
- 유아에게 교사를 모방하여 숫자 2를 센 후 "두 개."라고 말하면서 동그라미를 '두 개' 그려 보라고 한다.
- 그리지 못하면 숫자 1을 "한 개."라고 센 후 동그라미를 그리는 것과 같은 방법으로 지도한다.
- 수행되면 교사가 숫자 1, 2가 쓰인 그림을 제시한 후 유아에게 각 숫자만큼 동그라미를 그려 보라고 한다.

- 수행되면 3도 같은 방법으로 지도한다.
- 수행되면 교사가 숫자 1~3이 쓰인 그림을 제시한 후 유아에게 각 숫자만큼 동그라미를 그려 보라고 한다.
- 수행되면 교사가 숫자 1~3이 쓰인 그림의 위치를 다양하게 바꾸어 유아가 각 숫자만큼 동그라미를 그릴 수 있는지 확인한다.
- 수행되면 유아의 특성에 맞는 적절한 강화제를 제공한다.

☞ 방법 ❺ 지도 시 숫자를 쓸 수 있는 경우에는 숫자스티커 대신 숫자를 직접 쓰게 하면 된다.

☞ 방법 ❻ 지도 시 동그라미를 그리지 않고 숫자만큼 스티커를 붙이게 해도 된다.

☞ 숫자를 지도할 때 각 방법마다 숫자노래(예: 숫자송)를 활용하여 놀이식으로 지도하면 효과적이다.

☞ 반드시 숫자보다 많은 블록을 제시하도록 한다. 숫자와 같은 블록을 제시할 경우 수행 여부를 확인하기가 어렵기 때문에 주의하도록 한다.

☞ 숫자와 그림이 고정되어 있으면 유아가 자리를 외워서 수행할 수 있으므로 127페이지 그림 왼쪽에는 교사가 숫자를 자유롭게 기입할 수 있도록 비워 두었다.

3~4
세

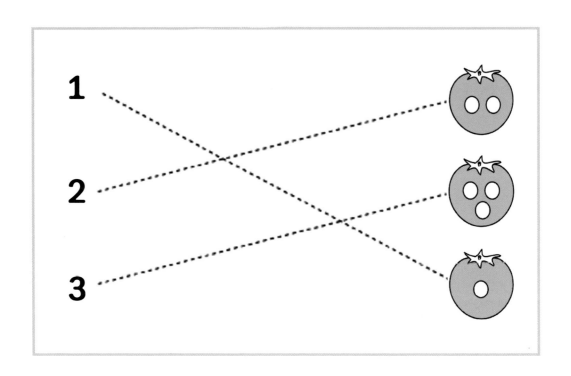

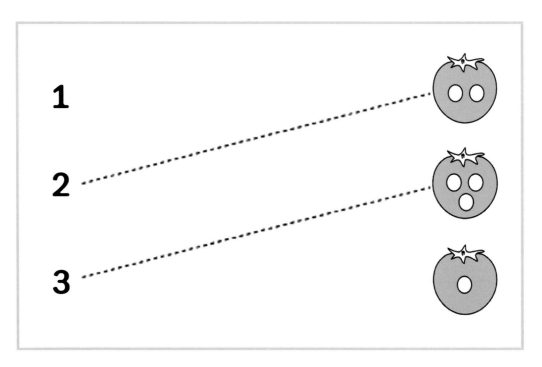

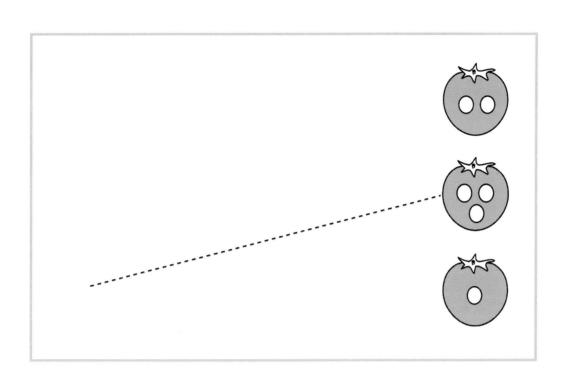

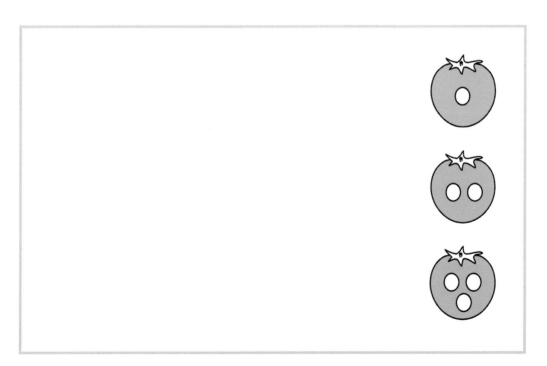

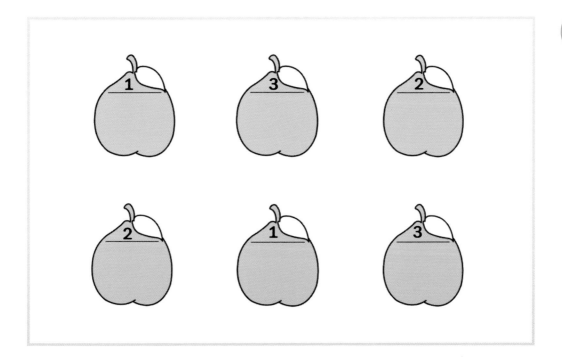

세 개의 같은 촉감 짝짓기

목표 │ 세 개의 같은 촉감을 짝지을 수 있다.

자료 │ 서로 다른 촉감 세 쌍(예: 사포, 콩(쌀), 극세사 천, 솜 등), 비밀주머니, 강화제

방법 ❶

- 교사가 같은 촉감 세 쌍을 각각 짝짓는 시범을 보인다.

- 유아에게 교사를 모방하여 세 쌍의 촉감을 짝지어 보라고 한다.

- 수행되면 유아 스스로 세 쌍의 촉감을 짝지어 보라고 한다.

- 수행되면 유아의 특성에 맞는 적절한 강화제를 제공한다.

방법 ❷

- 교사가, 예를 들어 "사포는 어디 있나 여~기! ♬"라고 노래 부르며 책상에 놓인 사포에 교사가 갖고 있는 사포를 놓아 짝짓는 방법을 시범 보인다.

- 각각 다른 촉감 세 개는 책상에 놓고 유아에게 책상에 놓인 촉감과 같은 세 개를 준다.

- 유아에게 교사를 모방하여 사포를 짝지어 보라고 한다.

- 짝짓지 못하면 교사가 "사포는 어디 있나 여~기! ♬"라고 노래 부르며 유아의 손을 잡고 유아가 가지고 있는 사포를 책상 위에 있는 사포 위에 놓아 준다.

- 교사가 책상 위에 있는 사포를 가리키며 유아에게 "같은 것 갖다 놓아요."라고 한다.

- 수행되면 교사가 "같은 것 갖다 놓아요."라고 한다.

- 도움을 점차 줄여 간다.

- 수행되면 유아 스스로 사포를 짝지어 보라고 한다.

- 수행되면 다른 촉감도 같은 방법으로 지도한다.

- 수행되면 각 촉감의 위치를 다양하게 바꾸어 각각의 촉감을 짝지을 수 있는지 확

인한다.
- 수행되면 유아의 특성에 맞는 적절한 강화제를 제공한다.

- 교사가 세 쌍의 촉감을 준비하여 유아에게 손으로 만져 보라고 한다.
- 교사가 비밀주머니에, 예를 들어 극세사 천 한 쌍과 사포 한 쌍을 넣으면서 유아에게 각 촉감을 말해 준다.
- 교사가 비밀주머니에 손을 넣어 같은 촉감 한 쌍을 찾아내는 방법을 시범 보인다.
- 유아에게 비밀주머니에 손을 넣어 같은 촉감 한 쌍을 찾아보라고 한다.
- 찾지 못하면 교사가 유아의 손을 잡고 "두구, 두구, 두구, 두구~~~어디 있을까?"라고 하면서 비밀주머니에 손을 넣어 같은 촉감을 한 쌍 찾아 준다.
- 유아에게 다시 두 쌍의 촉감을 만져 보게 하면서 교사가 각 촉감의 느낌을 반복해서 말해 준다.
- 도움을 점차 줄여 간다.
- 유아 스스로 비밀주머니에 손을 넣어 한 쌍의 촉감을 찾아보라고 한다.
- 수행되면 다른 촉감의 쌍도 같은 방법으로 지도한다.
- 수행되면 비밀주머니에 같은 촉감 세 쌍을 넣고 찾을 수 있는지 확인한다.
- 수행되면 유아의 특성에 맞는 적절한 강화제를 제공한다.

☞ 교사와 유아가 촉감 세 쌍을 각각 나누어 갖고 교사가 같은 촉감을 달라고 할 때 유아가 주는 방법으로 지도해도 된다. 유아의 특성에 따라 주는 것을 빠르게 습득하는 경우도 있다.

☞ 비밀주머니는 큰 사각 스카프를 이용하여 사각 스카프 둘레에 구멍을 내고 구멍에 끈을 끼워서 사용하면 된다. 비밀주머니 대신 집에서 구하기 쉬운 가방이나 모자, 상자 등을 활용해도 된다.

☞ 판매되고 있는 촉감교구를 활용하거나 집에서 쉽게 구할 수 있는 자료들을 활용하면 된다.

50 세 조각 그림 맞추기

목표 │ 세 조각 그림을 맞출 수 있다.

자료 │ 동물 · 과일의 완전한 형태 그림과 세 조각으로 나누어진 동물 · 과일 그림, 강화제

방법 ❶

- 교사가, 예를 들어 완전한 형태의 강아지 그림을 유아에게 보여 준 후 세 조각으로 나누어진 강아지 그림을 맞추는 시범을 보인다.
- 유아에게 교사를 모방하여 세 조각으로 나누어진 강아지를 맞추어 보라고 한다.
- 수행되면 유아 스스로 세 조각으로 나누어진 강아지를 맞추어 보라고 한다.
- 수행되면 다른 세 조각의 동물과 과일들도 맞출 수 있는지 확인한다.
- 수행되면 유아의 특성에 맞는 적절한 강화제를 제공한다.

방법 ❷

- 교사가 유아에게 완전한 형태의 동물 그림과 세 조각으로 나누어진 동물 그림을 보여 준다.
- 교사가, 예를 들어 유아에게 강아지 그림을 보여 준 후 세 조각으로 나누어진 강아지 그림을 맞추는 시범을 보인다.
- 유아에게 교사를 모방하여 세 조각으로 나누어진 강아지를 맞추어 보라고 한다.

- 맞추지 못하면 교사가 강아지 그림을 두 조각 맞추어 놓고 한 조각만 맞추는 시범을 보인다.
- 유아에게 교사를 모방하여 강아지의 한 조각을 맞추어 보라고 한다.
- 맞추지 못하면 교사가 유아의 손을 잡고 맞추어 준다.
- 교사가 강아지의 한 조각을 가리키며 맞추어 보라고 한다.
- 수행되면 교사가 완성된 강아지 그림을 보여 주며 유아에게 한 조각을 맞추어 보라고 한다.
- 도움의 양을 점차 줄여 간다.
- 수행되면 유아 스스로 강아지의 한 조각을 맞추어 보라고 한다.
- 수행되면 교사가 강아지 그림을 한 조각 놓은 후 두 조각을 맞추는 시범을 보인다.
- 유아에게 교사를 모방하여 강아지의 두 조각을 맞추어 보라고 한다.
- 맞추지 못하면 한 조각을 맞추는 것과 같은 방법으로 지도한다.
- 수행되면 유아 스스로 강아지의 두 조각을 맞추어 보라고 한다.
- 수행되면 교사가 세 조각으로 나누어진 강아지 그림을 맞추는 시범을 보인다.
- 유아에게 강아지의 세 조각을 맞추어 보라고 한다.
- 수행되면 세 조각으로 나누어진 강아지 그림과 고양이 그림을 제시하여 유아가 강아지 그림을 맞출 수 있는지 확인한다.
- 수행되면 고양이 그림도 같은 방법으로 지도한다.
- 수행되면 교사가 세 조각으로 나누어진 강아지 그림과 고양이 그림을 섞어 놓고 강아지와 고양이를 맞추는 시범을 보인다.
- 유아에게 세 조각으로 나누어진 강아지 그림과 고양이 그림을 섞어 놓고 강아지와 고양이를 맞추어 보라고 한다.
- 수행되면 세 조각으로 나누어진 강아지, 고양이, 코끼리 그림을 제시하여 유아가 강아지와 고양이 그림을 맞출 수 있는지 확인한다.
- 수행되면 같은 방법으로 세 조각으로 나누어진 동물과 과일 그림을 추가하여 지도한다.

- 수행되면 세 조각으로 나누어진 동물이나 과일 그림들을 섞어 놓고 각각의 조각들을 맞출 수 있는지 확인한다.
- 수행되면 유아의 특성에 맞는 적절한 강화제를 제공한다.

☞ 유아에게 세 조각으로 나누어진 그림 중 두 조각을 제시하여 맞출 수 있도록 지도한 후 세 조각을 맞추게 하는 방법도 있다.

☞ 하드보드지에 보슬이를 붙인 후 세 조각 동물 그림에 까슬이를 붙여 교구로 제작한 뒤 위와 같은 방법으로 지도하면 편리하고, 위치나 순서를 다양하게 바꾸어 확인할 수 있어 효율적이다.

☞ 주변에서 쉽게 구할 수 있는 그림들(예: 과자 박스, 오래된 동화책)을 세 조각으로 잘라서 지도해도 된다.

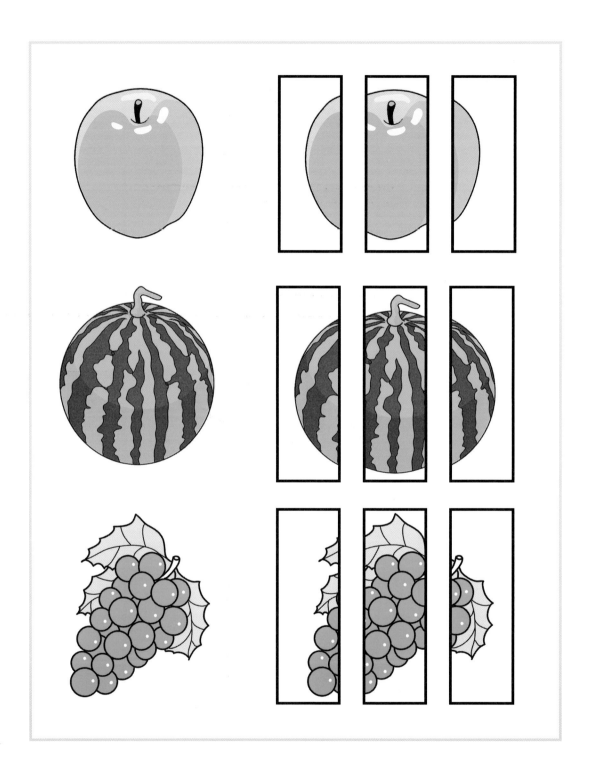

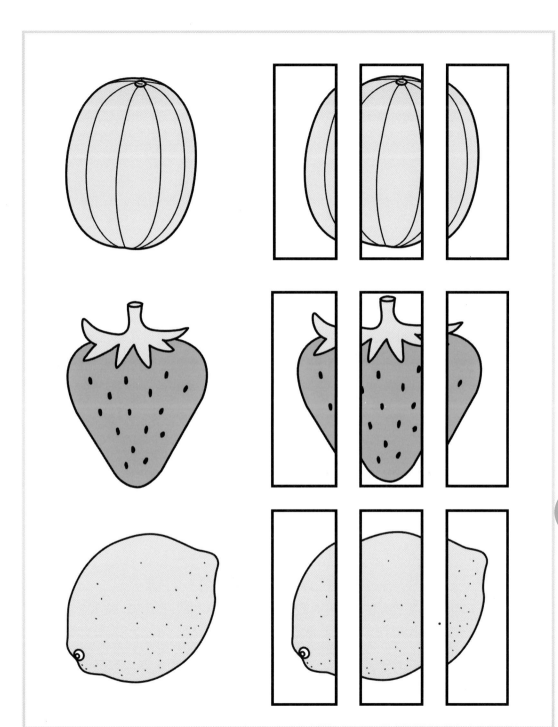

51 남자와 여자 가리키기 [4~5세]

목표 | 남자와 여자를 가리킬 수 있다.

자료 | 남자와 여자 사진 또는 그림, 남자와 여자 인형 두 쌍, 강화제

방법 ❶

- 교사가 남자와 여자 인형을 유아에게 제시한 후 남자와 여자의 특징에 대해 설명한다.
- 교사가 남자는 "남자." 여자는 "여자."라고 말하면서 남자와 여자를 가리키는 시범을 보인다.
- 유아에게 교사를 모방하여 남자와 여자를 가리켜 보라고 한다.
- 수행되면 교사가 물어볼 때 유아 스스로 남자와 여자를 가리켜 보라고 한다.
- 수행되면 교사가 물어볼 때 자신의 성별과 같은 인형을 가리킬 수 있는지 확인한다.
- 수행되면 유아의 특성에 맞는 적절한 강화제를 제공한다.

방법 ❷

- 교사가 남자와 여자 인형을 유아에게 제시한 후 남자와 여자의 특징에 대해 설명한다.
- 교사가 남자 인형과 여자 인형을 놓고 '남자'를 가리키는 시범을 보인다.
- 유아에게 교사를 모방하여 '남자'를 가리켜 보라고 한다.
- 모방하지 못하면 교사가 유아의 손을 잡고 '남자'를 가리켜 준다.
- 교사가 남자 인형을 가리키며 유아에게 '남자'를 가리켜 보라고 한다.
- 교사가 남자 인형을 보여 주며 유아에게 같은 것을 가리켜 보라고 한다.
- 도움을 점차 줄여 간다.
- 수행되면 교사가 물어볼 때 유아 스스로 '남자'를 가리켜 보라고 한다.
- 수행되면 교사가 인형의 위치를 바꾸어 유아에게 '남자'를 가리켜 보라고 한다.

- 수행되면 교사가 남자 인형과 여자 인형을 놓고 '여자'를 가리키는 시범을 보인다.
- 유아에게 교사를 모방하여 '여자'를 가리켜 보라고 한다.
- 가리키지 못하면 교사가 유아의 손을 잡고 '여자'를 가리켜 준다.
- 교사가 여자 인형을 가리키며 유아에게 '여자'를 가리켜 보라고 한다.
- 교사가 여자 인형을 보여 주며 유아에게 같은 것을 가리켜 보라고 한다.
- 수행되면 남자와 여자 인형의 위치를 바꾸어 놓고 교사의 지시에 따라 '남자'와 '여자'를 가리켜 보라고 한다.
- 수행되면 유아의 특성에 맞는 적절한 강화제를 제공한다.

☞ 지도할 대상 유아의 성별에 따라 각각의 성별을 먼저 지도하는 것이 효과적이다.

☞ 가능하면 실제 상황에서 또래나 가족들을 대상으로 직접 성별을 지도하는 것이 효과적이다. 지도 후에는 가끔 가족이나 또래, 혹은 그림이나 사진 등을 가지고 확인해 보도록 한다.

4~5
세

52 크기에 맞는 상자 찾기 `4~5세`

목표 | 크기에 맞는 상자를 찾을 수 있다.

자료 | 크기가 다른 네 개의 상자 또는 그릇, 크기가 다른 네 개의 물건 또는 장난감 그림 자료, 강화제

방법 ❶

- 교사가 크기가 다른 네 개의 장난감과 네 개의 상자를 놓은 후 각 장난감을 같은 크기의 상자에 넣는 시범을 보인다.
- 유아에게 교사를 모방하여 각 장난감을 같은 크기의 상자에 넣어 보라고 한다.
- 수행되면 유아 스스로 각 장난감을 같은 크기의 상자에 넣어 보라고 한다.
- 수행되면 유아의 특성에 맞는 적절한 강화제를 제공한다.

방법 ❷

- 교사가 크기가 다른 네 개의 물건이나 장난감을 각각의 크기에 적합한 상자에 넣는 시범을 보인다.
- 유아에게 크기가 다른 네 개의 물건이나 장난감을 각각의 크기에 적합한 상자에 넣어 보라고 한다.
- 넣지 못하면 교사가 상자 한 개와, 예를 들어 크기가 다른 곰돌이 인형을 두 개 제시한 후 상자 크기에 적합한 곰돌이 인형을 넣는 시범을 보인다.
- 유아에게 크기가 다른 두 개의 곰돌이 인형을 제시한 후 상자 크기에 적합한 곰돌이 인형을 넣어 보라고 한다.
- 넣지 못하면 교사가 유아의 손을 잡고 상자 크기에 적합한 곰돌이 인형을 넣어 준다.
- 교사가 상자 크기에 적합한 곰돌이 인형을 가리키며 유아에게 넣어 보라고 한다.
- 도움을 점차 줄여 간다.
- 수행되면 유아 스스로 크기가 다른 두 개의 곰돌이 인형 중 상자 크기에 적합한 곰

돌이 인형을 넣어 보라고 한다.

- 수행되면 교사가 크기가 다른 상자 두 개와 크기가 다른 세 개의 곰돌이 인형을 제시한 후 각각 상자 크기에 적합한 곰돌이 인형을 넣는 시범을 보인다.
- 유아에게 크기가 다른 두 개의 곰돌이 인형을 각각 적합한 상자에 넣어 보라고 한다.
- 넣지 못하면 곰돌이 인형을 하나 지도한 것과 같은 방법으로 지도한다.
- 수행되면 교사가 크기가 다른 상자 세 개와 크기가 다른 네 개의 곰돌이 인형을 제시한 후 각각 상자에 적합한 곰돌이 인형을 넣는 시범을 보인다.
- 유아에게 크기가 다른 세 개의 곰돌이 인형을 각각 적합한 상자에 넣어 보라고 한다.
- 수행되면 교사가 크기가 다른 상자 네 개와 크기가 다른 네 개의 곰돌이 인형을 세시한 후 각각 상자에 적합한 곰돌이 인형을 넣는 시범을 보인다.
- 유아에게 크기가 다른 네 개의 곰돌이 인형을 각각 적합한 상자에 넣어 보라고 한다.
- 수행되면 각 상자의 위치를 다양하게 바꾸어 유아가 상자에 적합한 곰돌이 인형을 넣을 수 있는지 확인한다.
- 수행되면 유아의 특성에 맞는 적절한 강화제를 제공한다.

방법 ❸

- 교사가 크기가 다른 네 개의 곰돌이 인형과 크기가 다른 네 개의 상자가 그려져 있는 그림을 제시한다.
- 교사가 크기가 다른 네 개의 곰돌이 인형과 크기가 다른 네 개의 상자를 연결하는 방법을 시범 보인다.
- 교사가 유아에게 크기가 다른 네 개의 곰돌이 인형을 각 크기에 적합한 상자와 연결해 보라고 한다.
- 연결하지 못하면 교사가 곰돌이 인형의 크기에 적합한 상자를 연결할 수 있도록 점선을 그려 준다.
- 유아에게 점선을 따라 연결해 보라고 한다.

- 연결하지 못하면 교사가 유아의 손을 잡고 연결해 준다.
- 도움의 양을 점차 줄여 간다.
- 유아 스스로 점선을 따라 연결해 보라고 한다.
- 수행되면 교사가 곰과 상자를 연결하는 점선을 세 개 그려 준 후 유아에게 점선을 따라 연결하게 하고 한 개는 스스로 연결하게 한다.
- 수행되면 교사가 곰과 상자를 연결하는 점선을 두 개 그려 준 후 유아에게 점선을 따라 연결하게 하고 두 개는 스스로 연결하게 한다.
- 수행되면 교사가 곰과 상자를 연결하는 점선을 한 개 그려 준 후 유아에게 점선을 따라 연결하게 하고 세 개는 스스로 연결하게 한다.
- 수행되면 점선을 모두 지운 후 유아 스스로 연결하라고 한다.
- 수행되면 곰돌이 인형과 상자의 위치를 다양하게 바꾸어 각각의 크기에 적합하게 연결할 수 있는지 확인한다.
- 수행되면 유아의 특성에 맞는 적절한 강화제를 제공한다.

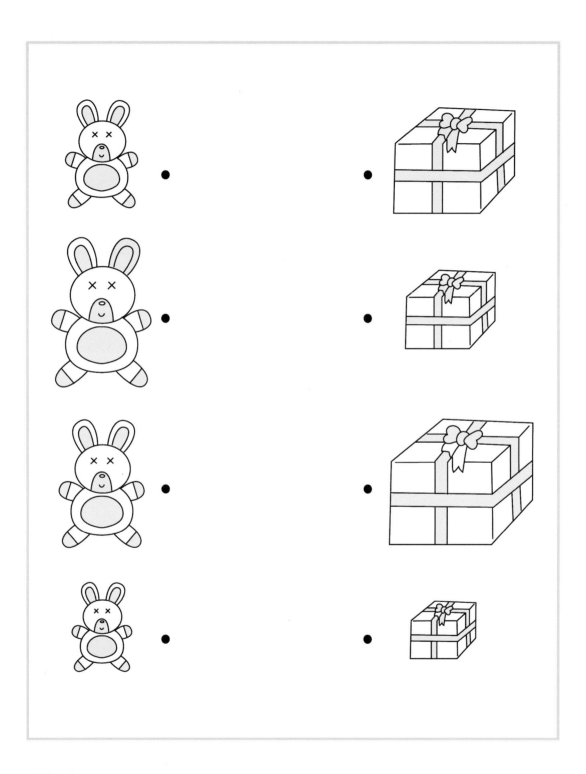

과일의 겉모양과 속 모양 맞추기

목표 | 과일의 겉모양과 속 모양을 맞출 수 있다.

자료 | 과일의 실물 또는 모형, 과일의 겉모양과 속 모양 그림, 색연필 또는 연필, 강
화제

방법 ❶

- 교사가 과일의 겉모양과 속 모양을 각각 보여 준 후 각 과일의 겉모양과 같은 과일
의 속 모양을 가리키는 시범을 보인다.
- 유아에게 교사를 모방하여 각 과일의 겉모양과 같은 과일의 속 모양을 가리켜 보
라고 한다.
- 수행되면 유아 스스로 각 과일의 겉모양과 같은 과일의 속 모양을 가리켜 보라고
한다.
- 수행되면 유아의 특성에 맞는 적절한 강화제를 제공한다.

방법 ❷

- 교사가, 예를 들어 사과를 보여 주면서 사과의 속 모양을 가리키는 시범을 보인다.
- 교사가 유아에게 사과를 보여 주며 사과의 속 모양을 가리켜 보라고 한다.
- 가리키지 못하면 교사가 유아의 손을 잡고 사과의 속 모양을 가리켜 준다.
- 교사가 사과의 속 모양을 가리키며 유아에게 가리켜 보라고 한다.
- 도움을 점차 줄여 간다.
- 수행되면 유아 스스로 사과의 속 모양을 가리켜 보라고 한다.
- 수행되면 사과, 수박의 속 모양을 섞어 놓은 후 교사가 사과를 보여 주며 유아에게
사과의 속 모양을 가리켜 보라고 한다.
- 수행되면, 예를 들어 수박도 같은 방법으로 지도한다.
- 수행되면 사과, 수박, 귤의 속 모양을 섞어 놓은 후 교사가 사과와 수박을 보여 주

며 유아에게 각각의 속 모양을 가리켜 보라고 한다.

- 수행되면 다른 과일들도 같은 방법으로 지도한다.
- 수행되면 유아의 특성에 맞는 적절한 강화제를 제공한다.

방법 ❸

- 교사가 귤, 수박, 사과와 귤, 수박, 사과의 반으로 잘린 속 모양을 연결하는 시범을 보인다.
- 유아에게 귤, 수박, 사과와 귤, 수박, 사과의 반으로 잘린 속 모양을 연결해 보라고 한다.
- 연결하지 못하면 교사가 귤, 수박, 사과와 귤, 수박, 사과의 속 모양을 연결하는 점선을 그려 준 후 유아에게 연결해 보라고 한다.
- 연결하지 못하면 교사가 유아의 손을 잡고 점선을 따라 연결해 준다.
- 유아 스스로 귤, 수박, 사과와 귤, 수박, 사과의 속 모양을 점선을 따라 연결해 보라고 한다.
- 수행되면 교사가 귤과 수박에만 점선을 그려 주고 유아가 점선을 따라 긋게 한 후 사과는 스스로 연결하게 한다.
- 수행되면 교사가 수박에만 점선을 그려 주고 유아가 점선을 따라 긋게 한 후 사과와 귤은 스스로 연결하게 한다.
- 수행되면 유아 스스로 귤, 수박, 사과와 귤, 수박, 사과의 속 모양을 연결해 보라고 한다.
- 수행되면 교사가 과일들의 위치를 다양하게 바꾸어 유아에게 연결해 보라고 한다.
- 수행되면 유아의 특성에 맞는 적절한 강화제를 제공한다.

방법 ❹

- 교사가 하드보드지에 보슬이를 씌운 후 각 그림 뒷면에 까슬이를 붙여 놓는다.
- 교사가, 예를 들어 하드보드지 판 왼쪽에는 반으로 잘린 사과의 단면 그림을 붙이

고 오른쪽은 비워 놓는다.

- 교사가 사과, 귤, 수박 그림 중 사과를 찾아 오른쪽에 붙이는 시범을 보인다.
- 유아에게 사과를 찾아 붙여 보라고 한다.
- 사과를 찾아 붙이지 못하면 교사가 유아의 손을 잡고 사과를 붙여 준다.
- 교사가 사과를 가리키며 붙여 보라고 한다.
- 수행되면 유아 스스로 사과를 찾아 붙여 보라고 한다.
- 수행되면 교사가 하드보드지 판 왼쪽에 반으로 잘린 사과와 수박 그림을 붙이고 오른쪽에 사과와 수박을 찾아 붙이는 시범을 보인다.
- 유아에게 사과와 수박을 찾아 붙여 보라고 한다.
- 수행되면 교사가 하드보드지 판 왼쪽에 반으로 잘린 사과와 수박, 귤 그림을 붙이고 오른쪽에 사과와 수박, 귤을 찾아 붙이는 시범을 보인다.
- 유아에게 사과와 수박, 귤을 찾아 붙여 보라고 한다.
- 수행되면 각각의 그림 위치(예: 왼쪽에 반으로 잘린 사과, 오른쪽에 반으로 잘린 귤)를 혼합하여 붙인 뒤 확인한다.
- 수행되면 유아의 특성에 맞는 적절한 강화제를 제공한다.

☞ 과일의 겉모양과 속 모양을 맞출 수 있는 다양한 교구들이 판매되고 있으므로 시중에서 판매되는 교구를 활용하여 지도하면 효과적이다.

4~5
세

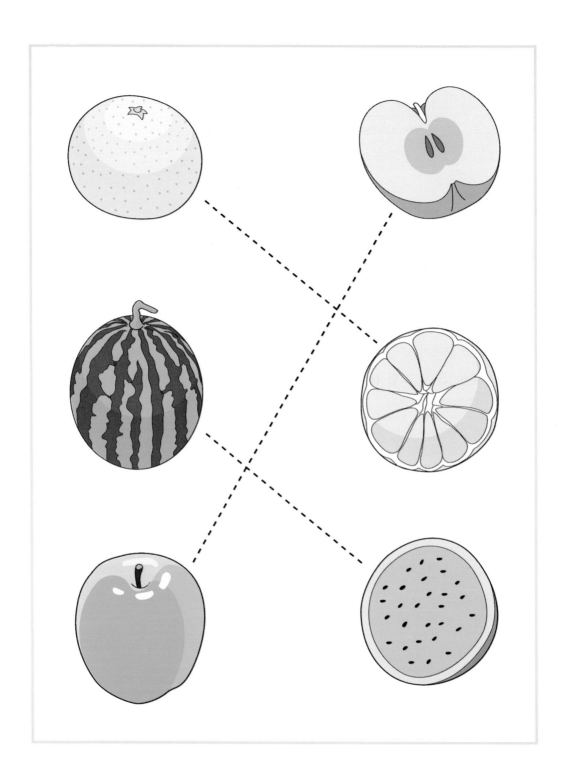

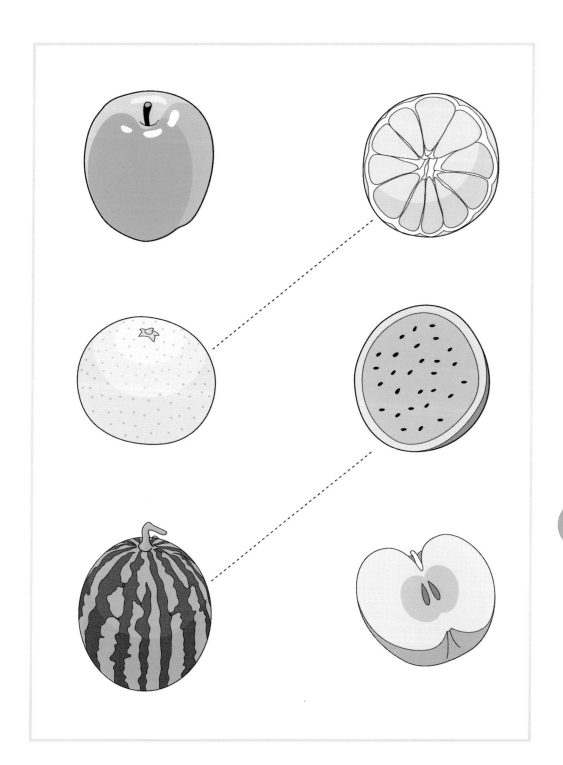

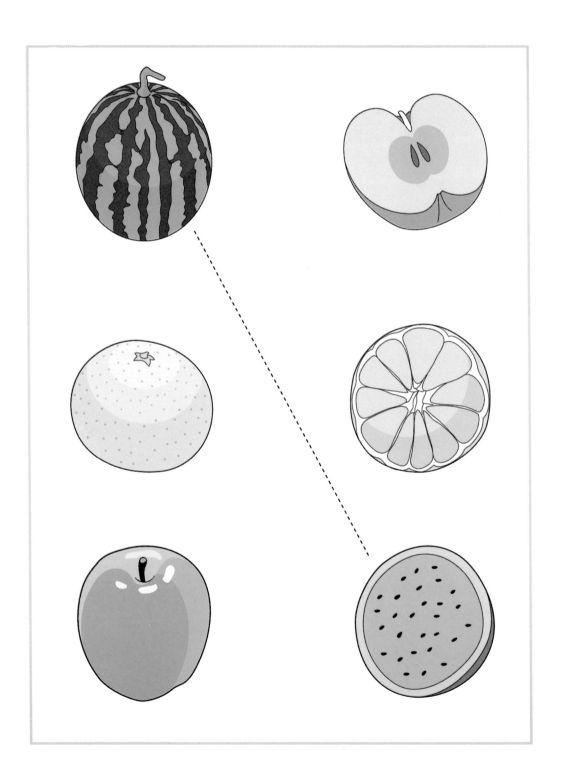

54 필요한 물건 가리키기 `4~5세`

목표 | 필요한 물건을 찾을 수 있다.

자료 | 필요한 물건이 빠진 상황 그림, 필요한 물건 그림(실물), 가위, 풀, 강화제

방법 ❶

- 교사가 필요한 물건이 빠진 상황 그림과 필요한 물건 그림(실물)을 유아에게 제시한 후 각 상황에 필요한 물건을 설명해 준다.
- 교사가 각각의 상황에 필요한 물건을 찾는 시범을 보인다.
- 유아에게 교사를 모방하여 각각의 상황에 필요한 물건을 찾아보라고 한다.
- 수행되면 유아 스스로 각각의 상황에 필요한 물건을 찾아보라고 한다.
- 수행되면 유아의 특성에 맞는 적절한 강화제를 제공한다.

방법 ❷

- 교사가 치약을 들고 있는 그림을 보여 주면서 칫솔을 가리키고, 밥을 먹으려고 하는 그림을 보여 주면서 수저를 가리키는 시범을 보인다.
- 치약을 들고 있는 그림과 밥을 먹으려고 하는 그림은 교사가 가지고 칫솔과 수저는 유아 앞에 놓는다.
- 교사가 치약을 들고 있는 그림을 보여 주면서 유아에게 무엇이 필요한지 가리켜 보라고 한다.
- 가리키지 못하면 교사가 유아의 손을 잡고 칫솔을 가리켜 준다.
- 교사가 칫솔 그림을 가리키며 유아에게 가리켜 보라고 한다.
- 교사가 이 닦는 동작을 보여 주면서 "치카 치카 할 때 뭘로 해요?"라고 물어본다.
- 도움을 점차 줄여 간다.
- 교사가 치약을 들고 있는 그림을 보여 줄 때 유아 스스로 칫솔 그림을 가리켜 보라고 한다.

- 수행되면 교사가 밥을 먹으려고 하는 그림을 보여 주면서 수저를 가리키는 시범을 보인다.
- 유아에게 밥을 먹으려고 할 때 필요한 것을 가리켜 보라고 한다.
- 가리키지 못하면 치약을 들고 있는 그림과 같은 방법으로 지도한다.
- 수행되면 치약을 들고 있는 그림과 밥을 먹으려고 하는 그림의 순서를 다양하게 바꾸어 보여 주면서 필요한 물건을 가리킬(줄) 수 있는지 확인한다.
- 수행되면 나머지 그림도 같은 방법으로 지도한다.
- 수행되면 각 상황의 그림을 보여 줄 때 필요한 물건을 가리킬(줄) 수 있는지 확인한다.
- 수행되면 유아의 특성에 맞는 적절한 강화제를 제공한다.

방법 ❸

- 교사가 필요한 물건이 빠진 상황 그림과 필요한 물건 그림(실물)을 유아에게 제시한 후 각 상황에 필요한 물건에 대해서 간단하게 설명한다.
- 교사가 유아에게 수저, 안경, 국자를 제시하고 밥을 먹으려고 하는데 수저가 없는 그림을 보여 준 후 어떤 물건이 필요한지 찾는 시범을 보인다.
- 유아에게 밥을 먹으려고 할 때 필요한 물건을 찾아보라고 한다.
- 찾지 못하면 교사가 유아의 손을 잡고 여러 가지 물건 중 수저를 집어 갖다 놓게 한다.
- 교사가 수저를 가리키며 유아에게 "수저 갖다 놓아요."라고 한다.
- 도움을 점차 줄여 간다.
- 수행되면 유아 스스로 수저를 찾아 갖다 놓게 한다.
- 수행되면 교사가 유아에게 구두, 모자, 운동화를 제시하고 한쪽 신발이 없는 그림을 보여 준 후 어떤 물건이 필요한지 찾는 시범을 보인다.
- 찾지 못하면 수저를 찾는 것과 같은 방법으로 지도한다.
- 수행되면 교사가 유아에게 수저, 안경, 모자, 운동화를 제시한 후 밥을 먹으려고 하는 그림과 신발이 없는 그림을 보여 줄 때 유아가 수저와 운동화를 찾을 수 있는지 확인한다.

4~5
세

- 수행되면 나머지 상황에 필요한 물건을 찾는 것도 같은 방법으로 지도한다.
- 수행되면 유아의 특성에 맞는 적절한 강화제를 제공한다.

방법 ❹
- 물건이 필요한 상황과 각 물건을 연결할 수 있는 그림을 제시한다.
- 교사가 물건이 필요한 상황과 각 물건을 연결하는 방법을 시범 보인다.
- 유아에게 교사를 모방하여 물건이 필요한 상황과 각 물건을 연결해 보라고 한다.
- 연결하지 못하면 교사가 물건이 필요한 상황과 각 물건을 연결하는 점선을 그려 준다.
- 유아에게 점선을 따라 연결해 보라고 한다.
- 연결하지 못하면 교사가 유아의 손을 잡고 연결해 준다.
- 도움을 점차 줄여 간다.
- 유아 스스로 점선을 따라 연결해 보라고 한다.
- 수행되면 교사가 물건이 필요한 상황과 각 물건을 연결하는 점선을 세 개 그려 준 후 유아에게 점선을 따라 연결하게 하고 한 개는 스스로 연결하게 한다.
- 수행되면 교사가 물건이 필요한 상황과 각 물건을 연결하는 점선을 두 개 그려 준 후 유아에게 점선을 따라 연결하게 하고 두 개는 스스로 연결하게 한다.
- 수행되면 교사가 물건이 필요한 상황과 각 물건을 연결하는 점선을 한 개 그려 준 후 유아에게 점선을 따라 연결하게 하고 세 개는 스스로 연결하게 한다.
- 수행되면 점선을 모두 지운 후 유아 스스로 연결하라고 한다.
- 수행되면 물건이 필요한 상황과 각 물건의 위치를 다양하게 바꾸어 각각의 상황에 필요한 물건을 연결할 수 있는지 확인한다.
- 수행되면 유아의 특성에 맞는 적절한 강화제를 제공한다.

☞ 각 상황에 필요한 물건을 교사가 미리 오려 놓고, 각 상황에 필요한 물건을 유아가 찾아서 그림 옆에 붙이도록 지도하거나 필요한 물건에 동그라미를 그리게 하는 방법도 있다.

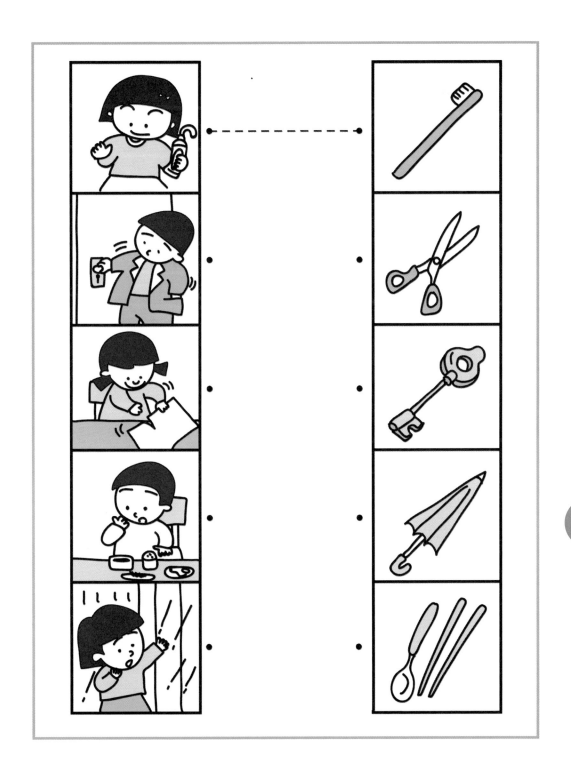

55 얼굴 그리기

목표 | 얼굴을 그릴 수 있다.

자료 | 얼굴 그림, 종이(스케치북), 색연필 또는 연필, 강화제

방법 ❶

- 교사가 얼굴이 그려진 그림을 유아에게 보여 준 후 얼굴 그리는 방법을 시범 보인다.
- 유아에게 교사를 모방하여 얼굴을 그려 보라고 한다.
- 수행되면 유아 스스로 얼굴을 그려 보라고 한다.
- 수행되면 유아의 특성에 맞는 적절한 강화제를 제공한다.

방법 ❷

- 교사가 얼굴 그리는 방법을 시범 보인다.
- 유아에게 교사를 모방하여 얼굴을 그려 보라고 한다.
- 그리지 못하면 교사가 "동~글 ♬ 동~글 ♬ 동그라미 그려요."라고 노래 부르며 얼굴 모양을 큰 동그라미 모양(○)으로 그리는 시범을 보인다.
- 유아에게 큰 동그라미로 얼굴 모양을 그려 보라고 한다.
- 수행되면 교사가 큰 동그라미 안에 눈썹을 수평선(−)으로 그리는 시범을 보인다.
- 유아에게 큰 동그라미 안에 눈썹을 수평선으로 그려 보라고 한다.
- 눈썹을 그리지 못하면 교사가 유아의 손을 잡고 같이 그려 준다.
- 교사가 눈썹에 점선을 그려 준 후 유아에게 그리게 한다.
- 수행되면 교사가 유아에게 "옆으로 죽 그어요."라고 말해 준다.
- 도움을 점차 줄여 간다.
- 수행되면 유아 스스로 눈썹을 그려 보라고 한다.
- 수행되면 교사가 큰 동그라미와 눈썹, 눈썹 밑에 작은 동그라미로 눈을 그리는 시

범을 보인다.

- 유아에게 큰 동그라미와 눈썹, 눈썹 밑에 작은 동그라미로 눈을 그려 보라고 한다.
- 수행되면 교사가 코를 수직선(ㅣ)으로 그리는 방법을 시범 보인 후 유아에게 그려 보라고 한다.
- 수행되면 교사가 큰 동그라미와 눈썹, 눈, 코를 같이 그리는 방법을 시범 보인 후 유아에게 그려 보라고 한다.
- 수행되면 교사가 입을 수평선(ㅡ)으로 그리는 방법을 시범 보인 후 유아에게 그려 보라고 한다.
- 수행되면 교사가 동그라미와 눈썹, 눈, 코. 입을 같이 그리는 방법을 시범 보인 후 유아에게 그려 보라고 한다.
- 수행되면 유아 스스로 얼굴을 그려 보라고 한다.
- 수행되면 유아의 특성에 맞는 적절한 강화제를 제공한다.

방법 ❸

- 교사가 얼굴(○) 안에 눈썹과 눈, 코가 그려진 그림을 가지고 입을 수평선(ㅡ)으로 그리는 시범을 보인다.
- 유아에게 교사를 모방하여 입을 수평선(ㅡ)으로 그려 얼굴을 완성해 보라고 한다.
- 그리지 못하면 교사가 유아의 손을 잡고 입을 수평선(ㅡ)으로 그려 준다.
- 교사가 입 모양을 점선으로 그려 준 후 유아에게 그려 보라고 한다.
- 도움을 점차 줄여 간다.
- 수행되면 유아 스스로 입을 그려 보라고 한다.
- 수행되면 교사가 코를 수직선(ㅣ)으로 그리는 시범을 보인다.
- 교사가 눈썹과 눈이 그려진 그림을 제시하고 유아에게 코와 입을 그려 얼굴을 완성해 보라고 한다.
- 코를 그리지 못하면 입을 그린 것과 같은 방법으로 지도한다.
- 수행되면 교사가 눈썹을 수평선(ㅡ)으로 그리는 시범을 보인다.

4~5
세

- 교사가 눈이 그려진 그림을 제시하고 유아에게 눈썹과 코, 입을 그려 얼굴을 완성해 보라고 한다.
- 수행되면 교사가 눈을 작은 동그라미로 그리는 시범을 보인다.
- 교사가 유아에게 눈썹과 눈, 코, 입을 그려 얼굴을 완성해 보라고 한다.
- 수행되면 교사가 얼굴 모양을 큰 동그라미로 그리는 시범을 보인다.
- 유아에게 큰 동그라미로 얼굴 모양을 그린 후 눈썹, 눈, 코, 입을 그려 얼굴을 완성해 보라고 한다.
- 수행되면 유아의 특성에 맞는 적절한 강화제를 제공한다.

방법 ❹
- 교사가 얼굴을 그려 눈썹, 눈, 코, 입의 위치에 보슬이를 붙인 후 눈썹, 눈, 코, 입 그림 뒷면에는 까슬이를 붙여 놓는다.
- 교사가 위치를 맞추어 얼굴에 눈썹, 눈, 코, 입을 붙이는 시범을 보인다.
- 유아에게 위치를 맞추어 얼굴에 눈썹, 눈, 코, 입을 붙여 보라고 한다.
- 위치를 맞추어 눈썹, 눈, 코, 입을 붙이지 못하면 교사가, 예를 들어 눈만 붙이는 시범을 보인다.
- 유아에게 위치를 맞추어 얼굴에 눈을 붙여 보라고 한다.
- 붙이지 못하면 교사가 유아의 손을 잡고 같이 붙여 준다.
- 교사가 눈썹, 눈, 코, 입 중 눈을 가리키며 붙여 보라고 한다.
- 도움을 점차 줄여 간다.
- 수행되면 유아 스스로 위치를 맞추어 눈을 붙여 보라고 한다.
- 수행되면 교사가 위치를 맞추어 얼굴에 코를 붙이는 시범을 보인 후 유아에게 코를 붙여 보라고 한다.
- 붙이지 못하면 눈을 지도한 것과 같은 방법으로 지도한다.
- 수행되면 교사가 위치를 맞추어 얼굴에 눈과 코를 같이 붙이는 시범을 보인다.
- 유아에게 위치를 맞추어 눈과 코를 붙여 보라고 한다.

- 수행되면 이와 같은 방법으로 입과 눈썹도 지도한다.
- 수행되면 교사가 눈썹, 눈, 코, 입을 제시한 후 유아에게 각각의 위치에 맞게 붙여 보라고 한다.
- 수행되면 유아의 특성에 맞는 적절한 강화제를 제공한다.

56 눈, 팔, 다리 그려 넣기 4~5세

목표 │ 미완성 사람 그림에 눈, 팔, 다리를 그려 넣을 수 있다.

자료 │ 미완성 사람 그림, 색연필, 크레파스, 강화제

방법 ❶

- 교사가 색연필로 미완성 사람 그림에 눈, 팔, 다리를 그리는 시범을 보인다.
- 유아에게 교사를 모방하여 미완성 사람 그림에 눈, 팔, 다리를 그려 보라고 한다.
- 수행되면 유아 스스로 미완성 사람 그림에 눈, 팔, 다리를 그려 보라고 한다.
- 수행되면 유아의 특성에 맞는 적절한 강화제를 제공한다.

방법 ❷

- 교사가 색연필로 미완성 사람 그림에 눈, 팔, 다리를 그리는 시범을 보인다.
- 교사가 미완성 사람 그림에 동그라미 모양으로 눈을 그린 후 유아에게 교사를 모방하여 눈을 그려 보라고 한다.
- 그리지 못하면 교사가 동그라미 모양으로 오른쪽 눈을 그려 준 후 유아에게 모방하여 왼쪽 눈을 그려 보라고 한다.
- 그리지 못하면 교사가 유아의 손을 잡고 왼쪽 눈을 동그라미 모양으로 그려 준다.
- 교사가 왼쪽 눈을 점선으로 그려 준 후 유아에게 그려 보라고 한다.
- 수행되면 교사가 "눈은 ♬ 어디 있나 ♬ 여~기."라고 노래 부르며 눈의 위치를 가리킨 후 유아에게 왼쪽 눈을 그려 보라고 한다.

4~5
세

- 수행되면 유아 스스로 왼쪽 눈을 그려 보라고 한다.
- 수행되면 유아에게 오른쪽 눈을 그려 보라고 한다.
- 그리지 못하면 왼쪽 눈을 그리는 것과 같은 방법으로 지도한다.
- 도움을 점차 줄여 간다.
- 수행되면 유아 스스로 눈을 그려 보라고 한다.
- 수행되면 교사가 미완성 사람 그림에 팔을 그리는 시범을 보인다.
- 유아에게 교사를 모방하여 팔을 그려 보라고 한다.
- 그리지 못하면 눈을 그리는 것과 같은 방법으로 지도한다.
- 수행되면 교사가 미완성 사람 그림에 다리를 그린 후 유아에게 다리를 그려 보라고 한다.
- 수행되면 유아 스스로 미완성 사람 그림에 눈, 팔, 다리를 그려 보라고 한다.
- 수행되면 유아의 특성에 맞는 적절한 강화제를 제공한다.

방법 ❸

- 교사가 색연필로 미완성 사람 그림에 수직선으로 다리를 그리는 시범을 보인다.
- 유아에게 미완성 사람 그림에 수직선으로 다리를 그려 보라고 한다.
- 다리를 그리지 못하면 교사가 유아의 손을 잡고 그려 준다.
- 왼쪽 다리를 교사가 그려 주고 오른쪽 다리는 유아에게 모방하여 그려 보라고 한다.
- 그리지 못하면 교사가 오른쪽 다리에 점선을 그려 준 후 유아에게 그려 보라고 한다.
- 수행되면 유아 스스로 오른쪽 다리를 그려 보라고 한다.
- 수행되면 유아에게 왼쪽 다리를 그려 보라고 한다.
- 그리지 못하면 교사가 왼쪽 다리에 점선을 그려 준 후 유아에게 그려 보라고 한다.
- 수행되면 유아 스스로 왼쪽 다리를 그려 보라고 한다.
- 도움을 점차 줄여 간다.
- 수행되면 유아 스스로 두 다리를 그리게 한다.

- 수행되면 교사가 색연필로 팔을 그리는 시범을 보인 후 유아에게 교사를 모방하여 팔을 그려 보라고 한다.
- 그리지 못하면 다리를 그리는 것과 같은 방법으로 지도한다.
- 수행되면 교사가 색연필로 눈을 그리는 시범을 보인 후 유아에게 교사를 모방하여 눈을 그려 보라고 한다.
- 그리지 못하면 방법 ❷의 눈을 그리는 것과 같은 방법으로 지도한다.
- 수행되면 유아 스스로 미완성 사람 그림에 눈, 팔, 다리를 그려 보라고 한다.
- 수행되면 유아의 특성에 맞는 적절한 강화제를 제공한다.

☞ 연령을 고려하여 눈은 동그라미로, 팔과 다리는 직선으로 그릴 수 있도록 지도한다. 그리고 방법 ❷, 방법 ❸은 유아의 특성에 따라 하나를 선택하여 지도하면 된다.

☞ 방법 ❷ 지도 시에는 교사가 미리 팔과 다리를 그려 놓고 유아에게 눈만 그리게 하면 사람 모양이 되기 때문에 유아가 성취감을 느낄 수 있다. 수행되면 눈과 팔을 제외한 완성된 사람 모습을 제시하여 눈과 팔을 그리게 하고 수행되면 눈과 팔, 다리를 그리게 하면 된다.

☞ 방법 ❸ 지도 시에는 교사가 미리 눈과 팔을 그려 놓고 유아에게 다리만 그리게 하면 사람 모양이 되기 때문에 유아가 성취감을 느낄 수 있다. 수행되면 다리와 팔을 제외한 완성된 사람 모습을 제시하여 다리와 팔을 그리게 하고 수행되면 눈과 팔, 다리를 그리게 하면 된다.

4~5
세

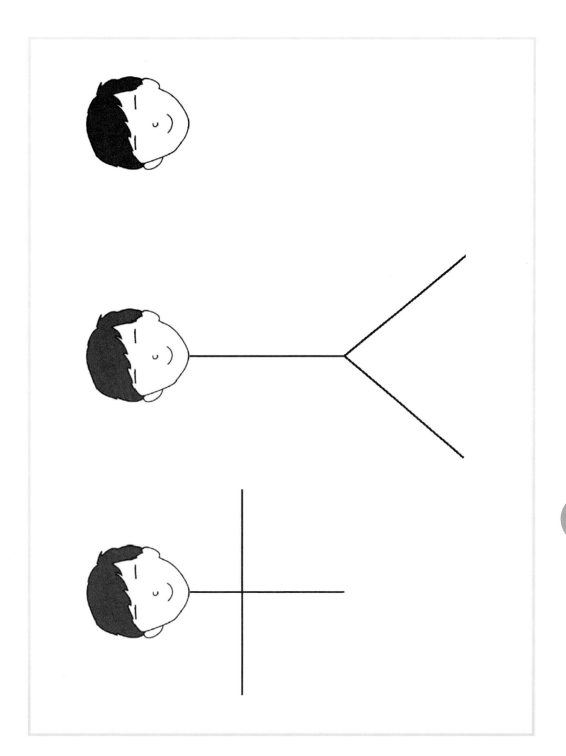

4~5
세

57 같은 종류 분류하기 4~5세

목표 │ 같은 종류를 분류할 수 있다.

자료 │ 장난감 · 과일 · 과자류 · 탈것 · 가구 등의 실물이나 모형 또는 그림, 세 개의 바구니 또는 쟁반, 강화제

방법 ❶

- 교사가 세 개의 바구니에 장난감, 과일, 과자류를 분류하는 시범을 보인다.
- 유아에게 교사를 모방하여 세 개의 바구니에 장난감, 과일, 과자류를 분류해 보라고 한다.
- 수행되면 유아 스스로 세 개의 바구니에 장난감, 과일, 과자류를 분류해 보라고 한다.
- 수행되면 유아의 특성에 맞는 적절한 강화제를 제공한다.

방법 ❷

- 교사가 세 개의 바구니에 장난감, 과일, 과자류를 분류하는 시범을 보인다.
- 유아에게 교사를 모방하여 세 개의 바구니에 장난감, 과일, 과자류를 분류해 보라고 한다.
- 분류하지 못하면 교사가 각 바구니에 장난감, 과일, 과자를 각각 하나씩 넣어 놓은 후 유아에게 분류해 보라고 한다.
- 분류하지 못하면 교사가 유아의 손을 잡고 각각의 바구니에 장난감, 과일, 과자를 넣어 준다.
- 교사가 각 바구니에 들어갈 물건들을 가리키며 유아에게 넣어 보라고 한다.
- 도움을 점차 줄여 간다.
- 수행되면 유아 스스로 각 바구니에 들어갈 물건들을 넣어 보라고 한다.
- 수행되면 교사가 빈 바구니 세 개를 제시한 후 유아 스스로 각 바구니에 들어갈 물건들을 분류하여 넣어 보라고 한다.

- 수행되면 다른 물건들도 제시한 후 각각 분류할 수 있는지 확인한다.
- 수행되면 유아의 특성에 맞는 적절한 강화제를 제공한다.

방법 ❸

- 교사가 장난감, 과일, 과자를 섞어 놓고 어떻게 분류하는지 설명한 후 분류하는 시범을 보인다.
- 유아에게 교사를 모방하여 세 개의 바구니에 장난감, 과일, 과자류를 분류해 보라고 한다.
- 분류하지 못하면 교사가, 예를 들어 한 바구니에 장난감을 넣는 시범을 보인 후 유아에게 장난감을 찾아 넣어 보라고 한다.
- 찾지 못하면 교사가 유아의 손을 잡고 장난감을 찾아 바구니에 넣어 준다.
- 교사가 장난감을 가리키며 유아에게 바구니에 넣어 보라고 한다.
- 도움을 점차 줄여 간다.
- 수행되면 유아 스스로 장난감을 찾아 바구니에 넣어 보라고 한다.
- 수행되면 교사가 한 바구니에 과일을 넣는 시범을 보인 후 유아에게 과일을 찾아 넣어 보라고 한다.
- 넣지 못하면 장난감을 지도한 것과 같은 방법으로 지도한다.
- 수행되면 교사가 두 개의 바구니를 제시한 후 유아에게 장난감과 과일을 분류하여 넣어 보라고 한다.
- 수행되면 교사가 한 바구니에 과자를 넣는 시범을 보인 후 유아에게 과자를 찾아 넣어 보라고 한다.
- 넣지 못하면 과일을 지도한 것과 같은 방법으로 지도한다.
- 수행되면 교사가 세 개의 바구니를 제시한 후 유아에게 장난감과 과일, 과자를 분류하여 넣어 보라고 한다.
- 수행되면 교사가 장난감, 과일, 과자류, 탈것 등을 섞어 놓고 유아가 장난감, 과일, 과자류를 분류할 수 있는지 확인한다.

4~5
세

- 수행되면 다른 물건들도 제시한 후 각각 분류할 수 있는지 확인한다.
- 수행되면 유아의 특성에 맞는 적절한 강화제를 제공한다.

58 1~10 숫자 가리키기 4~5세

목표 | 1~10의 숫자를 가리킬 수 있다.

자료 | 1~10 숫자카드, 1~10이 쓰여 있는 숫자블록, 강화제

방법 ❶

- 5까지는 앞 단계에서 수행하였으므로 확인 후 시행한다.
- 교사가 "6은 어디 있나 여~기! ♬"처럼 각 숫자를 넣어 노래 부르며 6~10의 숫자 카드를 보여 준다.
- 교사가 6~10의 숫자를 각각 가리키는 시범을 보인다.
- 유아에게 교사를 모방하여 6~10의 숫자를 각각 가리켜 보라고 한다.
- 수행되면 유아에게 1~10의 숫자카드를 제시하고 교사가 "숫자 1은 뭘까 맞춰~봐요, 맞춰~봐요 ♬"처럼 각 숫자를 넣어 노래 부르며 유아에게 1~10 숫자를 각각 가리켜 보라고 한다.
- 수행되면 유아의 특성에 맞는 적절한 강화제를 제공한다.

방법 ❷

- 5까지는 앞 단계에서 수행하였으므로 확인 후 시행한다.
- 교사가 1~10의 숫자를 가리키는 시범을 보인다.
- 교사가 6의 숫자를 가리키며 "6은 어디 있나 여~기! ♬"라고 말해 준다.
- 교사가 6과 7의 숫자를 제시한 후 유아에게 "숫자 6은 뭘까 맞춰~봐요, 맞춰~봐요 ♬"라고 물어본다.
- 6을 가리키지 못하면 교사가 "6은 어디 있나 여~기! ♬"라고 노래 부르며 유아의 손을 잡고 6을 가리켜 준다.
- 교사가 손으로 6을 가리키며 유아에게 "숫자 6은 뭘까 맞춰~봐요, 맞춰~봐요 ♬"라고 한다.

- 도움을 점차 줄여 간다.
- 수행되면 유아 스스로 6을 가리켜 보라고 한다.
- 수행되면 7도 같은 방법으로 지도한 후 6과 7의 숫자 위치를 바꾸어 유아가 6과 7을 가리킬 수 있는지 확인한다.
- 수행되면 8을 같은 방법으로 지도한 후 6~8의 숫자 위치를 바꾸어 유아가 6~8을 가리킬 수 있는지 확인한다.
- 수행되면 9도 같은 방법으로 지도한 후 6~9의 숫자 위치를 바꾸어 유아가 6~9를 가리킬 수 있는지 확인한다.
- 수행되면 10도 같은 방법으로 지도한 후 6~10의 숫자 위치를 바꾸어 유아가 6~10을 가리킬 수 있는지 확인한다.
- 수행되면 교사가 물어볼 때 유아 스스로 1~10의 숫자를 각각 가리켜 보라고 한다.
- 수행되면 유아의 특성에 맞는 적절한 강화제를 제공한다.

방법 ❸

- 5까지는 앞 단계에서 수행하였으므로 확인 후 시행한다.
- 교사가 6과 7의 숫자카드를 제시하고 "6은 어디 있나 여~기! ♬"라고 노래 부르며 6의 숫자카드를 가리키는 시범을 보인다.
- 유아에게 "숫자 6은 뭘까 맞춰~봐요, 맞춰~봐요 ♬"라고 말하면서 6을 달라고 한다.
- 주지 못하면 교사가 유아의 손을 잡고 6을 집어 준다.
- 교사가 6의 숫자카드를 보여 주며 같은 것을 달라고 한다.
- 교사가 6을 가리키며 유아에게 6을 달라고 한다.
- 도움을 점차 줄여 간다.
- 교사가 6을 달라고 할 때 유아 스스로 6을 주도록 한다.
- 수행되면 교사가 1~7을 섞어 놓고 유아가 6을 줄 수 있는지 확인한다.
- 수행되면 6과 7의 숫자카드를 섞어 놓고 "숫자 7은 뭘까 맞춰~봐요, 맞춰~봐요

4~5
세

♬"라고 노래 부르며 7을 달라고 한다.

- 수행되면 6과 7의 숫자카드 위치를 바꾸어 유아가 6과 7을 줄 수 있는지 확인한다.
- 수행되면 교사가 1~7을 섞어 놓고 유아가 7을 줄 수 있는지 확인한다.
- 수행되면 8~10의 숫자도 같은 방법으로 지도한 후 6~10 숫자카드 위치를 바꾸어 유아가 6~10 숫자를 각각 줄 수 있는지 확인한다.
- 수행되면 교사가 1~10의 숫자를 달라고 할 때 유아 스스로 줄 수 있는지 확인한다.
- 수행되면 유아의 특성에 맞는 적절한 강화제를 제공한다.

59 1~10 순서대로 배열하기 　　　　4~5세

목표 | 1~10을 순서대로 배열할 수 있다.

자료 | 1~10 숫자카드, 혹은 숫자블록, 강화제

방법 ❶

- 5까지는 앞 단계에서 수행하였으므로 확인 후 시행한다.
- 교사가 각각의 숫자카드를 보여 주면서 읽어 준 후 1~10의 숫자를 순서대로 배열하는 시범을 보인다.
- 유아에게 교사를 모방하여 1~10의 숫자를 순서대로 배열해 보라고 한다.
- 수행되면 유아 스스로 1~10의 숫자를 순서대로 배열해 보라고 한다.
- 수행되면 유아의 특성에 맞는 적절한 강화제를 제공한다.

방법 ❷

- 5까지는 앞 단계에서 수행하였으므로 확인 후 시행한다.
- 교사가 각각의 숫자카드를 보여 주면서 읽어 준 후 1~10의 숫자를 순서대로 배열하는 시범을 보인다.
- 교사가 다시 숫자카드 5, 6을 가지고 순서대로 배열하는 시범을 보인다.

- 유아에게 5, 6을 순서대로 배열해 보라고 한다.
- 배열하지 못하면 교사가 5를 제시한 후 유아에게 5 뒤에 6을 놓아 보라고 한다.
- 놓지 못하면 교사가 유아의 손을 잡고 5 뒤에 6을 놓아 준다.
- 교사가 6을 가리키며 5 뒤에 6을 놓아 보라고 한다.
- 도움을 점차 줄여 간다.
- 수행되면 유아 스스로 5 뒤에 6을 놓아 보라고 한다.
- 수행되면 유아 스스로 1~6을 배열해 보라고 한다.
- 수행되면 교사가 6, 7을 제시한 후 유아에게 6 뒤에 7을 놓아 보라고 한다.
- 6 뒤에 7을 놓지 못하면 6을 지도한 것과 같은 방법으로 지도한다.
- 수행되면 유아 스스로 6, 7을 순서대로 배열해 보라고 한다.
- 수행되면 유아 스스로 1~7을 배열해 보라고 한다.
- 수행되면 교사가 7, 8을 제시한 후 유아에게 7 뒤에 8을 놓아 보라고 한다.
- 7 뒤에 8을 놓지 못하면 7을 지도한 것과 같은 방법으로 지도한다.
- 수행되면 유아 스스로 7, 8을 순서대로 배열해 보라고 한다.
- 수행되면 유아 스스로 1~8을 배열해 보라고 한다.
- 이와 같은 방법으로 9~10까지 지도한다.
- 수행되면 교사가 6~10의 숫자카드를 섞어 놓은 후 유아에게 순서대로 배열해 보라고 한다.
- 수행되면 교사가 1~10의 숫자카드를 섞어 놓은 후 유아에게 순서대로 배열해 보라고 한다.
- 수행되면 유아의 특성에 맞는 적절한 강화제를 제공한다.

방법 ❸
- 5까지는 앞 단계에서 수행하였으므로 확인 후 시행한다.
- 교사가 각각의 숫자카드를 보여 주면서 읽어 준 후 1~10의 숫자를 순서대로 배열하는 시범을 보인다.

4~5
세

- 교사가 다시 6~10까지 숫자를 배열한 후 5를 6 앞에 놓는 시범을 보인다.
- 유아에게 교사를 모방하여 5를 6 앞에 놓아 보라고 한다.
- 놓지 못하면 교사가 유아의 손을 잡고 5를 6 앞에 놓아 준다.
- 교사가 5를 가리키며 5를 6 앞에 놓아 보라고 한다.
- 도움을 점차 줄여 간다.
- 수행되면 유아 스스로 5를 6 앞에 놓아 보라고 한다.
- 수행되면 교사가 7~10까지 숫자를 배열한 후 5와 6을 순서대로 7 앞에 놓는 시범을 보인다.
- 유아에게 교사를 모방하여 5와 6을 순서대로 7 앞에 놓아 보라고 한다.
- 놓지 못하면 교사가 유아의 손을 잡고 5와 6을 순서대로 7 앞에 놓아 준다.
- 교사가 5와 6을 가리키며 유아에게 5와 6을 순서대로 7 앞에 놓아 보라고 한다.
- 도움을 점차 줄여 간다.
- 수행되면 유아 스스로 5와 6을 순서대로 7 앞에 놓아 보라고 한다.
- 이와 같은 방법으로 10까지 순서대로 배열할 수 있도록 지도한다.
- 수행되면 교사가 6~10의 숫자카드를 섞어 놓은 후 유아에게 순서대로 배열해 보라고 한다.
- 수행되면 교사가 1~10의 숫자카드를 섞어 놓은 후 유아에게 순서대로 배열해 보라고 한다.
- 수행되면 유아의 특성에 맞는 적절한 강화제를 제공한다.

방법 ❹

- 5까지는 앞 단계에서 수행하였으므로 확인 후 시행한다.
- 교사가 각각의 숫자카드를 보여 주면서 읽어 준 후 1~10의 숫자를 순서대로 배열하는 시범을 보인다.
- 교사가 1~9까지의 숫자를 배열한 후 9 뒤에 10을 놓는 시범을 보인다.
- 유아에게 교사를 모방하여 9 뒤에 10을 놓아 보라고 한다.

- 놓지 못하면 교사가 유아의 손을 잡고 9 뒤에 10을 놓아 준다.
- 교사가 10을 가리키며 9 뒤에 10을 놓아 보라고 한다.
- 도움을 점차 줄여 간다.
- 수행되면 유아 스스로 9 뒤에 10을 놓아 보라고 한다.
- 수행되면 교사가 1~8까지 숫자를 배열한 후 8 뒤에 9와 10을 순서대로 놓는 시범을 보인다.
- 유아에게 교사를 모방하여 8 뒤에 9와 10을 순서대로 놓아 보라고 한다.
- 놓지 못하면 교사가 유아의 손을 잡고 8 뒤에 9와 10을 순서대로 놓아 준다.
- 교사가 9와 10를 가리키며 유아에게 8 뒤에 9와 10을 순서대로 놓아 보라고 한다.
- 도움을 점차 줄여 간다.
- 수행되면 유아 스스로 8 뒤에 9와 10을 순서대로 놓아 보라고 한다.
- 이와 같은 방법으로 나머지 숫자도 배열할 수 있도록 지도한다.
- 수행되면 교사가 1~10의 숫자카드를 섞어 놓은 후 유아에게 순서대로 배열해 보라고 한다.
- 수행되면 유아의 특성에 맞는 적절한 강화제를 제공한다.

방법 ⑤

4~5
세

- 5까지는 앞 단계에서 수행하였으므로 확인 후 시행한다.
- 교사가 1~10의 숫자를 연결할 수 있는 그림을 제시하고, 숫자를 따라 순서대로 연결하는 시범을 보인다.
- 교사가 유아에게 앞 단계에서 수행된 1~5의 숫자를 연결해 보라고 한 후 6과 7을 연결하는 시범을 보인다.
- 유아에게 교사를 모방하여 6과 7을 연결해 보라고 한다.
- 연결하지 못하면 교사가 유아의 손을 잡고 연결해 준다.
- 교사가 "6은 어디 있나 여~기 ♬ 7은 어디 있나 여~기 ♬"라고 노래 부르며 손으로 연결하는 숫자를 가리켜 준다.

- 도움을 점차 줄여 간다.
- 유아 스스로 6과 7을 순서대로 연결해 보라고 한다.
- 수행되면 교사가 6~8을 순서대로 연결하는 시범을 보인다.
- 유아에게 교사를 모방하여 6~8을 연결해 보라고 한다.
- 연결하지 못하면 6~7을 연결한 것과 같은 방법으로 지도한다.
- 수행되면 나머지 숫자를 연결하는 것도 같은 방법으로 지도한다.
- 수행되면 유아의 특성에 맞는 적절한 강화제를 제공한다.

☞ 6~8의 숫자카드를 제시한 후 7의 카드를 빼서 다시 제자리에 놓는 방법으로 지도해도 된다.
   7을 중심으로 앞, 뒤의 숫자를 확인할 수 있으므로 유아의 특성에 따라 효과적일 수 있다.

☞ 숫자가 중간중간 비어 있는 그림은 숫자스티커를 활용해서 붙이도록 지도하고 숫자를 쓸 수 있
   는 경우에는 직접 쓰도록 지도하면 된다.

☞ 숫자를 지도할 때 숫자노래(예: 숫자송)를 활용하여 놀이식으로 지도하면 효과적이다.

4~5
세

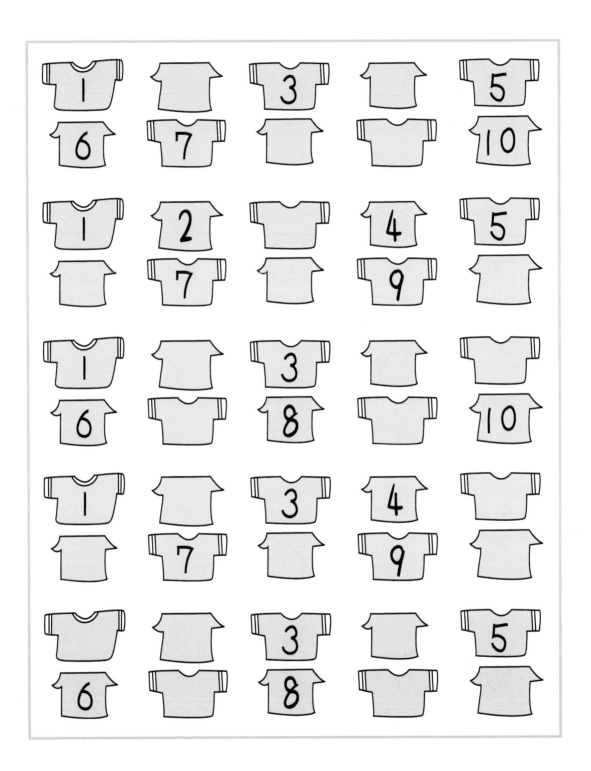

60 1~10 세기

4~5세

목표 | 1~10을 셀 수 있다.

자료 | 1~10이 쓰인 숫자카드, 강화제

방법 ❶

- 1~5 세기는 앞 단계에서 수행하였으므로 확인한 후 시행한다.
- 교사가 유아에게 1~10이 쓰인 숫자카드를 제시한 후 "일~십." 이라고 말하면서 숫자 세는 시범을 보인다.
- 유아에게 교사를 모방하여 "일~십." 이라고 말하면서 숫자를 세어 보라고 한다.
- 수행되면 유아 스스로 "일~십" 이라고 말하면서 숫자를 세어 보라고 한다.
- 수행되면 유아의 특성에 맞는 적절한 강화제를 제공한다.

방법 ❷

- 교사가 유아에게 1~10이 쓰인 숫자카드를 제시한 후 앞 단계에서 수행한 1~5의 숫자를 셀 수 있는지 확인한다.
- 수행되면 교사가 1~6이 쓰인 숫자카드를 제시하고 유아에게 "일~오." 라고 세게 한 후 교사가 6을 보여 주며 "육." 이라고 세는 시범을 보인다.
- 유아에게 "일~오." 를 세게 한 후 교사를 모방하여 6을 보고 "육." 이라고 세어 보게 한다.
- '육' 을 세지 못하면 교사가 유아의 손을 잡고 숫자를 순서대로 세면서 6을 보고 "육." 이라고 세어 준다.
- 교사가 순서대로 "일~오." 라고 말해 준 후 유아에게 다음 숫자를 "육." 이라고 세어 보게 한다.
- 도움을 점차 줄여 간다.
- 수행되면 유아 스스로 "일~육." 을 세어 보라고 한다.

4~5세

- 수행되면 교사가 1~7이 쓰인 숫자카드를 제시하고 "일~칠." 이라고 세는 시범을 보인다.
- 유아에게 교사를 모방하여 1~7이 쓰인 숫자를 보고 순서대로 "일~칠." 이라고 세어 보게 한다.
- 세지 못하면 교사가 "일~육." 을 세어 주고 유아에게 "칠." 을 세어 보라고 한다.
- 수행되면 유아 스스로 "일~칠." 을 세어 보라고 한다.
- 수행되면 교사가 1~8이 쓰인 숫자카드를 제시하고 "일~팔." 이라고 세는 시범을 보인다.
- 나머지 숫자를 세는 것도 같은 방법으로 지도한다.
- 수행되면 유아 스스로 1~10이 쓰인 숫자카드를 가리키며 "일~십." 이라고 세어 보라고 한다.
- 수행되면 유아의 특성에 맞는 적절한 강화제를 제공한다.

61 블록 열 개 세 기 4~5세

목표 | 블록을 열 개 셀 수 있다.

자료 | 이십 개의 블록 또는 숫자를 셀 수 있는 물건, 강화제

방법 ❶

- 블록 다섯 개 세기는 앞 단계에서 수행하였으므로 확인한 후 시행한다.
- 교사가 유아에게 열 개의 블록을 제시한 후 "하나~열." 이라고 말하면서 블록 세는 방법을 시범 보인다.
- 유아에게 교사를 모방하여 "하나~열." 이라고 말하면서 블록을 세어 보라고 한다.
- 수행되면 유아 스스로 "하나~열." 이라고 말하면서 블록을 세어 보라고 한다.
- 수행되면 유아의 특성에 맞는 적절한 강화제를 제공한다.

방법 ❷

- 교사가 유아에게 열 개의 블록을 제시한 후 앞 단계에서 수행한 블록 다섯 개를 셀 수 있는지 확인한다.
- 수행되면 교사가 블록 여섯 개를 가지고 유아에게 "하나~다섯."이라고 세게 한 후 교사가 "여섯."이라고 세는 시범을 보인다.
- 유아에게 교사를 모방하여 "여섯."이라고 말하면서 블록을 세어 보라고 한다.
- '여섯'을 세지 못하면 교사가 유아의 손을 잡고 블록을 순서대로 세면서 "여섯." 이라고 세어 준다.
- 유아가 블록을 셀 때 교사가 "하나~다섯."이라고 말해 준 후 유아에게 다음 블록을 "여섯."이라고 세어 보게 한다.
- 도움을 점차 줄여 간다.
- 수행되면 유아 스스로 "하나~여섯."이라고 말하면서 블록을 세어 보라고 한다.
- 수행되면 교사가 블록 일곱 개를 가지고 "하나~일곱."이라고 말하면서 세는 방법을 시범 보인다.
- 유아에게 교사를 모방하여 블록 일곱 개를 가지고 "하나~일곱."이라고 말하면서 세어 보라고 한다.
- 세지 못하면 교사가 "하나~여섯."을 세어 주고 유아에게 '일곱'을 세어 보라고 한다.
- 나머지 블록을 세는 것도 같은 방법으로 지도한다.
- 수행되면 유아 스스로 블록 열 개를 가지고 "하나~열."이라고 말하면서 세어 보라고 한다.
- 수행되면 유아의 특성에 맞는 적절한 강화제를 제공한다.

4~5
세

62 1~5 쓰기

목표 │ 1~5의 숫자를 쓸 수 있다.

자료 │ 1~5가 쓰인 숫자카드, 종이, 연필 및 색연필, 강화제

방법 ❶

- 교사가 1~5의 숫자카드를 보여 주면서 "일, 이, 삼, 사, 오."라고 읽어 준 후 1~5의 숫자 쓰는 시범을 보인다.
- 유아에게 교사를 모방하여 "일, 이, 삼, 사, 오."라고 말하면서 1~5의 숫자를 써 보라고 한다.
- 수행되면 유아 스스로 "일, 이, 삼, 사, 오."라고 말하면서 1~5의 숫자를 써 보라고 한다.
- 수행되면 유아의 특성에 맞는 적절한 강화제를 제공한다.

방법 ❷

- 교사가 1 숫자카드를 보여 준 후 "숫자 1은 뭘까 맞춰~봐요~ 🎵 ~공장 위의 굴뚝."이라고 노래 부르며 1을 쓰는 시범을 보인다.
- 유아에게 교사를 모방하여 1을 써 보라고 한다.
- 1을 쓰지 못하면 교사가 유아의 손을 잡고 1을 써 준다.
- 교사가 1을 점선으로 써 준 후 유아에게 점선을 따라 1을 써 보라고 한다.
- 점선을 따라 1을 쓰지 못하면 교사가 유아의 손을 잡고 써 준다.
- 유아 스스로 점선을 따라 1을 써 보라고 한다.
- 수행되면 교사가 1이 되도록 위와 아래에 점을 찍어 준 후 유아에게 1을 써 보라고 한다.
- 수행되면 교사가 1이 되도록 위에만 점을 찍어 준 후 유아에게 1을 써 보라고 한다.
- 도움을 점차 줄여 간다.

- 수행되면 유아 스스로 1을 써 보라고 한다.
- 수행되면 교사가 2 숫자카드를 보여 준 후 "숫자 2는 뭘까 맞춰~봐요~ ♫ ~연 못 속의 오리."라고 노래 부르며 2를 쓰는 시범을 보인다.
- 유아에게 교사를 모방하여 2를 써 보라고 한다.
- 2를 쓰지 못하면 교사가 유아의 손을 잡고 2를 써 준다.
- 교사가 2를 점선으로 써 준 후 유아에게 점선을 따라 2를 써 보라고 한다.
- 점선을 따라 2를 쓰지 못하면 교사가 유아의 손을 잡고 써 준다.
- 유아 스스로 점선을 따라 2를 써 보라고 한다.
- 수행되면 수 2의 1/2을 점선으로 그려 준 후 유아에게 점선을 따라 쓰게 하고 나머 지는 스스로 쓰게 한다.
- 수행되면 수 2의 1/3을 점선으로 그려 준 후 유아에게 점선을 따라 쓰게 하고 나머 지는 스스로 쓰게 한다.
- 수행되면 교사가 수 2의 시작점만 찍어 주고 유아에게 2를 써 보라고 한다.
- 수행되면 유아 스스로 2를 써 보라고 한다.
- 수행되면 교사가 1, 2를 써 보라고 할 때 유아 스스로 1, 2를 쓸 수 있는지 확인한다.
- 숫자 1, 2 쓰기를 지도한 것과 같은 방법으로 5까지 쓰기를 지도한다.
- 수행되면 교사가 1~5를 써 보라고 할 때 유아 스스로 1~5를 쓸 수 있는지 확인한다.
- 수행되면 유아의 특성에 맞는 적절한 강화제를 제공한다.

4~5
세

방법 ❸
- 교사가 중간중간 숫자가 비어 있는 1~5가 쓰인 그림을 제시하고, 비어 있는 칸에 숫자를 쓰는 시범을 보인다.
- 교사가 1, 3, 5를 써 놓고 유아에게 중간중간 비어 있는 곳에 2와 4를 써 보라고 한다.
- 쓰지 못하면 교사가 유아의 손을 잡고 "비~어 있는 곳에 ♫ 무~슨 수가 들어갈 까요? ♫ 숫자 집을 찾아 줘요 여~기 ♫"라고 노래 부르며 중간중간 비어 있는 곳 에 2와 4를 써 준다.

- 교사가 1, 3, 5를 써 놓고 2와 4는 점선으로 써 놓은 후 유아에게 점선으로 쓰인 2와 4를 써 보라고 한다.
- 2와 4를 쓰지 못하면 교사가 유아의 손을 잡고 써 준다.
- 도움을 점차 줄여 간다.
- 유아 스스로 비어 있는 곳에 점선을 따라 숫자를 써 보라고 한다.
- 수행되면 2 숫자의 점선을 지운 후 2는 스스로 쓰게 하고 4는 점선을 따라 써 보라고 한다.
- 수행되면 2와 4 숫자의 점선을 지운 후 교사가 2와 4 숫자카드를 보여 주며 스스로 써 보라고 한다.
- 수행되면 유아 스스로 2와 4를 써 보라고 한다.
- 수행되면 교사가 1, 3, 5를 쓰는 시범을 보인다.
- 교사가 2와 4를 써 놓고 유아에게 중간중간 비어 있는 곳에 1, 3, 5를 써 보라고 한다.
- 쓰지 못하면 2와 4 숫자를 쓰도록 한 것과 같은 방법으로 지도한다.
- 수행되면 교사가 다양하게 중간중간 숫자를 비워 놓은 후 유아가 빈 곳에 적절한 숫자를 쓸 수 있는지 확인한다.
- 수행되면 유아의 특성에 맞는 적절한 강화제를 제공한다.

☞ 여기서는 방법론적으로 순서대로 제시했지만 순서대로 숫자를 쓰게 하는 것보다는 유아의 특성에 따라 직선으로 된 1과 4를 쓰게 한 후 5, 2를 쓰게 하고 곡선으로 된 3을 마지막에 쓰게 하는 것도 효율적이다.

☞ 숫자를 칼로 오려 낸 숫자카드를 준비하여 오려진 모양을 따라 숫자를 쓰게 하면 효과적으로 숫자 쓰기를 지도할 수 있다.

☞ 일반적으로 숫자 쓰기를 지도할 때는 사포로 쓰인 숫자카드를 손으로 따라 쓰게 한 후 지도하면 보다 빠르게 숫자 쓰기를 습득할 수 있으므로 참고하기 바란다.

1 1 1 1 1

2 2 2 2

3 3 3 3

4 4 4 4

5 5 5 5

6 6 6 6
7 7 7 7
8 8 8 8
9 9 9 9
10 10 10 10

1~5의 수 개념

목표 | 1~5의 수 개념을 습득할 수 있다.

자료 | 1~5 숫자카드, 블록 열다섯 개, 숫자스티커, 스티커, 수 개념 그림, 연필, 색연필, 강화제

방법 ❶

- 1~3의 수 개념은 앞 단계에서 수행하였으므로 확인한 후 시행한다.
- 교사가 블록 열다섯 개를 가지고 1~5의 숫자카드에 각 수만큼 블록 놓는 시범을 보인다.
- 유아에게 교사를 모방하여 1~5 숫자카드에 각 수만큼 블록을 올려놓아 보라고 한다.
- 수행되면 유아 스스로 1~5 숫자카드에 각 수만큼 블록을 올려놓아 보라고 한다.
- 수행되면 교사가 숫자카드 위치를 바꾸어 유아에게 1~5 숫자카드에 각 수만큼 블록을 놓아 보라고 한다.
- 수행되면 유아의 특성에 맞는 적절한 강화제를 제공한다.

방법 ❷

- 1~3의 수 개념은 앞 단계에서 수행하였으므로 확인한 후 시행한다.
- 교사가 1~5 숫자카드에 각 수만큼 블록을 놓은 후 각 개수를 세어 주면서 유아에게 교사를 따라서 세어 보라고 한다.
- 교사가 4 숫자카드에 블록 네 개를 놓는 방법을 시범 보인다.
- 유아에게 교사를 모방하여 4 숫자카드에 블록 네 개를 놓아 보라고 한다.
- 블록 네 개를 놓지 못하면 교사가 유아의 손을 잡고 4 숫자카드에 블록 네 개를 놓아 준다.
- 교사가 블록 네 개를 가리키며 유아에게 4 숫자카드에 놓아 보라고 한다.
- 수행되면 유아에게 "4 숫자카드에 블록 네 개를 놓으세요."라고 한다.

- 도움을 점차 줄여 간다.
- 수행되면 유아 스스로 4 숫자카드에 블록 네 개를 놓아 보라고 한다.
- 수행되면 교사가 5 숫자카드에 블록 다섯 개를 놓는 시범을 보인다.
- 유아에게 교사를 모방하여 5 숫자카드에 블록 다섯 개를 놓아 보라고 한다.
- 블록 다섯 개를 놓지 못하면 교사가 유아의 손을 잡고 5 숫자카드에 블록 다섯 개를 놓아 준다.
- 교사가 블록 다섯 개를 가리키며 유아에게 5 숫자카드에 놓아 보라고 한다.
- 수행되면 유아에게 "5 숫자카드에 블록 다섯 개를 놓아 보세요."라고 한다.
- 도움을 점차 줄여 간다.
- 수행되면 유아 스스로 5 숫자카드에 블록 다섯 개를 놓아 보라고 한다.
- 수행되면 교사가 숫자카드 4와 5를 제시한 후 유아에게 블록 열 개를 준다.
- 유아에게 4와 5 숫자카드에 각 숫자만큼의 블록을 놓아 보라고 한다.
- 수행되면 4와 5 숫자카드의 위치를 다양하게 바꾸어 유아가 각 숫자만큼 블록을 놓을 수 있는지 확인한다.
- 수행되면 숫자카드 1~5의 위치를 다양하게 바꾸어 유아가 각 숫자만큼의 블록을 놓을 수 있는지 확인한다.
- 수행되면 유아의 특성에 맞는 적절한 강화제를 제공한다.

방법 ❸
- 1~3의 수 개념은 앞 단계에서 수행하였으므로 확인한 후 시행한다.
- 교사가 1~5 숫자카드에 각 수만큼 블록을 놓은 후 각 개수를 세어 주면서 유아에게 교사를 따라서 세어 보라고 한다.
- 교사가 블록 열 개를 가지고 4, 5의 숫자카드에 각 수만큼 블록을 놓으면서 블록 세는 시범을 보인다.
- 교사가 4와 5 숫자카드를 가지고 유아에게는 열 개의 블록을 준다.
- 교사가 4를 보여 주며 유아에게 블록 네 개를 달라고 한다.

- 블록 네 개를 주지 못하면 교사가 "4는 ♫ 랄~랄~랄 ♫ 네 개이고요."라고 노래 부르며 유아의 손을 잡고 블록 네 개를 준다.
- 유아가 가지고 있는 블록 중 교사가 '블록 네 개'를 가리키며 달라고 한다.
- 도움을 점차 줄여 간다.
- 교사가 4를 보여 주며 블록 네 개를 달라고 할 때 유아 스스로 블록 네 개를 주게 한다.
- 수행되면 블록 다섯 개를 주는 것도 같은 방법으로 지도한다.
- 수행되면 교사가 1~5의 숫자카드를 다양하게 바꾸어 보여 주며 각 숫자만큼 블록을 달라고 할 때 유아가 줄 수 있는지 확인한다.
- 수행되면 유아의 특성에 맞는 적절한 강화제를 제공한다.

방법 ④

- 교사가 1~5의 숫자와 개수를 연결할 수 있는 그림을 가지고 어떻게 연결하는지 시범을 보인다.
- 유아에게 교사를 모방하여 1~5의 숫자와 개수를 연결하라고 한다.
- 연결하지 못하면 교사가 1~5의 숫자와 개수를 연결하는 점선을 다섯 개 그려 준 후 유아에게 연결하라고 한다.
- 연결하지 못하면 교사가 유아의 손을 잡고 1~5의 숫자와 개수를 연결해 준다.
- 교사가 각 숫자와 각 개수를 연결하는 점선을 가리키며 유아에게 연결하라고 한다.
- 도움을 점차 줄여 간다.
- 유아 스스로 점선을 따라 1~5의 숫자와 개수를 연결하라고 한다.
- 수행되면 교사가 숫자와 개수를 연결하는 점선을 네 개 그려 준 후 유아에게 연결하라고 한다.
- 연결하지 못하면 점선을 다섯 개 그려 준 후 연결한 것과 같은 방법으로 지도한다.
- 수행되면 숫자와 개수를 연결하는 점선을 세 개 그려 준 후 유아에게 연결하라고 한다.
- 수행되면 숫자와 개수를 연결하는 점선을 두 개 그려 준 후 유아에게 연결하라고

4~5
세

한다.

- 수행되면 숫자와 개수를 연결하는 점선을 한 개 그려 준 후 유아에게 연결하라고 한다.
- 수행되면 점선을 전부 지운 후 유아 스스로 숫자와 개수를 연결하라고 한다.
- 수행되면 1~5의 숫자와 개수의 위치를 다양하게 바꾸어 유아에게 연결하라고 한다.
- 수행되면 유아의 특성에 맞는 적절한 강화제를 제공한다.

방법 ❺

- 교사가, 예를 들어 과일에 1~5의 숫자만큼 동그라미가 그려진 수 개념 그림을 가지고 동그라미를 각각 세어 숫자스티커를 붙이는 시범을 보인다.
- 교사가 유아에게 1~3의 숫자만큼 동그라미가 그려진 그림의 동그라미를 세어 각 숫자스티커를 붙여 보라고 한다.
- 교사가 네 개의 동그라미가 그려진 그림의 동그라미를 세어 숫자스티커 4를 붙이는 시범을 보인다.
- 유아에게 교사를 모방하여 네 개의 동그라미를 센 후 숫자스티커 4를 붙여 보라고 한다.
- 동그라미를 세지 못하면 교사가 유아의 손을 잡고 "한 개~네 개."라고 세어 준다.
- 유아에게 교사를 모방하여 네 개의 동그라미를 세어 보라고 한다.
- 수행되면 유아에게 네 개의 동그라미를 센 후 숫자스티커 4를 붙여 보라고 한다.
- 숫자스티커 4를 붙이지 못하면 교사가 유아의 손을 잡고 네 개의 동그라미를 "한 개~네 개."라고 센 후 숫자스티커 4를 붙여 준다.
- 도움을 점차 줄여 간다.
- 수행되면 유아 스스로 "한 개~네 개."라고 센 후 숫자스티커 4를 붙여 보라고 한다.
- 수행되면 교사가 5개의 동그라미를 "한 개~다섯 개."라고 센 후 숫자스티커 5를 붙이는 시범을 보인다.
- 유아에게 교사를 모방하여 동그라미를 "한 개~다섯 개."라고 센 후 숫자스티커 5

를 붙여 보라고 한다.

- 붙이지 못하면 동그라미를 "한 개~네 개."라고 센 후 숫자스티커 4를 붙인 것과 같은 방법으로 지도한다.
- 수행되면 교사가 동그라미가 4~5개 그려진 그림을 제시한 후 유아에게 동그라미를 세어 동그라미 개수에 맞는 숫자스티커를 붙여 보라고 한다.
- 수행되면 교사가 동그라미가 1~5개 그려진 그림을 제시한 후 유아에게 동그라미를 세어 동그라미 개수에 맞는 숫자스티커를 붙여 보라고 한다.
- 수행되면 교사가 동그라미가 1~5개 그려진 그림의 위치를 다양하게 바꾸어 유아가 동그라미 개수에 맞는 숫자스티커를 붙일 수 있는지 확인한다.
- 수행되면 유아의 특성에 맞는 적절한 강화제를 제공한다.

방법 ❻

- 교사가 1~5의 숫자가 쓰인 그림을 가지고 쓰인 숫자만큼 동그라미를 그리는 시범을 보인다.
- 교사가 유아에게 1~3의 숫자가 쓰인 그림을 제시한 후 숫자만큼 동그라미를 그려 보라고 한다.
- 수행되면 교사가 4의 숫자가 쓰인 그림에 "한 개~네 개."라고 말하면서 네 개의 동그라미를 그리는 시범을 보인다.
- 유아에게 교사를 모방하여 4의 숫자가 쓰인 그림에 "한 개~네 개."라고 세면서 네 개의 동그라미를 그려 보라고 한다.
- 그리지 못하면 교사가 "4는 ♫ 랄~랄~랄 ♫ 네 개이고요."라고 노래 부르며 유아의 손을 잡고 동그라미를 '네 개' 그려 준다.
- 교사가 "4는 ♫ 랄~랄~랄 ♫ 네 개이고요."라고 노래 부르며 유아에게 동그라미를 '네 개' 그려 보라고 한다.
- 도움을 점차 줄여 간다.
- 수행되면 유아 스스로 "한 개~네 개."라고 말하면서 숫자 4에 동그라미를 '네 개'

4~5
세

그려 보라고 한다.

- 수행되면 교사가 숫자 5를 센 후 "한 개~다섯 개."라고 세면서 동그라미를 '다섯 개' 그리는 시범을 보인다.
- 유아에게 교사를 모방하여 숫자 5를 센 후 "한 개~다섯 개."라고 세면서 동그라미를 '다섯 개' 그려 보라고 한다.
- 그리지 못하면 숫자 4에 동그라미를 그리는 것과 같은 방법으로 지도한다.
- 수행되면 교사가 숫자 4와 5가 쓰인 그림을 제시한 후 유아에게 4와 5의 숫자만큼 동그라미를 그려 보라고 한다.
- 수행되면 교사가 숫자 1~5가 쓰인 그림을 제시한 후 유아에게 각각의 숫자만큼 동그라미를 그려 보라고 한다.
- 수행되면 교사가 숫자 1~5가 쓰인 그림의 위치를 다양하게 바꾸어 유아가 각 숫자만큼 동그라미를 그릴 수 있는지 확인한다.
- 수행되면 유아의 특성에 맞는 적절한 강화제를 제공한다.

☞ 방법 ❺ 지도 시 숫자를 쓸 수 있는 경우에는 숫자스티커 대신 숫자를 직접 쓰게 하면 된다.

☞ 방법 ❻ 지도 시 동그라미를 그리지 않고 숫자만큼 스티커를 붙이게 해도 된다.

☞ 숫자를 지도할 때 각 방법마다 숫자노래(예: 숫자송)를 활용하여 놀이식으로 지도하면 효과적이다.

☞ 반드시 숫자보다 많은 블록을 제시하도록 한다. 숫자와 같은 블록을 제시할 경우 수행 여부를 확인하기가 어렵기 때문에 주의하도록 한다.

☞ 숫자와 그림이 고정되어 있으면 유아가 자리를 외워서 수행할 수 있으므로 199~200페이지 그림 왼쪽에는 교사가 숫자를 자유롭게 기입할 수 있도록 의도적으로 비워 두었다.

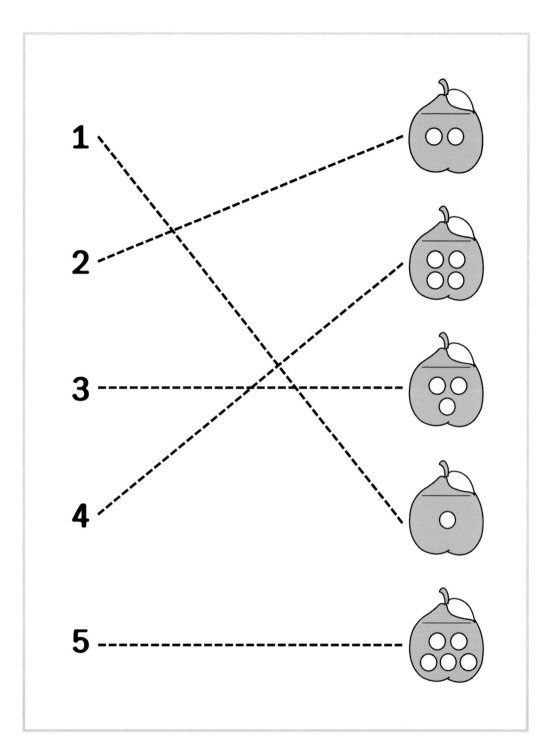

1

2

3

4

5

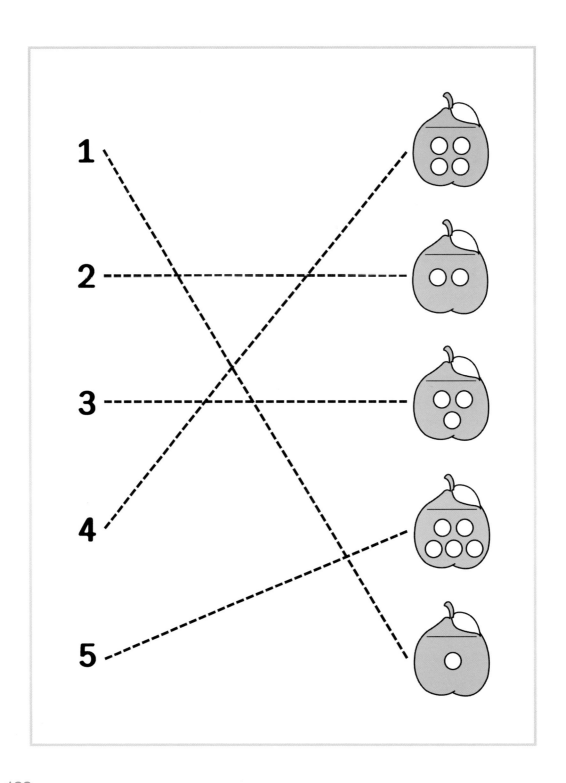

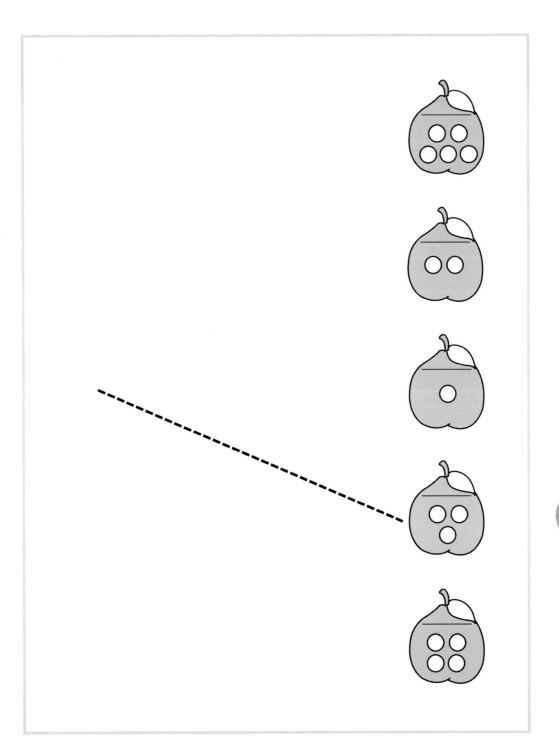

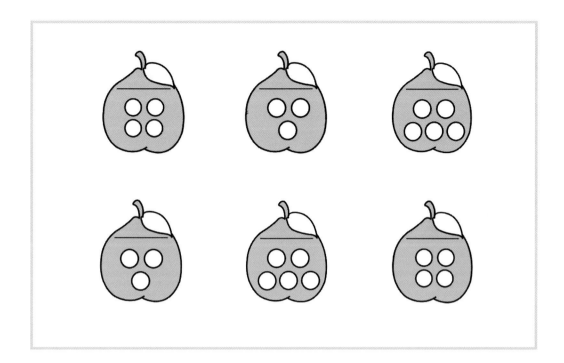

4~5
세

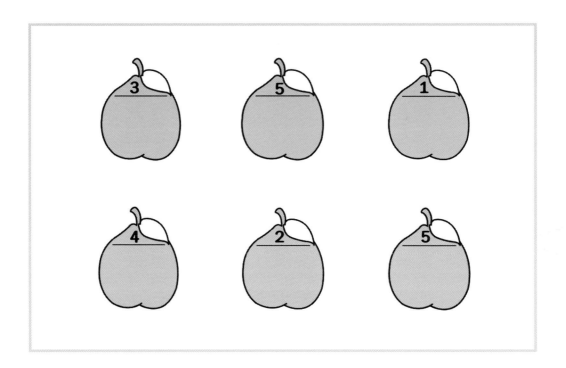

가게에서 파는 물건 분류하기 4~5세

목표 | 가게에서 파는 물건을 분류할 수 있다.

자료 | 가게에서 파는 물건과 가게 그림, 가게 그림이 붙어 있는 상자 또는 바구니, 풀, 가위, 강화제

방법 ❶

- 교사가 각 가게에서 파는 물건을 설명한 후 가게에서 파는 물건을 분류하는 시범을 보인다.
- 교사가, 예를 들어 다섯 개의 상자에 문방구류, 장난감, 가방, 신발, 과자류를 분류하는 시범을 보인다.
- 유아에게 교사를 모방하여 다섯 개의 상자에 문방구류, 장난감, 가방, 신발, 과자류를 분류해 보라고 한다.
- 수행되면 유아 스스로 다섯 개의 상자에 문방구류, 장난감, 가방, 신발, 과자류를 분류해 보라고 한다.
- 수행되면 다른 가게의 물건도 분류할 수 있는지 확인한다.
- 수행되면 유아의 특성에 맞는 적절한 강화제를 제공한다.

방법 ❷

- 교사가 각 가게와 가게에서 파는 물건을 설명한 후 가게에서 파는 물건의 그림이 붙어 있는 상자에 각각의 물건을 넣어 분류하는 시범을 보인다.
- 유아에게 교사를 모방하여 각 가게와 가게에서 파는 물건들을 분류해 보라고 한다.
- 분류하지 못하면 교사가, 예를 들어 슈퍼마켓과 문방구 가게 그림이 붙어 있는 상자를 제시한 후 우유와 휴지, 과자류, 크레파스, 가위, 풀, 색종이 가방, 신발 등 다양한 물건을 놓고 슈퍼마켓에서 파는 물건을 분류하는 시범을 보인다.
- 유아에게 교사를 모방하여 슈퍼마켓에서 파는 물건을 분류해 보라고 한다.

- 분류하지 못하면 교사가 유아의 손을 잡고 슈퍼마켓 그림이 붙어 있는 상자에 우유와 휴지, 과자류를 넣어 준다.
- 교사가 우유와 휴지, 과자류를 가리키며 유아에게 슈퍼마켓 그림이 붙어 있는 상자에 넣어 보라고 한다.
- 도움을 점차 줄여 간다.
- 수행되면 유아 스스로 우유와 휴지, 과자류를 슈퍼마켓 그림이 붙어 있는 상자에 넣어 보라고 한다.
- 수행되면 교사가 슈퍼마켓, 문방구, 완구점 그림이 붙어 있는 상자를 제시한 후 우유와 휴지, 과자류, 크레파스, 가위, 풀, 색종이 가방, 신발 등 다양한 물건을 놓고 문방구에서 파는 물건을 분류하는 시범을 보인다.
- 유아에게 교사를 모방하여 문방구에서 파는 물건을 분류해 보라고 한다.
- 분류하지 못하면 슈퍼마켓을 지도한 것과 같은 방법으로 지도한다.
- 수행되면 교사가 슈퍼마켓, 문방구, 완구점 그림이 붙어 있는 상자를 제시한 후 유아가 슈퍼마켓과 문방구에서 파는 물건을 분류할 수 있는지 확인한다.
- 수행되면 교사가 슈퍼마켓, 문방구, 완구점, 가방 가게 그림이 붙어 있는 상자를 제시한 후 우유와 휴지, 과자류, 크레파스, 가위, 풀, 색종이, 여러 가지 장난감류 가방 등 다양한 물건을 놓고 슈퍼마켓, 문방구, 완구점에서 파는 물건들을 분류하는 시범을 보인다.
- 유아에게 교사를 모방하여 슈퍼마켓, 문방구, 완구점에서 파는 물건들을 분류해 보라고 한다.
- 수행되면 다른 가게에서 파는 물건을 분류하는 것도 같은 방법으로 지도한다.
- 수행되면 교사가 각 가게에서 파는 물건들을 섞어 놓고 유아에게 각 물건들을 상자에 분류해 보라고 한다.
- 수행되면 유아의 특성에 맞는 적절한 강화제를 제공한다.

4~5
세

방법 ❸

- 교사가 각 가게와 가게에서 파는 물건을 설명한 후 우유와 휴지, 과자류, 크레파스, 가위, 풀, 색종이 등을 섞어 놓고 두 개의 바구니에 슈퍼마켓과 문구점에서 파는 물건을 분류하는 시범을 보인다.
- 교사가 유아에게 두 개의 바구니에 슈퍼마켓과 문구점에서 파는 물건을 분류해 보라고 한다.
- 분류하지 못하면 교사가 유아의 손을 잡고 각각의 바구니에 우유와 휴지, 과자류, 크레파스, 가위, 풀, 색종이 등을 분류하여 넣어 준다.
- 교사가 각 바구니에 과자와 크레파스를 각각 하나씩 넣어 놓은 후 유아에게 분류해 보라고 한다.
- 교사가 각각의 바구니에 들어갈 물건들을 가리키며 유아에게 넣어 보라고 한다.
- 도움을 점차 줄여 간다.
- 수행되면 유아 스스로 슈퍼마켓과 문구점에서 파는 물건들을 분류하여 넣어 보라고 한다.
- 수행되면 교사가 우유와 휴지, 과자류, 장난감류 등을 섞어 놓고 두 개의 바구니에 슈퍼마켓과 완구점에서 파는 물건을 분류하는 시범을 보인다.
- 교사가 유아에게 두 개의 바구니에 슈퍼마켓과 완구점에서 파는 물건을 분류해 보라고 한다.
- 분류하지 못하면 슈퍼마켓을 지도한 것과 같은 방법으로 지도한다.
- 수행되면 교사가 빈 바구니 세 개를 제시한 후 유아에게 슈퍼마켓, 문구점, 완구점에서 판매하는 물건들을 분류하여 넣어 보라고 한다.
- 수행되면 다른 가게에서 파는 물건을 분류하는 것도 같은 방법으로 지도한다.
- 수행되면 교사가 각 가게에서 파는 물건들을 섞어 놓고 유아가 각 물건들을 바구니에 분류할 수 있는지 확인한다.
- 수행되면 유아의 특성에 맞는 적절한 강화제를 제공한다.

- 교사가 각 가게와 가게에서 파는 물건의 그림을 제시한 후 선으로 연결하는 시범을 보인다.
- 교사가 유아에게 각 가게와 가게에서 파는 물건을 연결해 보라고 한다.
- 연결하지 못하면 교사가 유아의 손을 잡고 연결해 준다.
- 교사가 각 가게와 가게에서 파는 물건을 점선으로 그려 준 후 유아에게 연결하게 한다.
- 수행되면 네 개의 그림에만 점선을 그려 주고 유아에게 점선을 따라 연결하게 한 후 한 개는 스스로 연결하게 한다.
- 수행되면 세 개의 그림에만 점선을 그려 주고 유아에게 점선을 따라 연결하게 한 후 두 개는 스스로 연결하게 한다.
- 수행되면 두 개의 그림에만 점선을 그려 주고 유아에게 점선을 따라 연결하게 한 후 세 개는 스스로 연결하게 한다.
- 수행되면 한 개의 그림에만 점선을 그려 주고 유아에게 점선을 따라 연결하게 한 후 네 개는 스스로 연결하게 한다.
- 수행되면 점선을 모두 지운 후 각 가게와 가게에서 파는 물건을 유아 스스로 연결하게 한다.
- 수행되면 유아의 특성에 맞는 적절한 강화제를 제공한다.

4~5
세

☞ 가게 그림이 붙어 있는 상자나 바구니는 각 가게 그림을 오려 상자나 바구니에 붙여 놓고 사용하면 된다.

☞ 교구로 제작하여 사용하면 편리하다. 하드보드지에 보슬이를 씌운 후 각 가게 그림 뒤와 가게에서 파는 물건의 그림 뒤에 까슬이를 붙여 붙였다 뗐다 할 수 있도록 제작하면 된다. 제작 후에는 하드보드지의 왼쪽에 각 가게 그림을 붙여 놓은 후 오른쪽에 각각 가게에서 판매하는 물건들을 붙이도록 지도한다. 수행되면 다양하게 위치를 바꾸어 확인해야 한다.

65 다섯 가지 색 변별하기 4~5세

목표 | 다섯 가지 색을 변별할 수 있다.

자료 | 빨간색 · 노란색 · 파란색 · 검은색 · 흰색 크레파스, 빨간색 · 노란색 · 파란색 · 검은색 · 흰색 카드, 빨간색 · 노란색 · 파란색 · 검은색 · 흰색 블록이나 장난감, 강화제

방법 ❶

- 세 가지 색 변별하기는 앞 단계에서 수행하였으므로 확인한 후 시행한다.
- 교사가 빨간색, 노란색, 파란색, 검은색, 흰색 크레파스나 색 카드를 보여 준 후 각각의 색 이름을 말하며 가리키는 시범을 보인다.
- 유아에게 교사를 모방하여 각각의 색을 가리켜 보라고 한다.
- 수행되면 교사가 각 색깔의 이름을 말해 줄 때 유아 스스로 가리켜 보라고 한다.
- 수행되면 교사가 빨간색, 노란색, 파란색, 검은색, 흰색 크레파스나 색 카드의 위치를 바꾸어 유아에게 가리켜 보라고 한다.
- 수행되면 유아의 특성에 맞는 적절한 강화제를 제공한다.

방법 ❷

- 세 가지 색 변별하기는 앞 단계에서 수행하였으므로 확인한 후 시행한다.
- 교사가 검은색과 흰색 크레파스를 유아 앞에 놓고 각각의 색 이름을 말해 준 후 "검은색은 ♬ 어디 있나 ♬ 여~기."라고 노래 부르며 검은색 가리키는 시범을 보인다.
- 교사가 "검은색."이라고 반복하여 말한 후 유아에게 "검은색 가리켜 보세요."라고 말한다.
- 가리키지 못하면 교사가 유아의 손을 잡고 검은색을 가리켜 준다.
- 교사가 검은색을 가리키며 유아에게 검은색을 가리켜 보라고 한다.

- 도움을 점차 줄여 간다.
- 수행되면 교사가 검은색을 가리켜 보라고 할 때 유아 스스로 검은색을 가리킬 수 있는지 확인한다.
- 수행되면 검은색과 흰색의 위치를 바꾸어 놓고 유아가 검은색을 가리킬 수 있는지 확인한다.
- 수행되면 교사가 "흰색."이라고 반복하여 말한 후 "흰색은 ♬ 어디 있나 ♬ 여~기."라고 노래 부르며 흰색 가리키는 시범을 보인다.
- 교사가 유아에게 "흰색 가리켜 보세요."라고 말한다.
- 가리키지 못하면 검은색과 같은 방법으로 지도한다.
- 수행되면 교사가 검은색과 흰색을 유아 앞에 놓고 검은색과 흰색을 가리킬 수 있는지 확인한다.
- 수행되면 교사가 빨간색, 노란색, 파란색, 검은색, 흰색의 위치를 다양하게 바꾸어 놓고 유아가 가리킬 수 있는지 확인한다.
- 수행되면 유아의 특성에 맞는 적절한 강화제를 제공한다.

방법 ❸

- 교사가 검은색 크레파스를 유아 앞에 놓고 "검은색은 ♬ 어디 있나 ♬ 여~기."라고 노래 부르며 검은색을 주는 시범을 보인다.
- 유아에게 '검은색'을 달라고 한다.
- 주지 못하면 교사가 유아의 손을 잡고 '검은색'을 준다.
- 교사가 검은색을 가리키며 유아에게 "검은색 주세요."라고 말한다.
- 도움을 점차 줄여 간다.
- 수행되면 교사가 검은색을 달라고 할 때 유아 스스로 검은색을 주게 한다.
- 수행되면 교사가 빨간색과 검은색을 섞어 놓고 유아가 검은색을 줄 수 있는지 확인한다.
- 수행되면 흰색도 같은 방법으로 지도한다.

4~5
세

- 수행되면 교사가 빨간색, 노란색, 파란색, 검은색, 흰색을 섞어 놓고 유아가 각각의 색을 줄 수 있는지 확인한다.
- 수행되면 유아의 특성에 맞는 적절한 강화제를 제공한다.

☞ 색 지도 시 연상을 할 수 있도록 도와주면 효율적으로 지도할 수 있다(예: '머리카락과 같은 검은 색' '하얀 눈과 같은 흰색'). 그리고 유아에게 다섯 가지 색상의 스티커를 주고 교사가 말하는 색을 붙여 보는 놀이를 하면 재미있어 한다.

66 도형 모양 맞추기 4~5세

목표 | 잘린 도형을 완전한 모양으로 맞출 수 있다.
자료 | 완전한 형태의 도형과 잘린 도형, 강화제
방법 ❶
- 교사가 완전한 형태의 도형과 잘린 도형 모양들을 제시한 후 잘린 모양을 찾아 도형을 맞추는 시범을 보인다.
- 유아에게 교사를 모방하여 잘린 모양을 찾아 도형을 맞추어 보라고 한다.
- 수행되면 유아 스스로 잘린 모양을 찾아 도형을 맞추어 보라고 한다.
- 수행되면 유아의 특성에 맞는 적절한 강화제를 제공한다.

방법 ❷
- 교사가 도형의 그림과 잘린 모양들을 제시한 후 잘린 모양을 찾아 도형을 맞추는 시범을 보인다.
- 유아에게 잘린 모양을 찾아 도형을 맞추어 보라고 한다.
- 맞추지 못하면 교사가, 예를 들어 동그라미 도형의 잘린 모양(반원형 2개)을 찾아 동그라미 도형을 맞추는 시범을 보인다.

- 유아에게 교사를 모방하여 동그라미 도형의 잘린 모양을 찾아 동그라미 도형을 맞추어 보라고 한다.
- 맞추지 못하면 교사가 유아의 손을 잡고 동그라미 도형을 맞추어 준다.
- 교사가 동그라미 윤곽선을 그려 놓고 동그라미의 반쪽을 맞추어 놓은 후 유아에게 동그라미 반쪽을 찾아 맞추어 보라고 한다.
- 교사가 동그라미 도형의 반쪽을 가리키며 유아에게 맞추어 보라고 한다.
- 도움을 점차 줄여 간다.
- 수행되면 유아 스스로 동그라미 도형의 잘린 모양(반원형 2개)을 찾아 동그라미를 맞추어 보라고 한다.
- 수행되면 교사가 네모 도형의 잘린 모양을 찾아 네모 도형을 맞추는 시범을 보인다.
- 유아에게 교사를 모방하여 네모 도형의 잘린 모양을 찾아 네모 도형을 맞추어 보라고 한다.
- 맞추지 못하면 동그라미 도형과 같은 방법으로 지도한다.
- 수행되면 교사가 동그라미 도형과 네모 도형을 섞어 놓고 유아에게 각각의 도형을 맞추어 보라고 한다.
- 수행되면 다양한 도형들을 맞추어 보게 한다.
- 수행되면 유아의 특성에 맞는 적절한 강화제를 제공한다.

방법 ❸

- 네 개의 도형 그림과 도형의 잘린 모양들이 그려져 있는 그림을 유아에게 제시한다.
- 교사가 도형과 도형의 잘린 모양을 찾아 연결하는 시범을 보인다.
- 유아에게 도형과 도형의 잘린 모양(반원형 2개)을 찾아 연결해 보라고 한다.
- 연결하지 못하면 교사가 네 개의 도형 그림과 도형의 잘린 모양을 점선으로 그려 준 후 유아에게 연결해 보라고 한다.
- 연결하지 못하면 교사가 유아의 손을 잡고 동그라미 도형과 잘린 모양을 점선을 따라 연결해 준다.

- 교사가 동그라미 도형의 잘린 모양을 가리켜 주며 유아에게 연결하라고 한다.
- 도움을 점차 줄여 간다.
- 수행되면 유아 스스로 동그라미 도형과 잘린 모양을 연결하라고 한다.
- 수행되면 도형과 잘린 모양을 연결하는 점선을 세 개 그려 주고 유아가 점선을 따라 연결한 후 한 개는 스스로 연결하게 한다.
- 수행되면 도형과 잘린 모양을 연결하는 점선을 두 개 그려 주고 유아가 점선을 따라 연결한 후 두 개는 스스로 연결하게 한다.
- 수행되면 도형과 잘린 모양을 점선을 한 개 그려 주고 유아가 점선을 따라 연결한 후 세 개는 스스로 연결하게 한다.
- 수행되면 점선을 모두 지운 후 유아 스스로 연결하라고 한다.
- 수행되면 도형과 도형의 잘린 모양의 순서를 다양하게 바꾸어 확인해 본다.
- 수행되면 유아의 특성에 맞는 적절한 강화제를 제공한다.

☞ 그림의 도형들을 오려서 모양을 맞추게 하거나 하드보드지에 보슬이를 붙이고 각 도형과 도형의 잘린 모양 뒤에 까슬이를 붙여 교구로 제작하여 사용하면 편리하다.

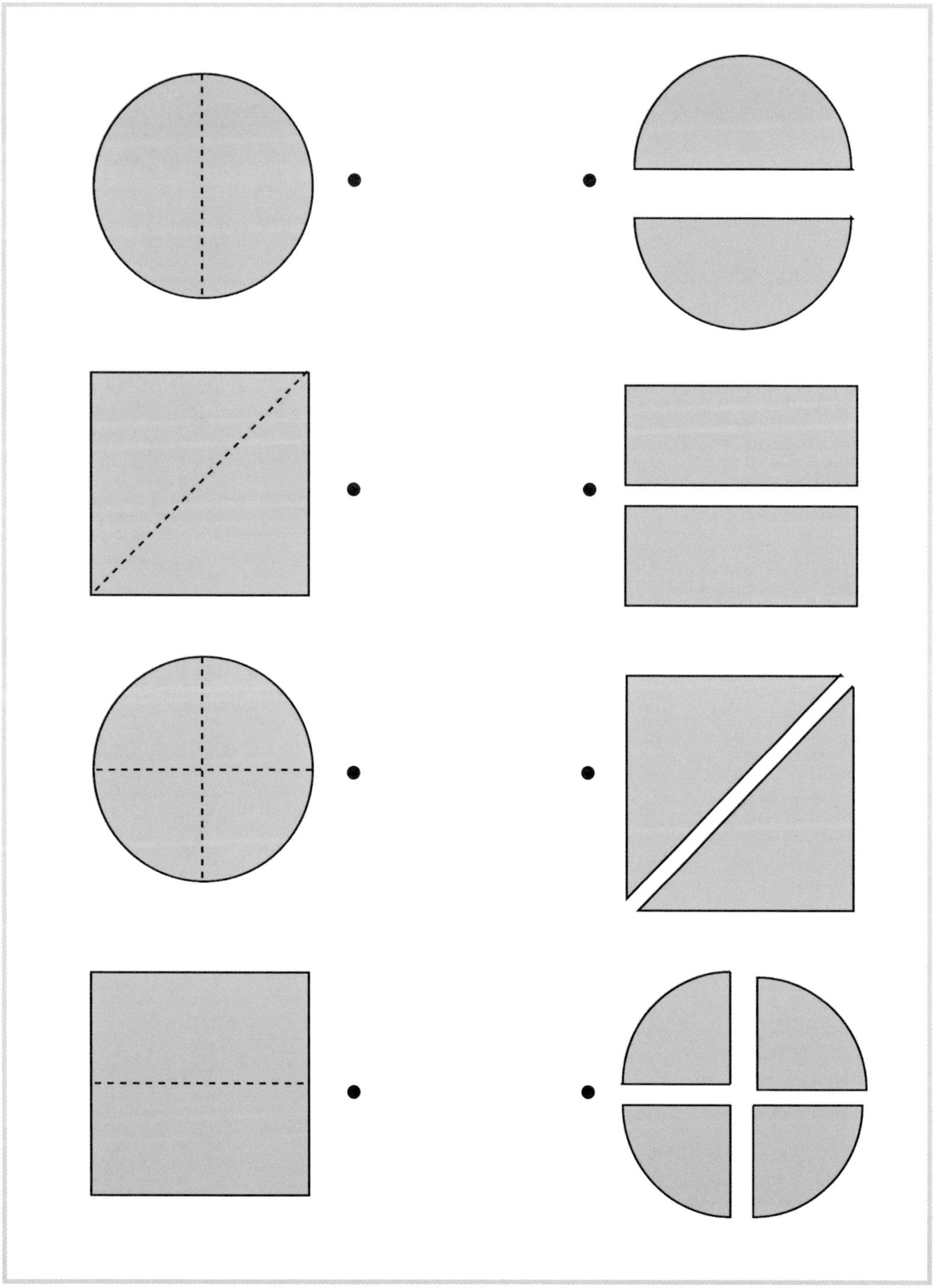

4~5
세

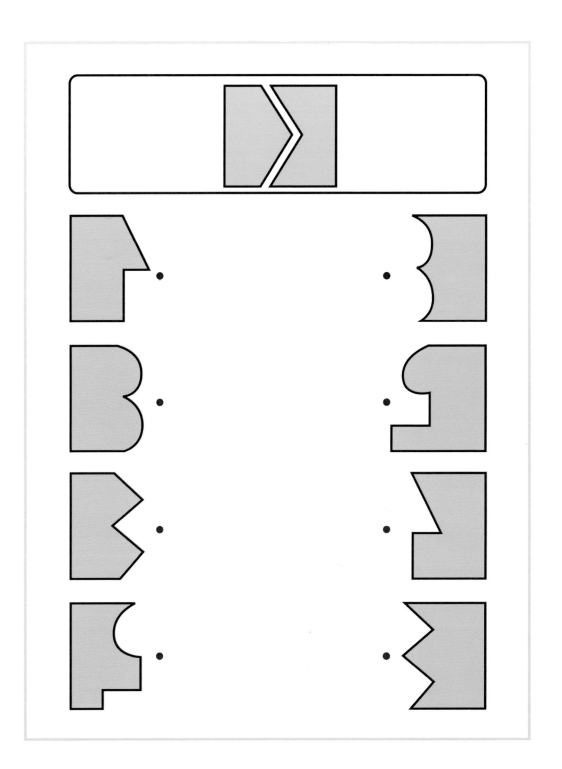

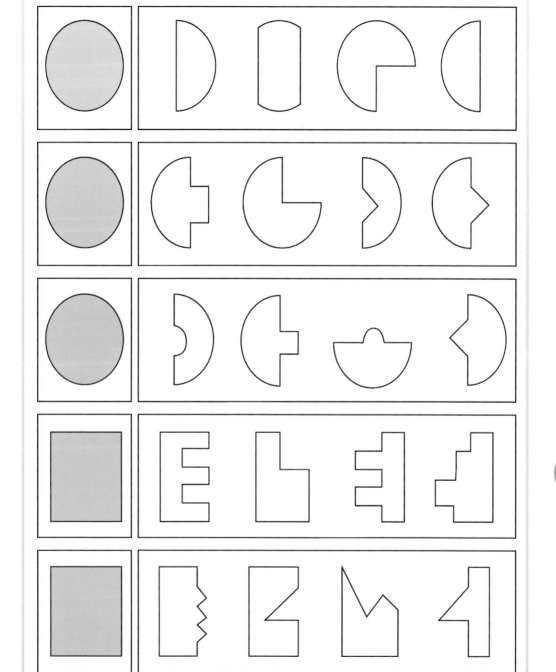

67 네 개의 물건이나 그림 기억하여 말하기 `4~5세`

목표 | 네 개의 물건이나 그림을 기억하여 말할 수 있다.

자료 | 친숙한 물건의 실물, 또는 모형 및 그림, 그림책, 강화제

방법 ❶

- 교사가, 예를 들어 '휴지, 컵, 신발, 가방' 그림을 보여 준 후 덮고 교사와 유아가 본 '휴지, 컵, 신발, 가방'을 말하는 시범을 보인다.
- 유아에게 '휴지, 컵, 신발, 가방' 그림을 보여 준 후 덮고 무엇을 보았는지 말해 보라고 한다.
- 수행되면 교사가 다른 물건이나 그림들도 보여 준 후 기억하여 말해 보라고 한다.
- 수행되면 유아의 특성에 맞는 적절한 강화제를 제공한다.

방법 ❷

- 교사가, 예를 들어 '강아지, 고양이, 바나나, 사과' 그림을 보여 준 후 덮고 교사와 유아가 본 '강아지, 고양이, 바나나, 사과'를 말하는 시범을 보인다.
- 유아에게 무엇을 보았는지 교사를 모방하여 말해 보라고 한다.
- 대답하지 못하면 교사가 '강아지, 고양이' 그림을 보여 준 후 덮고 교사와 유아가 본 '강아지, 고양이'를 말하는 시범을 보인다.
- 유아에게 무엇을 보았는지 교사를 모방하여 말해 보라고 한다.
- 말하지 못하면 교사가, 예를 들어 "멍멍 짖는 것은 뭘까요?" "야옹, 야옹 소리 내는 것은 뭘까요?" 등으로 물어본다.
- 대답하지 못하면 각 동물의 첫 글자를 말해 준다.
- 도움을 점차 줄여 간다.
- 수행되면 유아가 본 '강아지, 고양이'의 이름을 스스로 말해 보라고 한다.
- 수행되면 교사가 '강아지, 고양이, 바나나' 그림을 보여 준 후 덮고 교사와 유아가

본 '강아지, 고양이, 바나나'를 말하는 시범을 보인다.

- 유아에게 무엇을 보았는지 교사를 모방하여 말해 보라고 한다.
- 대답하지 못하면 교사가, 예를 들어 "노란색인데 길쭉길쭉하고 달콤해요. 뭘까요?"라고 물어본다.
- 대답하지 못하면 '바나나'의 첫 글자를 말해 준다.
- 수행되면 유아가 본 '강아지, 고양이, 바나나'의 이름을 스스로 말해 보라고 한다.
- 수행되면 교사가 '강아지, 고양이, 바나나, 사과' 그림을 보여 준 후 덮고 교사와 유아가 본 '강아지, 고양이, 바나나, 사과'를 말하는 시범을 보인다.
- 유아에게 무엇을 보았는지 교사를 모방하여 말해 보라고 한다.
- 대답하지 못하면 같은 방법으로 지도한다.
- 수행되면 유아가 본 '강아지, 고양이, 바나나, 사과'의 이름을 스스로 말해 보라고 한다.
- 수행되면 교사가 다른 물건이나 그림들도 보여 준 후 같은 방법으로 지도하고 유아가 본 것을 말해 보라고 한다.
- 수행되면 유아의 특성에 맞는 적절한 강화제를 제공한다.

☞ 언어 표현이 미숙한 유아의 경우 교사와 같은 그림을 유아에게 주고 기억하는 것을 그림으로 가리키게 하는 방법으로 지도하면 된다.

4~5
세

68 물건을 정리해야 할 곳 구분하기

목표 | 물건을 정리해야 할 곳을 구분할 수 있다.

자료 | 신발장, 장난감 정리함, 책장, 옷장 그림, 각 물건의 모형이나 그림, 강화제

방법 ❶

- 교사가 신발장, 장난감 정리함, 책장, 옷장 그림과 그곳에 있어야 할 각 물건의 그림을 유아에게 제시한 후 각 물건을 어디에 정리해야 하는지 설명한다.
- 교사가 각각의 물건을 정리해야 할 곳을 가리키는 시범을 보인다.
- 유아에게 교사를 모방하여 각각의 물건을 정리해야 할 곳을 가리켜 보라고 한다.
- 수행되면 유아 스스로 각각의 물건을 정리해야 할 곳을 가리켜 보라고 한다.
- 수행되면 교사가 정리해야 할 곳의 위치를 다양하게 바꾸어 제시한 후 유아가 각 물건을 정리할 곳을 가리킬 수 있는지 확인한다.
- 수행되면 유아의 특성에 맞는 적절한 강화제를 제공한다.

방법 ❷

- 교사가 신발장, 책장, 장난감 정리함, 옷장 그림과 그곳에 있어야 할 각 물건의 그림을 유아에게 제시한 후 각 물건을 어디에 정리해야 하는지 설명한다.
- 교사가, 예를 들어 신발장과 장난감 정리함 그림을 제시한 후 신발장에 신발을 들고 있는 그림을 놓는 시범을 보인다.

- 교사가 신발장과 장난감 정리함 그림을 제시한 후 유아에게 신발을 들고 있는 그림을 주면서 정리해야 할 곳에 놓아 보라고 한다.
- 정리해야 할 곳에 놓지 못하면 교사가 유아의 손을 잡고 신발 그림을 신발장에 놓아 준다.
- 교사가 신발 그림을 손으로 가리키며 유아에게 신발장에 놓아 보라고 말한다.
- 도움의 양을 점차 줄여 간다.
- 수행되면 유아 스스로 신발장에 신발 그림을 놓아 보라고 한다.
- 수행되면 교사가 장난감 정리함에 장난감 그림을 놓는 시범을 보인다.
- 교사가 신발장과 장난감 정리함 그림을 제시한 후 유아에게 장난감 그림을 정리해야 할 곳에 놓아 보라고 한다.
- 놓지 못하면 신발 그림과 같은 방법으로 지도한다.
- 수행되면 교사가 신발장, 장난감 정리함, 책장 그림을 제시한 후 유아에게 신발과 장난감을 각각 정리해야 할 곳에 놓아 보라고 한다.
- 수행되면 교사가 책장에 책 그림을 놓는 시범을 보인다.
- 교사가 신발장, 장난감 정리함, 책장 그림을 제시한 후 유아에게 책 그림을 정리해야 할 곳에 놓아 보라고 한다.
- 놓지 못하면 장난감 그림과 같은 방법으로 지도한다.
- 수행되면 교사가 신발장, 장난감 정리함, 책장 그림을 제시한 후 유아에게 신발, 장난감, 책을 각각 정리해야 할 곳에 놓아 보라고 한다.
- 수행되면 교사가 옷장에 옷 그림을 놓는 시범을 보인다.
- 교사가 신발장, 장난감 정리함, 책장, 옷장 그림을 제시한 후 유아에게 옷 그림을 정리해야 할 곳에 놓아 보라고 한다.
- 놓지 못하면 책 그림과 같은 방법으로 지도한다.
- 수행되면 교사가 신발장, 장난감 정리함, 책장, 옷장 그림을 제시한 후 유아에게 신발, 장난감, 책, 옷을 각각 정리해야 할 곳에 놓아 보라고 한다.
- 수행되면 교사가 신발장, 장난감 정리함, 책장, 옷장 그림을 다양하게 위치를 바꾸

5~6
세

어 제시한 후 유아가 각각 정리해야 할 곳에 놓을 수 있는지 확인한다.
- 수행되면 유아의 특성에 맞는 적절한 강화제를 제공한다.

방법 ❸

- 교사가 유아 네 명이 각각 신발, 장난감, 책, 옷을 들고 있는 그림과 신발장, 장난 감 정리함, 책장, 옷장이 있는 그림을 제시한 후 선으로 연결하는 시범을 보인다.
- 유아에게 신발, 장난감, 책, 옷 그림과 신발장, 장난감 정리함, 책장, 옷장을 각각 연결하라고 한다.
- 연결하지 못하면 교사가 신발, 장난감, 책, 옷 그림과 각각의 물건을 정리해야 할 곳을 점선으로 그려 준 후 연결하는 시범을 보인다.
- 교사가 유아에게 신발, 장난감, 책, 옷 그림과 각각의 물건을 정리해야 할 곳을 연 결해 보라고 한다.
- 연결하지 못하면 교사가 유아의 손을 잡고 신발, 장난감, 책, 옷 그림과 각각의 물 건을 정리해야 할 곳을 연결해 준다.
- 도움을 점차 줄여 간다.
- 유아 스스로 점선을 따라 연결해 보라고 한다.
- 수행되면 교사가 각 물건과 각 물건이 놓여야 할 곳을 연결하는 점선을 세 개 그려 준 후 유아에게 점선을 따라 연결하게 하고 한 개는 스스로 연결해 보라고 한다.
- 수행되면 교사가 각 물건과 각 물건이 놓여야 할 곳을 연결하는 점선을 두 개 그려 준 후 유아에게 점선을 따라 연결하게 하고 두 개는 스스로 연결해 보라고 한다.
- 수행되면 교사가 각 물건과 각 물건이 놓여야 할 곳을 연결하는 점선을 한 개 그려 준 후 유아에게 점선을 따라 연결하게 하고 세 개는 스스로 연결해 보라고 한다.
- 수행되면 점선을 모두 지운 후 유아 스스로 연결해 보라고 한다.
- 수행되면 교사가 각 물건과 각 물건이 놓여야 할 곳의 위치를 다양하게 바꾸어 유 아가 연결할 수 있는지 확인한다.
- 수행되면 유아의 특성에 맞는 적절한 강화제를 제공한다.

☞ 실제 정리해야 할 곳에 실물을 직접 넣어 보도록 지도하는 것이 가장 효과적이다. 그러므로 가능하면 실제 상황에서 지도하도록 한다.

☞ 유아의 특성에 따라 교사가, 예를 들어 장난감, 책, 옷과 각 물건이 들어가야 할 곳을 미리 짝지어 놓고 신발장 그림을 제시한 후 유아에게 신발을 정리해야 할 곳을 찾아보게 하는 방법으로 지도해도 효과적이다.

☞ 방법 ❷의 경우 교구로 제작하여 사용하면 효율적이다. 하드보드지에 보슬이를 붙인 후 각 그림 뒤에 까슬이를 붙여 사용하면 쉽게 붙였다 뗐다 할 수 있으므로 다양한 방법으로 위치나 순서를 바꾸어 지도하기에 용이하다. 제작 후에는 하드보드지의 왼쪽에 정리할 곳의 그림을 붙여 놓은 후 오른쪽에 각각 정리해야 할 물건들을 붙이도록 지도한다. 수행되면 다양하게 위치를 바꾸어 확인해야 한다.

5~6
세

69 그림을 기호로 표시하기

목표 | 그림을 기호로 표시할 수 있다.

자료 | 기호로 표시할 수 있는 그림, 다양한 기호 그림, 다양한 모양의 스티커, 풀, 가위, 강화제

방법 ❶

- 각 그림 밑에 기호로 표시할 수 있도록 네모 칸이 있는 그림을 제시한다.
- 교사가 딸기에는 ○, 바나나에는 ×, 포도에는 ―을 표시하는 방법을 시범 보인다.
- 유아에게 교사를 모방하여 딸기, 바나나, 포도 그림 밑에 각각 ○, ×, ―을 표시해 보라고 한다.
- 수행되면 유아 스스로 각 그림 밑에 각각 ○, ×, ―을 표시해 보라고 한다.
- 수행되면 교사가 다른 그림들도 기호로 표시하는 것을 시범을 보인 후 확인한다.
- 수행되면 유아의 특성에 맞는 적절한 강화제를 제공한다.

방법 ❷

- 기호로 표시할 수 있도록 각 그림 밑에 네모 칸이 있는 그림을 제시하여 교사가 딸기에는 ○, 바나나에는 ×, 포도에는 ―을 표시하는 방법을 시범 보인다.
- 유아에게 교사를 모방하여 딸기, 바나나, 포도 그림 밑에 각각 ○, ×, ―을 표시해 보라고 한다.
- 표시하지 못하면 교사가 딸기에는 ○, 바나나에는 ×를 미리 표시해 놓고 포도 그림에 ―을 표시하는 시범을 보인다.
- 유아에게 교사를 모방하여 포도 그림 밑에 ―을 표시해 보라고 한다.
- 표시하지 못하면 교사가 유아의 손을 잡고 포도 그림 밑에 ―을 표시해 준다.
- 교사가 포도 그림을 가리키며 유아에게 포도 밑에 ―을 표시해 보라고 한다.
- 도움을 점차 줄여 간다.

- 수행되면 유아 스스로 포도 그림 밑에 ㅡ을 표시해 보라고 한다.
- 수행되면 교사가 바나나 그림에 ×를 표시해 놓고 포도에는 ㅡ을, 딸기에는 ○를 표시하는 시범을 보인다.
- 유아에게 포도에는 ㅡ을 스스로 표시하게 한 후 교사를 모방하여 딸기에 ○를 표시해 보라고 한다.
- 표시하지 못하면 교사가 유아의 손을 잡고 딸기에 ○를 표시해 준다.
- 교사가 포도와 딸기 그림을 가리키며 유아에게 각각 표시해 보라고 한다.
- 수행되면 교사가 딸기에는 ○, 바나나에는 ×, 포도에는 ㅡ을 표시하는 방법을 시범 보인다.
- 유아에게 포도에는 ㅡ, 딸기에는 ○를 스스로 표시하게 한 후 교사를 모방하여 바나나에는 ×를 표시해 보라고 한다.
- 바나나에 ×를 표시하지 못하면 포도와 같은 방법으로 지도한다.
- 수행되면 유아 스스로 딸기에는 ○, 바나나에는 ×, 포도에는 ㅡ을 표시해 보라고 한다.
- 수행되면 포도, 딸기, 바나나 그림의 순서를 다양하게 바꾸어 유아가 각 그림에 맞는 표시를 할 수 있는지 확인한다.
- 수행되면 유아의 특성에 맞는 적절한 강화제를 제공한다.

방법 ❸

- 스티커를 붙일 수 있도록 각 그림 밑에 네모 칸이 있는 그림과 다양한 모양의 스티커(예: ○, □, △, ♡, ☺ 모양 등)를 제시한다.
- 교사가 꽃에는 ○를, 물고기에는 □를, 우산에는 △를 붙이는 시범을 보인다.
- 유아에게 교사를 모방하여 각각의 그림 밑에 ○와 □, △를 붙여 보라고 한다.
- 붙이지 못하면 교사가 꽃 그림에 ○를 붙이는 시범을 보인다.
- 유아에게 교사를 모방하여 꽃 그림에 ○를 붙여 보라고 한다.
- 붙이지 못하면 교사가 유아의 손을 잡고 꽃 그림 밑에 ○를 붙여 준다.

- 교사가 꽃 그림에 ○를 붙여 놓은 후 유아에게 그 위에 ○를 똑같이 붙여 보라고 한다.
- 교사가 꽃 그림을 가리키며 유아에게 꽃 그림 밑에 ○를 붙여 보라고 한다.
- 도움을 점차 줄여 간다.
- 수행되면 유아 스스로 꽃 그림 밑에 ○를 붙여 보라고 한다.
- 수행되면 교사가 꽃 그림에는 ○를, 물고기 그림에는 □를 붙이는 시범을 보인다.
- 유아에게 꽃 그림에는 ○를 스스로 붙인 후 교사를 모방하여 물고기 그림에는 □를 붙여 보라고 한다.
- 붙이지 못하면 꽃 그림을 지도한 것과 같은 방법으로 지도한다.
- 수행되면 유아 스스로 꽃 그림에는 ○를, 물고기 그림에는 □를 붙여 보라고 한다.
- 수행되면 교사가 꽃 그림에는 ○를, 물고기 그림에는 □, 우산 그림에는 △를 붙이는 시범을 보인다.
- 유아에게 꽃 그림에는 ○를, 물고기 그림에는 □를 스스로 붙인 후 교사를 모방하여 우산 그림에는 △를 붙여 보라고 한다.
- 수행되면 꽃, 물고기, 우산 그림의 순서를 다양하게 바꾸어 유아가 각 그림에 맞는 표시를 할 수 있는지 확인한다.
- 수행되면 유아의 특성에 맞는 적절한 강화제를 제공한다.

☞ 그림을 기호로 표시하는 것은, 특히 교구로 제작하면 다양하게 활용할 수 있어 여러 모로 편리하다. 하드보드지에 보슬이를 씌우고 각 그림과 기호 뒤에는 까슬이를 붙여 제작하면 된다. 제작 후에는 다양한 그림과 기호를 활용하여 붙이도록 한 후 수행되면 위치를 바꾸어 확인해야 한다.

☞ 교구로 제작하기 힘들거나 스티커가 없을 경우에는 다양한 기호를 그려 가위로 오려서 유아에게 풀로 붙이게 하거나 교사가 풀을 칠해 주고 유아에게 기호만 붙이게 할 수 있다.

5~6
세

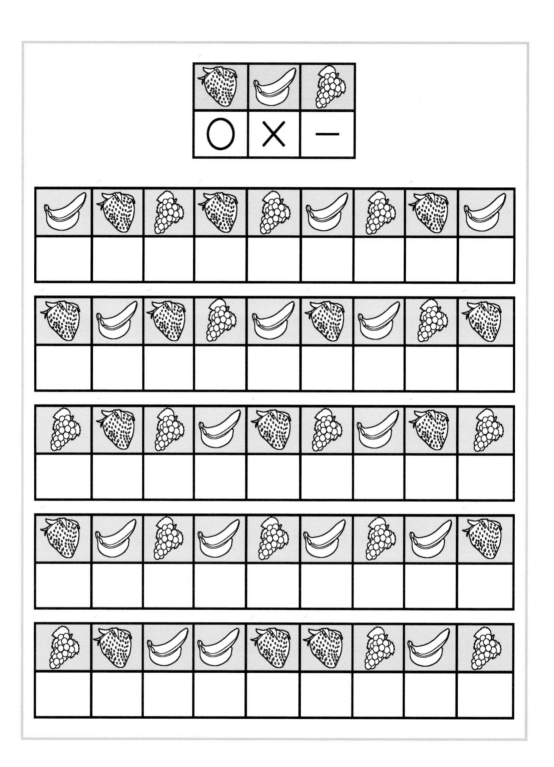

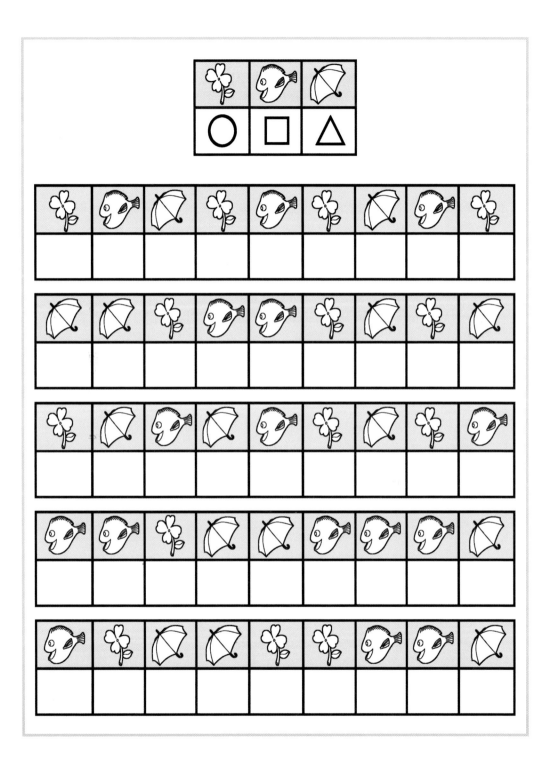

229

70 오른쪽(손), 왼쪽(손) 구분하기 5~6세

목표 | 오른쪽, 왼쪽을 구분할 수 있다.

자료 | 상자, 컵, 사탕, 리본, 강아지 모형, 그림자료, 강화제

방법 ❶

- 교사가 유아와 마주 앉아 "오~른손 올~려 ♬ 예쁘게 ♬ 올~려."라고 노래 부르며 왼손(유아 쪽에서 보면 오른손)을 올리고, "왼~손 올~려 ♬ 예쁘게 ♬ 올~려."라고 노래 부르며 오른손(유아 쪽에서 보면 왼손)을 올리는 시범을 보인다.
- 유아에게 교사를 모방하여 '오른손'과 '왼손'을 올려 보라고 한다.
- 수행되면 유아 스스로 '오른손'과 '왼손'을 올려 보라고 한다.
- 수행되면 교사의 지시에 따라 '오른손'과 '왼손'을 올릴 수 있는지 확인 한다.
- 수행되면 유아의 특성에 맞는 적절한 강화제를 제공한다.

방법 ❷

- 유아와 마주 앉아 교사는 왼손 손목(유아 쪽에서 보면 오른손)에 리본을 매고 유아는 오른손 손목에 리본을 매어 준다.
- 교사가 "오~른손 올~려 ♬ 예쁘게 ♬ 올~려."라고 노래 부르며 리본이 묶여 있는 손을 올리는 시범을 보인다.
- 유아에게 교사를 모방하여 '오른손'을 올려 보라고 한다.
- 올리지 못하면 교사가 유아의 '오른손'을 잡고 올려 준다.
- 교사가 유아의 손목에 맨 리본을 가리키며 리본이 묶여 있는 손을 올려 보라고 한다.
- 교사가 리본이 묶여 있는 손을 올려 보라고 한다.
- 도움을 점차 줄여 간다.
- 수행되면 유아 스스로 오른손을 올려 보라고 한다.
- 수행되면 왼손도 같은 방법으로 지도한다.

- 수행되면 교사의 지시에 따라 오른손과 왼손을 올릴 수 있는지 확인한다.
- 수행되면 유아의 특성에 맞는 적절한 강화제를 제공한다.

방법 ❸

- 교사가 상자와 컵을 제시한 후 유아 옆에 앉는다.
- 교사가 상자 오른쪽에 컵을 놓는 시범을 보인다.
- 유아에게 교사를 모방하여 상자 오른쪽에 컵을 놓아 보라고 한다.
- 놓지 못하면 교사가 유아의 손을 잡고 컵을 상자 오른쪽에 놓아 준다.
- 교사가 상자 오른쪽을 가리키며 유아에게 컵을 놓아 보라고 한다.
- 도움을 점차 줄여 간다.
- 수행되면 유아 스스로 컵을 상자 오른쪽에 놓아 보라고 한다.
- 수행되면 교사가 상자 왼쪽에 컵을 놓는 시범을 보인다.
- 유아에게 컵을 상자 왼쪽에 놓아 보라고 한다.
- 놓지 못하면 상자 오른쪽에 놓는 것과 같은 방법으로 지도한다.
- 수행되면 교사가 유아에게 상자 오른쪽과 왼쪽을 번갈아 가며 각각 컵을 놓아 보라고 한다.
- 다른 물건들도 교사의 지시에 따라 오른쪽과 왼쪽에 놓을 수 있는지 확인한다.
- 수행되면 유아의 특성에 맞는 적절한 강화제를 제공한다.

방법 ❹

- 소파 그림과 강아지 그림을 유아에게 제시한 후 유아 옆에 앉는다.
- 교사가 "○○야, 오른쪽에 놓는 거예요." 또는 "오른쪽."이라고 말하며 소파 그림 오른쪽에 강아지 그림을 놓는 시범을 보인다.
- 유아에게 교사를 모방하여 소파 그림 오른쪽에 강아지 그림을 놓아 보라고 한다.
- 놓지 못하면 교사가 유아의 손을 잡고 강아지 그림을 소파 그림 오른쪽에 놓아 준다.
- 교사가 소파 그림 오른쪽을 가리키며 유아에게 강아지 그림을 놓아 보라고 한다.

5~6
세

- 도움을 점차 줄여 간다.
- 수행되면 유아 스스로 강아지 그림을 소파 그림 오른쪽에 놓게 한다.
- 수행되면 교사가 "○○야, 왼쪽에 놓는 거예요." 또는 "왼쪽."이라고 말하며 소파 그림 왼쪽에 강아지 그림을 놓는 시범을 보인다.
- 교사가 유아에게 강아지 그림을 소파 그림 왼쪽에 놓아 보라고 한다.
- 놓지 못하면 강아지 그림을 오른쪽에 놓게 한 것과 같은 방법으로 지도한다.
- 수행되면 교사의 지시에 따라 강아지 그림을 소파 그림 오른쪽과 왼쪽에 놓을 수 있는지 확인한다.
- 수행되면 유아의 특성에 맞는 적절한 강화제를 제공한다.

☞ 방법 ❷는 마주 앉을 경우 유아의 방향에서 오른쪽과 왼쪽이 되도록 주의해서 지도하도록 한다.

☞ 방법 ❹는 교구로 제작하여 사용하면 편리하다. 하드보드지에 보슬이를 씌운 후 소파 그림과 강아지 그림 뒤에는 까슬이를 붙여 붙였다 뗐다 할 수 있도록 제작하면 된다. 제작 후에는 하드보드지 중앙에 소파 그림을 붙여 놓은 후 교사의 지시에 따라 강아지 그림을 오른쪽, 왼쪽에 붙이도록 하면 된다.

☞ 방법 ❹는 강아지 그림 여러 장과 풀을 준비하여 교사의 지시에 따라 강아지 그림을 소파 그림의 오른쪽과 왼쪽에 붙이게 하는 방법도 있다.

71 사람 그리기

목표 | 사람을 그릴 수 있다.

자료 | 종이, 연필 또는 색연필, 그림자료, 강화제

방법 ❶

- 교사가 동그라미와 선으로 그려진 사람 그림을 유아에게 보여 준 후 사람을 그리는 시범을 보인다.
- 유아에게 교사를 모방하여 동그라미와 선으로 사람을 그려 보라고 한다.
- 수행되면 유아 스스로 동그라미와 선으로 사람을 그려 보라고 한다.
- 수행되면 유아의 특성에 맞는 적절한 강화제를 제공한다.

방법 ❷

- 앞 단계에서 얼굴 안에 눈썹, 눈, 코, 입 그리기는 수행하였으므로 확인한 후 시행한다.
- 교사가 동그라미와 선으로 사람이 그려진 그림을 유아에게 보여 준다.
- 교사가 "동~글 ♫ 동~글 ♫ 동그라미 그려요."라고 노래 부르며 얼굴(○)을 그리는 시범을 보인다.
- 유아에게 교사를 모방하여 얼굴(○)을 그려 보라고 한다.
- 그리지 못하면 교사가 유아의 손을 잡고 얼굴(○)을 그려 준다.
- 교사가 얼굴(○)에 점선을 그려 준 후 유아에게 그려 보라고 한다.
- 도움을 점차 줄여 간다.
- 수행되면 유아 스스로 얼굴(○)을 그려 보라고 한다.
- 수행되면 유아에게 얼굴(○)을 그리게 하고 교사가 얼굴(○) 밑에 팔(┼)을 그리는 시범을 보인다.
- 유아에게 얼굴(○)을 그리게 한 후 교사를 모방하여 얼굴(○) 밑에 팔(┼)을 그려

보라고 한다.

- 그리지 못하면 교사가 유아의 손을 잡고 팔(ㅣ)을 그려 준다.
- 교사가 얼굴(○) 밑에 팔(ㅣ)을 점선으로 그려 준 후 유아에게 그려 보라고 한다.
- 수행되면 교사가 유아에게 "위에서 아래로 주~욱 옆으로 주~욱 그어요."라고 말해 준다.
- 도움을 점차 줄여 간다.
- 유아 스스로 얼굴(○) 밑에 팔(ㅣ)을 그려 보라고 한다.
- 수행되면 유아에게 얼굴(○)과 팔(ㅣ)을 그리게 하고 교사가 얼굴(○)과 팔(ㅣ) 밑에 다리(∧)를 그리는 시범을 보인다.
- 유아에게 얼굴(○)과 팔(ㅣ)을 그리게 한 후 교사를 모방하여 다리(∧)를 그려 보라고 한다.
- 그리지 못하면 팔(ㅣ)을 그린 것과 같은 방법으로 지도한다.
- 수행되면 유아 스스로 얼굴(○) 밑에 팔(ㅣ)을 그리고 팔(ㅣ) 밑에 다리(∧)를 그려 보라고 한다.
- 수행되면 교사가 유아에게 스스로 얼굴(○) 안에 눈썹, 눈, 코, 입을 그린 후 팔(ㅣ)과 다리(∧)를 그려 사람을 완성해 보라고 한다.
- 수행되면 유아의 특성에 맞는 적절한 강화제를 제공한다.

방법 ❸

- 앞 단계에서 얼굴 안에 눈썹, 눈, 코, 입 그리기는 수행하였으므로 확인한 후 시행한다.
- 교사가 팔(ㅣ)과 다리(∧)를 그려 놓은 후 팔(ㅣ) 위에 얼굴(○)을 그리는 시범을 보인다.
- 유아에게 교사를 모방하여 팔(ㅣ) 위에 얼굴(○)만 그려 사람을 완성해 보라고 한다.
- 그리지 못하면 교사가 유아의 손을 잡고 얼굴(○)을 그려 준다.
- 교사가 얼굴(○)에 점선을 그려 준 후 유아에게 그려 보라고 한다.

5~6
세

- 도움을 점차 줄여 간다.
- 수행되면 유아 스스로 얼굴(○)을 그려 보라고 한다.
- 수행되면 교사가 다리(∧)만 그려 놓고 다리(∧) 위에 팔(†)과 얼굴(○)을 그리는 시범을 보인다.
- 유아에게 교사를 모방하여 다리(∧) 위에 팔(†)과 얼굴(○)만 그려 사람을 완성해 보라고 한다.
- 다리(∧) 위에 팔(†)과 얼굴(○)을 그리지 못하면 교사가 유아의 손을 잡고 그려 준다.
- 교사가 유아에게 다리(∧) 위에 "십자(†) 그리세요. 십자 위에 동그라미 그리세요."라고 말해 준다.
- 도움을 점차 줄여 간다.
- 수행되면 유아 스스로 다리(∧)위에 팔(†)과 얼굴(○)만 그려 사람을 완성해 보라고 한다.
- 수행되면 교사가 다리(∧)만 그리는 시범을 보인다.
- 유아에게 다리(∧)를 그려 보라고 한다.
- 수행되면 교사가 얼굴(○) 밑에 팔(†)을 그린 후 다리(∧)를 그리는 시범을 보인다.
- 유아에게 얼굴(○) 밑에 팔(†)을 그린 후 다리(∧)를 그려 보라고 한다.
- 수행되면 교사가 유아에게 스스로 얼굴(○) 안에 눈썹, 눈, 코, 입을 그린 후 팔(†)과 다리(∧)를 그려 사람을 완성해 보라고 한다.
- 수행되면 유아의 특성에 맞는 적절한 강화제를 제공한다.

방법 ❹
- 앞 단계에서 얼굴 안에 눈썹, 눈, 코, 입 그리기는 수행하였으므로 확인한 후 시행한다.
- 교사가 얼굴(○)과 팔(†)을 그려 놓은 후 팔(†) 밑에 다리(∧)를 그리는 시범을 보인다.

- 유아에게 교사를 모방하여 얼굴(○)과 팔(†) 밑에 다리(∧)만 그려 사람을 완성해 보라고 한다.
- 그리지 못하면 교사가 유아의 손을 잡고 다리(∧)를 그려 준다.
- 교사가 다리(∧)에 점선을 그려 준 후 유아에게 그려 보라고 한다.
- 도움을 점차 줄여 간다.
- 수행되면 유아 스스로 다리(∧)를 그려 보라고 한다.
- 수행되면 교사가 얼굴(○)을 그려 놓은 후 얼굴(○) 밑에 팔(†)과 다리(∧)를 그리는 시범을 보인다.
- 유아에게 교사를 모방하여 얼굴(○) 밑에 팔(†)과 다리(∧)를 그려 사람을 완성해 보라고 한다.
- 얼굴(○) 밑에 팔(†)과 다리(∧)를 그리지 못하면 교사가 유아의 손을 잡고 그린다.
- 교사가 "십자(†) 그리세요. 십자 밑에 다리 그리세요."라고 말해 준다.
- 도움을 점차 줄여 간다.
- 수행되면 유아 스스로 얼굴(○) 밑에 팔(†)과 다리(∧)만 그려 사람을 완성해 보라고 한다.
- 수행되면 유아에게 팔(†)과 다리(∧)를 그리게 한 후 그 위에 교사가 얼굴(○)을 그리는 시범을 보인다.
- 유아에게 교사를 모방하여 얼굴(○)을 그려 보라고 한다.
- 수행되면 교사가 유아에게 스스로 얼굴(○) 안에 눈썹, 눈, 코, 입을 그린 후 팔(†)과 다리(∧)를 그려 사람을 완성해 보라고 한다.
- 수행되면 유아의 특성에 맞는 적절한 강화제를 제공한다.

5~6
세

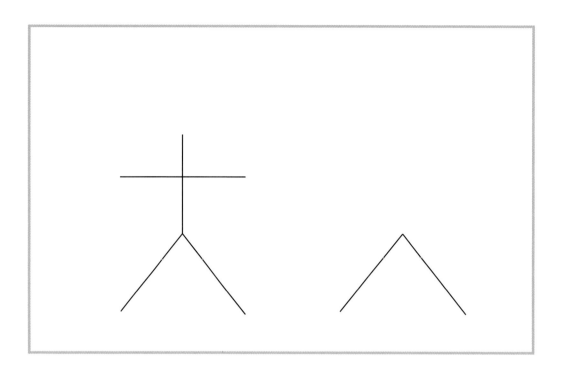

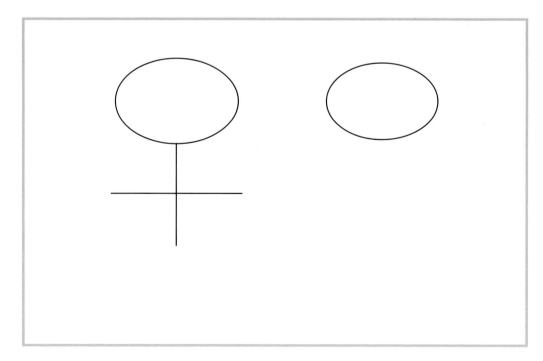

여덟 가지 색 변별하기

목표 | 여덟 가지 색을 변별할 수 있다.

자료 | 빨간색 · 노란색 · 파란색 · 검은색 · 흰색 · 초록색 · 주황색 · 보라색 크레파스, 빨간색 · 노란색 · 파란색 · 검은색 · 흰색 · 초록색 · 주황색 · 보라색 카드, 강화제

방법 ❶

- 다섯 가지 색 변별하기는 앞 단계에서 수행하였으므로 확인한 후 시행한다.
- 교사가 빨간색, 노란색, 파란색 검은색, 흰색, 초록색, 주황색, 보라색 카드를 보여 준 후 각각의 색 이름을 말하며 가리키는 시범을 보인다.
- 유아에게 교사를 모방하여 각각의 색을 가리켜 보라고 한다.
- 수행되면 교사가 각 색깔의 이름을 말해 줄 때 유아 스스로 각 색을 가리켜 보라고 한다.
- 수행되면 교사가 빨간색, 노란색, 파란색 검은색, 흰색, 초록색, 주황색, 보라색 카드의 위치를 바꾸어 유아에게 가리켜 보라고 한다.
- 수행되면 유아의 특성에 맞는 적절한 강화제를 제공한다.

방법 ❷

- 다섯 가지 색 변별하기는 앞 단계에서 수행하였으므로 확인한 후 시행한다.
- 교사가 초록색과 주황색 크레파스를 유아 앞에 놓고 각각의 색 이름을 말해 준 후 "초록색은 ♬ 어디 있나 ♬ 여~기."라고 노래 부르며 초록색을 가리키는 시범을 보인다.
- 교사가 "초록색."이라고 반복하여 말한 후 유아에게 "초록색 가리켜 보세요."라고 말한다.
- 가리키지 못하면 교사가 유아의 손을 잡고 초록색을 가리켜 준다.

- 교사가 초록색을 가리키며 유아에게 초록색을 가리켜 보라고 한다.
- 도움을 점차 줄여 간다.
- 수행되면 유아 스스로 초록색을 가리켜 보라고 한다.
- 수행되면 교사가 초록색과 주황색의 위치를 바꾸어 놓고 유아에게 초록색을 가리켜 보라고 한다.
- 수행되면 교사가 "주황색."이라고 반복하여 말한 후 "주황색은 ♬ 어디 있나 ♬ 여~기."라고 노래 부르며 주황색을 가리키는 시범을 보인다.
- 교사가 유아에게 "주황색 가리켜 보세요."라고 말한다.
- 가리키지 못하면 초록색과 같은 방법으로 지도한다.
- 수행되면 교사가 초록색과 주황색을 제시한 후 유아에게 초록색과 주황색을 가리켜 보라고 한다.
- 수행되면 교사가 빨간색, 노란색, 파란색, 검은색, 흰색, 초록색, 주황색 위치를 다양하게 바꾸어 놓고 교사가 요구하는 색을 유아에게 각각 가리켜 보라고 한다.
- 수행되면 교사가 "보라색."이라고 반복하여 말한 후 "보라색은 ♬ 어디 있나 ♬ 여~기."라고 노래 부르며 보라색을 가리키는 시범을 보인다.
- 교사가 유아에게 "보라색 가리켜 보세요."라고 말한다.
- 가리키지 못하면 주황색과 같은 방법으로 지도한다.
- 수행되면 교사가 빨간색, 노란색, 파란색, 검은색, 흰색, 초록색, 주황색, 보라색 위치를 다양하게 바꾸어 놓고 교사가 요구하는 색을 유아가 각각 가리킬 수 있는지 확인한다.
- 수행되면 유아의 특성에 맞는 적절한 강화제를 제공한다.

방법 ❸
- 교사가 초록색 크레파스를 유아 앞에 놓고 "초록색은 ♬ 어디 있나 ♬ 여~기."라고 노래 부르며 초록색을 주는 시범을 보인다.
- 유아에게 '초록색'을 달라고 한다.

- 주지 못하면 교사가 유아의 손을 잡고 '초록색'을 준다.
- 교사가 초록색을 가리키며 유아에게 "초록색 주세요."라고 말한다.
- 도움을 점차 줄여 간다.
- 수행되면 교사가 초록색을 달라고 할 때 유아 스스로 초록색을 주게 한다.
- 수행되면 교사가 초록색과 주황색을 섞어 놓고 유아가 초록색을 줄 수 있는지 확인한다.
- 수행되면 교사가 "주황색은 ♬ 어디 있나 ♬ 여~기."라고 노래 부르며 주황색을 주는 시범을 보인다.
- 유아에게 '주황색'을 달라고 한다.
- 주지 못하면 초록색을 지도한 것과 같은 방법으로 지도한다.
- 수행되면 교사가 빨간색, 노란색, 파란색, 검은색, 흰색, 초록색, 주황색을 섞어 놓고 교사가 요구하는 색을 유아가 각각 줄 수 있는지 확인한다.
- 보라색도 초록색을 지도한 것과 같은 방법으로 지도한다.
- 수행되면 교사가 빨간색, 노란색, 파란색, 검은색, 흰색, 초록색, 주황색, 보라색을 섞어 놓고 교사가 요구하는 색을 유아가 각각 줄 수 있는지 확인한다.
- 수행되면 유아의 특성에 맞는 적절한 강화제를 제공한다.

☞ 색 지도 시 연상을 할 수 있도록 도와주면 효율적으로 지도할 수도 있다(예: '오이와 같은 초록색' '오렌지와 같은 주황색' '포도와 같은 보라색'). 그리고 유아에게 여덟 가지 색상의 스티커를 주고 교사가 말하는 색을 붙여 보는 놀이를 하면 재미있어한다.

5~6
세

73 동물의 집 구별하기

목표 | 동물의 집을 구별할 수 있다.

자료 | 연필 또는 색연필, 동물 또는 곤충과 동물 및 곤충 집 그림, 가위, 풀 강화제

방법 ❶

- 교사가 동물 또는 곤충 그림과 각각의 집을 가위로 오려서 제시한다.
- 교사가 동물과 동물의 집을 각각 찾아 주는 시범을 보인다.
- 유아에게 교사를 모방하여 동물과 동물의 집을 각각 찾아 주라고 한다.
- 수행되면 유아 스스로 동물과 동물의 집을 각각 찾아 주라고 한다.
- 수행되면 유아의 특성에 맞는 적절한 강화제를 제공한다.

방법 ❷

- 교사가 동물 또는 곤충 그림과 각각의 집을 가위로 오려서 제시한다.
- 교사가 동물과 동물의 집을 각각 찾아 주는 시범을 보인다.
- 유아에게 교사를 모방하여 동물과 동물의 집을 각각 찾아 주라고 한다.
- 찾지 못하면 교사가, 예를 들어 강아지 집과 어항을 제시한 후 강아지 집을 찾아 주는 시범을 보인다.
- 유아에게 강아지 그림을 준 후 교사를 모방하여 강아지 집을 찾아 주라고 한다.
- 찾지 못하면 교사가 유아의 손을 잡고 "강아지 집은 ♫ 어디 있나 ♫ 여기."라고 노래 부르며 강아지 집을 찾아 준다.
- 교사가 강아지 집을 가리키며 강아지 집을 찾아보라고 한다.
- 도움을 점차 줄여 간다.
- 교사가 "강아지 집은 ♫ 어디 있나 ♫ 맞춰 봐~요 ♫ 맞춰 봐~요."라고 노래를 불러 주며 유아 스스로 강아지 집을 찾아보라고 한다.
- 수행되면 교사가 강아지 집과 어항을 제시한 후 금붕어 집을 찾아 주는 시범을 보

인다.

- 유아에게 금붕어 그림을 준 후 교사를 모방하여 금붕어 집을 찾아 주라고 한다.
- 찾지 못하면 강아지 집을 찾는 것과 같은 방법으로 지도한다.
- 수행되면 교사가 강아지 집과 어항을 제시한 후 유아에게 강아지와 금붕어 그림을 주고 각각의 집을 찾아보라고 한다.
- 수행되면 다른 동물들과 곤충의 집을 찾아 주는 것도 같은 방법으로 지도한다.
- 수행되면 유아의 특성에 맞는 적절한 강화제를 제공한다.

방법 ❸

- 벌, 금붕어, 새, 거미, 제비, 강아지 등과 각각의 집 그림을 제시한다.
- 교사가 선을 따라 각각의 집을 찾아 연결하는 시범을 보인다.
- 유아에게 선을 따라 각각의 집을 연결해 보라고 한다.
- 선을 따라 연결하지 못하면 교사가, 예를 들어 금붕어와 어항을 연결하는 시범을 보인다.
- 유아에게 금붕어와 어항을 연결해 보라고 한다.
- 연결하지 못하면 교사가 유아의 손을 잡고 연결해 준다.
- 교사가 금붕어와 어항을 연결하는 선을 손으로 가리켜 주며 연결하라고 한다.
- 도움의 양을 점차 줄여 간다.
- 수행되면 유아 스스로 금붕어와 어항을 연결해 보라고 한다.
- 수행되면 교사가 새와 새집을 연결하는 시범을 보인다.
- 연결하지 못하면 금붕어를 연결한 것과 같은 방법으로 지도한다.
- 수행되면 금붕어, 새, 벌과 각각의 집이 연결된 그림을 제시한 후 금붕어와 새의 집을 연결할 수 있는지 확인한다.
- 수행되면 금붕어와 새의 그림을 보여 주며 유아에게 각각의 집을 가리켜 보라고 한다.
- 수행되면 벌도 같은 방법으로 지도한다.

5~6
세

243

- 수행되면 금붕어, 새, 벌과 집이 연결된 그림을 제시한 후 유아에게 각각의 집을 가리켜 보라고 한다.
- 수행되면 금붕어와 새, 벌의 그림을 보여 주며 유아에게 각각의 집을 가리켜 보라고 한다.
- 수행되면 유아의 특성에 맞는 적절한 강화제를 제공한다.

☞ 방법 ❷는 하드보드지에 보슬이를 붙인 후 각 곤충과 동물 및 곤충과 동물 집 뒤에는 까슬이를 붙여 제작하면 사용하기 편리하다.

☞ 방법 ❸ 지도 시 각각의 집을 연결하는 선을 같은 색(예: 금붕어와 어항은 빨간색, 강아지와 강아지 집은 파란색)으로 표시해 준 후 수행되면 모두 같은 색으로 지도하는 것이 효과적이다.

1~10의 뒤에 오는 숫자 가리키기

목표 | 1~10의 뒤에 오는 숫자를 가리킬 수 있다.

자료 | 1~10이 쓰인 숫자카드 두 쌍, 1~10이 쓰인 숫자블록 두 쌍, 숫자스티커, 강화제

방법 ❶

- 교사가 1~10의 숫자카드를 순서대로 배열한다.
- 교사가 배열된 순서대로 각 수의 뒤에 오는 숫자를 가리키는 시범을 보인다.
- 유아에게 교사를 모방하여 1~10의 뒤에 오는 각 숫자를 가리켜 보라고 한다.
- 수행되면 유아 스스로 1~10의 뒤에 오는 각 숫자를 가리켜 보라고 한다.
- 수행되면 유아의 특성에 맞는 적절한 강화제를 제공한다.

방법 ❷

- 교사와 유아가 1~10의 숫자카드를 각각 나누어 갖는다.
- 교사가 1~10의 숫자카드를 배열한 후 각 수의 뒤에 오는 숫자를 가리키며 뒤에 오는 숫자를 설명해 준다.
- 교사가 1~3의 숫자를 순서대로 배열한 후 '1' 뒤에 오는 숫자 '2'를 가리키는 시범을 보인다.
- 유아에게 교사를 모방하여 '1' 뒤에 오는 숫자 '2'를 가리켜 보라고 한다.
- 가리키지 못하면 교사가 유아의 손을 잡고 '2'를 가리켜 준다.
- 도움을 점차 줄여 간다.
- 수행되면 교사가 '1' 뒤에 오는 숫자를 물어볼 때 유아 스스로 '2'를 가리켜 보라고 한다.
- 수행되면 교사가 '1'을 제시한 후 유아에게 '1' 뒤에 오는 숫자를 놓아 보라고 한다.
- '2'를 놓지 못하면 교사가 유아의 손을 잡고 '1' 뒤에 '2'를 놓아 준다.
- 유아 스스로 '1' 뒤에 '2'를 놓아 보라고 한다.

- 수행되면 교사가 '1~2'의 숫자를 제시한 후 '2' 뒤에 오는 숫자 '3'을 가리키는 시범을 보인다.
- 유아에게 교사를 모방하여 '2' 뒤에 오는 숫자 '3'을 가리켜 보라고 한다.
- 가리키지 못하면 교사가 유아의 손을 잡고 '3'을 가리켜 준다.
- 도움을 점차 줄여 간다.
- 수행되면 유아 스스로 '3'을 가리켜 보라고 한다.
- 수행되면 교사가 '2'를 제시한 후 유아에게 '2' 뒤에 오는 숫자를 놓아 보라고 한다.
- '3'을 놓지 못하면 교사가 유아의 손을 잡고 '2' 뒤에 '3'을 놓아 준다.
- 수행되면 교사가 '2' 뒤에 오는 수를 놓아 보라고 할 때 유아 스스로 '3'을 놓을 수 있는지 확인한다.
- 수행되면 교사가 1~3의 숫자를 순서대로 배열한 후 '3' 뒤에 오는 숫자 '4'를 가리키는 시범을 보인다.
- 유아에게 교사를 모방하여 '3' 뒤에 오는 숫자 '4'를 가리켜 보라고 한다.
- 가리키지 못하면 '3'을 지도한 것과 같은 방법으로 10까지 각 숫자의 뒤에 오는 숫자를 지도한다.
- 수행되면 교사가 1~10 뒤에 오는 수를 물어볼 때 유아가 각각 가리킬 수 있는지 확인한다.
- 수행되면 유아의 특성에 맞는 적절한 강화제를 제공한다.

방법 ❸
- 교사와 유아가 1~10의 숫자카드를 각각 나누어 갖는다.
- 교사가 1~10의 숫자카드를 배열한 후 각 수의 뒤에 오는 숫자를 가리키며 뒤에 오는 숫자를 설명해 준다.
- 교사가 1~9의 숫자를 배열한 후 '9' 뒤에 오는 숫자 '10'을 가리키는 시범을 보인다.
- 유아에게 교사를 모방하여 '9' 뒤에 오는 '10'을 가리켜 보라고 한다.

- 가리키지 못하면 교사가 유아의 손을 잡고 '10'을 가리켜 준다.
- 교사가 10을 가리키며 '9' 뒤에 '10'을 놓아 보라고 한다.
- 도움을 점차 줄여 간다.
- 수행되면 교사가 '9' 뒤에 오는 숫자를 물어볼 때 유아 스스로 '10'을 가리켜 보라고 한다.
- 수행되면 교사가 1~9의 숫자를 배열한 후 유아 스스로 '9' 뒤에 '10'을 놓아 보라고 한다.
- 수행되면 교사가 1~8의 숫자를 배열한 후 '8' 뒤에 오는 숫자 '9'를 가리키는 시범을 보인다.
- 유아에게 교사를 모방하여 '8' 뒤에 오는 숫자 '9'를 가리켜 보라고 한다.
- 가리키지 못하면 10을 지도한 것과 같은 방법으로 각 숫자의 뒤에 오는 숫자를 지도한다.
- 수행되면 교사가 1~10 뒤에 오는 수를 물어볼 때 유아가 각각 가리킬 수 있는지 확인한다.
- 수행되면 유아의 특성에 맞는 적절한 강화제를 제공한다.

방법 ❹
- 교사가 1~10의 각 숫자 뒤에 오는 숫자를 연결할 수 있는 그림을 제시한 후 각각의 숫자 뒤에 오는 숫자를 연결하는 시범을 보인다.
- 유아에게 각 숫자와 각 숫자 뒤에 오는 숫자를 연결해 보라고 한다.
- 연결하지 못하면 교사가 '1' 뒤에 오는 숫자 '2'를 연결하는 시범을 보인다.
- 유아에게 교사를 모방하여 '1' 뒤에 오는 숫자 '2'를 연결해 보라고 한다.
- 연결하지 못하면 교사가 유아의 손을 잡고 연결해 준다.
- 교사가 '1'과 '2'를 점선으로 그려 준 후 유아에게 연결해 보라고 한다.
- 교사가 "♬ 2는 어디 있나 여~기 ♬"라고 노래 부르며 '2'를 가리켜 주고 유아에게 연결해 보라고 한다.

- 도움을 점차 줄여 간다.
- 수행되면 유아 스스로 '1' 뒤에 오는 숫자 '2'를 연결해 보라고 한다.
- 수행되면 교사가 '2' 뒤에 오는 숫자 '3'을 연결하는 시범을 보인다.
- 유아에게 교사를 모방하여 '2' 뒤에 오는 숫자 '3'을 연결해 보라고 한다.
- 연결하지 못하면 '1'을 지도한 것과 같은 방법으로 각 숫자의 뒤에 오는 숫자를 지도한다.
- 수행되면 교사가 1~10 뒤에 오는 수를 물어볼 때 유아가 각각 가리킬 수 있는지 확인한다.
- 수행되면 유아의 특성에 맞는 적절한 강화제를 제공한다.

방법 ❺

- 교사가 1~10의 각 숫자 뒤에 오는 숫자를 연결할 수 있는 그림을 제시한 후 각각의 숫자 뒤에 오는 숫자를 연결하는 시범을 보인다.
- 유아에게 각 숫자 뒤에 오는 숫자를 연결해 보라고 한다.
- 연결하지 못하면 교사가 유아의 손을 잡고 각 숫자와 각 숫자 뒤에 오는 숫자를 연결해 준다.
- 교사가 각 숫자와 각 숫자 뒤에 오는 숫자를 점선으로 그려 준 후 유아에게 연결해 보라고 한다.
- 수행되면 각 숫자와 각 숫자 뒤에 오는 숫자를 연결할 수 있는 점선을 여덟 개 그려 준 후 유아에게 점선을 따라 연결하게 하고 한 개는 스스로 연결하게 한다.
- 수행되면 일곱 개의 숫자에만 점선을 그려 준 후 유아에게 점선을 따라 연결하게 하고 두 개는 스스로 연결하게 한다.
- 이와 같은 방법으로 나머지 숫자도 각 숫자 뒤에 오는 숫자를 연결하게 한다.
- 수행되면 점선을 모두 지운 후 각 숫자와 각 숫자 뒤에 오는 숫자를 유아 스스로 연결하게 한다.
- 수행되면 유아의 특성에 맞는 적절한 강화제를 제공한다.

5~6
세

1 ·   · 9

5 ·   · 3

2 ·   · 4

7 ·   · 7

9 ·   · 5

4 ·   · 2

6 ·   · 8

3 ·   · 6

8 ·   · 10

3 ○   8 ○

5 ○   6 ○

7 ○   4 ○

9 ○   1 ○

2 ○   5 ○

4 ○   9 ○

1 ○   7 ○

6 ○   2 ○

8 ○   3 ○

75 1~20 세기

목표 | 1~20을 셀 수 있다.

자료 | 1~20이 쓰인 숫자카드, 강화제

방법 ❶

- 1~10 세기는 앞 단계에서 수행하였으므로 확인한 후 시행한다.
- 교사가 유아에게 1~20이 쓰인 숫자카드를 제시한 후 "일~이십."이라고 말하면 서 숫자를 세는 시범을 보인다.
- 유아에게 교사를 모방하여 "일~이십."이라고 말하면서 숫자를 세어 보라고 한다.
- 수행되면 유아 스스로 "일~이십."이라고 말하면서 숫자를 세어 보라고 한다.
- 수행되면 유아의 특성에 맞는 적절한 강화제를 제공한다.

방법 ❷

- 교사가 유아에게 1~20이 쓰인 숫자카드를 제시한 후 앞 단계에서 수행한 1~10 의 숫자를 셀 수 있는지 확인한다.
- 수행되면 교사가 1~11이 쓰인 숫자카드를 제시하고 유아에게 "일~십."이라고 세게 한 후 교사가 11을 보여 주며 "십일."이라고 세는 시범을 보인다.
- 유아에게 "일~십."을 세어 보게 한 후 교사를 모방하여 11을 보고 "십일."이라고 세어 보게 한다.
- '십일'을 세지 못하면 교사가 유아의 손을 잡고 숫자를 순서대로 세면서 11을 보 고 "십일."이라고 세어 준다.
- 교사가 순서대로 "일~십."이라고 말해 준 후 유아에게 다음 숫자 "십일."을 세어 보라고 한다.
- 도움을 점차 줄여 간다.
- 수행되면 유아 스스로 "일~십일."을 세어 보라고 한다.

- 수행되면 교사가 1~12가 쓰인 숫자카드를 제시하고 "일~십이."라고 세는 시범을 보인다.
- 유아에게 교사를 모방하여 1~12가 쓰인 숫자를 보고 순서대로 "일~십이."라고 세어 보게 한다.
- 세지 못하면 교사가 "일~십일."을 세어 주고 유아에게 "십이."를 세어 보라고 한다.
- 수행되면 유아 스스로 "일~십이."를 세어 보라고 한다.
- 수행되면 교사가 1~13이 쓰인 숫자카드를 제시하고 "일~십삼."이라고 세는 시범을 보인다.
- 나머지 숫자를 세는 것도 같은 방법으로 지도한다.
- 수행되면 유아 스스로 1~20이 쓰인 숫자카드를 가리키며 "일~이십."이라고 세어 보라고 한다.
- 수행되면 유아의 특성에 맞는 적절한 강화제를 제공한다.

5~6
세

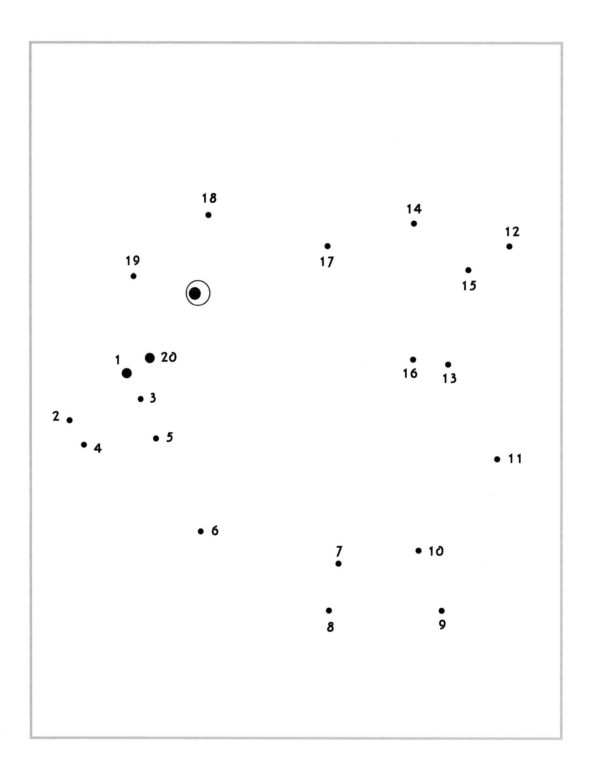

76 1~10 쓰기
5~6세

목표 | 1~10의 숫자를 쓸 수 있다.

자료 | 숫자카드, 종이, 연필 및 색연필, 숫자스티커, 강화제

방법 ❶

- 1~5 쓰기는 앞 단계에서 수행하였으므로 확인한 후 시행한다.
- 교사가 1~10의 숫자카드를 보여 주면서 "일~십."이라고 읽어 준 후 1~10의 숫자를 쓰는 시범을 보인다.
- 유아에게 교사를 모방하여 "일~십."이라고 말하면서 1~10의 숫자를 써 보라고 한다.
- 수행되면 유아 스스로 "일~십."이라고 말하면서 1~10의 숫자를 써 보라고 한다.
- 수행되면 유아의 특성에 맞는 적절한 강화제를 제공한다.

방법 ❷

- 1~5 쓰기는 앞 단계에서 수행하였으므로 확인한 후 시행한다.
- 교사가 6 숫자카드를 보여 준 후 "숫자 6은 뭘까 맞춰~봐요~ ♬ ~ 주렁주렁 앵두."라고 노래 부르며 6을 쓰는 시범을 보인다.
- 유아에게 교사를 모방하여 6을 써 보라고 한다.
- 6을 쓰지 못하면 교사가 유아의 손을 잡고 6을 써 준다.
- 교사가 6을 점선으로 써 준 후 유아에게 점선을 따라 6을 써 보라고 한다.
- 점선을 따라 6을 쓰지 못하면 교사가 유아의 손을 잡고 써 준다.
- 유아 스스로 점선을 따라 6을 써 보라고 한다.
- 수행되면 교사가 6이 되도록 시작점과 중간, 끝 지점에 점을 찍어 준 후 유아에게 6을 써 보라고 한다.
- 수행되면 교사가 6이 되도록 시작점과 끝 지점에만 점을 찍어 준 후 유아에게 6을

5~6
세

써 보라고 한다.

- 수행되면 교사가 6이 되도록 시작점만 찍어 준 후 유아에게 6을 써 보라고 한다.
- 도움을 점차 줄여 간다.
- 수행되면 유아 스스로 6을 써 보라고 한다.
- 수행되면 유아 스스로 1~6을 써 보라고 한다.
- 수행되면 교사가 7 숫자카드를 보여 준 후 "숫자 7은 뭘까 맞춰~봐요~ ♪ ~할 아버지 지팡이."라고 노래 부르며 7을 쓰는 시범을 보인다.
- 유아에게 교사를 모방하여 7을 써 보라고 한다.
- 7을 쓰지 못하면 교사가 유아의 손을 잡고 7을 써 준다.
- 교사가 7을 점선으로 써 준 후 유아에게 점선을 따라 7을 써 보라고 한다.
- 점선을 따라 7을 쓰지 못하면 교사가 유아의 손을 잡고 써 준다.
- 유아 스스로 점선을 따라 7을 써 보라고 한다.
- 수행되면 수 7의 1/2을 점선으로 그려 준 후 유아에게 점선을 따라 쓰게 하고 나머지는 스스로 쓰게 한다.
- 수행되면 수 7의 1/3을 점선으로 그려 준 후 유아에게 점선을 따라 쓰게 하고 나머지는 스스로 쓰게 한다.
- 수행되면 교사가 수 7의 시작점만 찍어 주고 유아에게 7을 써 보라고 한다.
- 수행되면 유아 스스로 7을 써 보라고 한다.
- 수행되면 유아 스스로 1~7을 써 보라고 한다.
- 숫자 6, 7 쓰기를 지도한 것과 같은 방법으로 10까지 쓰기를 지도한다.
- 수행되면 교사가 1~10를 써 보라고 할 때 유아 스스로 1~10을 쓸 수 있는지 확인한다.
- 수행되면 유아의 특성에 맞는 적절한 강화제를 제공한다.

방법 ❸

- 교사가 중간중간 숫자가 비어 있는 1~10이 쓰인 그림을 제시하고, 비어 있는 칸

에 숫자를 쓰는 시범을 보인다.

- 1~5 쓰기는 앞 단계에서 수행하였으므로 5까지 중간중간 비어 있는 곳에는 유아에게 숫자를 쓰라고 한다.

- 교사가 6, 7, 10을 써 놓고 유아에게 중간중간 비어 있는 곳에 8과 9를 써 보라고 한다.

- 쓰지 못하면 교사가 유아의 손을 잡고 "비~어 있는 곳에 ♫ 무~슨 수가 들어갈까요? ♫ 숫자 집을 찾아줘요 ♫ 여~기."라고 노래 부르며 중간중간 비어 있는 곳에 8과 9를 써 준다.

- 교사가 6, 7, 10을 써 놓고 8과 9는 점선으로 써 놓은 후 유아에게 점선으로 쓰인 8과 9를 써 보라고 한다.

- 점선으로 쓰인 8과 9를 쓰지 못하면 교사가 유아의 손을 잡고 써 준다.

- 도움을 점차 줄여 간다.

- 유아 스스로 비어 있는 곳에 점선을 따라 숫자를 써 보라고 한다.

- 수행되면 8 숫자의 점선을 지운 후 8은 스스로 쓰게 하고 9는 점선을 따라 써 보라고 한다.

- 수행되면 8과 9의 점선을 지운 후 교사가 8과 9 숫자카드를 보여 주며 스스로 써 보라고 한다.

- 수행되면 유아 스스로 8과 9를 써 보라고 한다.

- 수행되면 교사가 6, 7, 10을 쓰는 시범을 보인다.

- 교사가 8과 9를 써 놓고 유아에게 중간중간 비어 있는 곳에 6, 7, 10을 써 보라고 한다.

- 쓰지 못하면 8과 9를 쓰도록 한 것과 같은 방법으로 지도한다.

- 수행되면 교사가 다양하게 중간중간 숫자를 비워 놓은 후 유아가 빈 곳에 적절한 숫자를 쓸 수 있는지 확인한다.

- 수행되면 유아의 특성에 맞는 적절한 강화제를 제공한다.

5~6
세

☞ 숫자를 지도할 때 각 방법마다 숫자노래(예: 숫자송)를 활용하여 놀이식으로 지도하면 효과적이다.

☞ 여기서는 방법론적으로 순서대로 제시했지만 순서대로 숫자를 쓰게 하는 것보다는 유아의 특성에 따라 현장에서는 10과 직선으로 된 7을 먼저 지도한 후 8, 6, 9를 쓰게 하는 것이 효과적이었으므로 참고하기 바란다.

☞ 숫자를 칼로 오려 낸 숫자카드를 준비하여 오려진 모양을 따라 숫자를 쓰게 하면 효과적으로 숫자 쓰기를 지도할 수 있다.

☞ 일반적으로 숫자 쓰기를 지도할 때는 사포로 쓰인 숫자카드를 손으로 따라 쓰게 한 후 지도하면 보다 빠르게 숫자 쓰기를 습득할 수 있으므로 참고하기 바란다.

☞ 교사가 다양하게 숫자를 삽입하여 지도할 수 있도록 그림은 의도적으로 칸을 비워 두었다. 숫자스티커를 활용하여 유아에게 빈칸에 숫자를 붙이게 지도해도 된다.

1 1 1 1

2 2 2 2

3 3 3 3

4 4 4 4

5 5 5 5

6   6   6   6

7   7   7   7

8   8   8   8

9   9   9   9

10   10   10   10

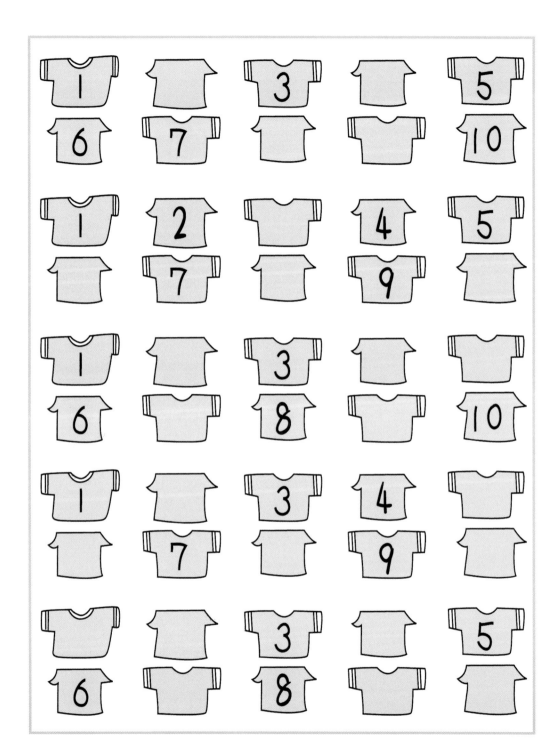

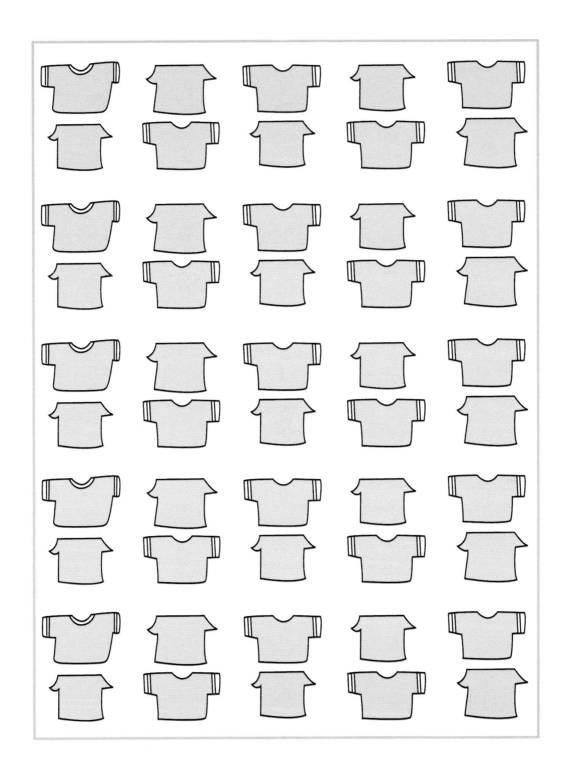

1~10의 수 개념

목표 | 1~10의 수 개념을 습득할 수 있다.

자료 | 1~10 숫자카드, 산가지, 1~10의 숫자가 쓰여 있는 컵 열 개, 숫자스티커, 스티커, 수 개념 그림, 종이, 연필. 색연필, 강화제

방법 ❶

• 1~5의 수 개념은 앞 단계에서 수행하였으므로 확인한 후 시행한다.

• 교사가 산가지를 가지고 1~10의 숫자카드에 각 수만큼 산가지를 놓는 시범을 보인다.

• 유아에게 교사를 모방하여 1~10 숫자카드에 각 수만큼 산가지를 놓아 보라고 한다.

• 수행되면 유아 스스로 1~10 숫자카드에 각 수만큼 산가지를 놓아 보라고 한다.

• 수행되면 교사가 숫자카드 위치를 바꾸어 유아에게 1~10의 숫자카드에 각 수만큼 산가지를 놓아 보라고 한다.

• 수행되면 유아의 특성에 맞는 적절한 강화제를 제공한다.

방법 ❷

• 1~5의 수 개념은 앞 단계에서 수행하였으므로 확인한 후 시행한다.

• 교사가 1~10 숫자카드에 각 수만큼 산가지를 놓은 후 각 개수를 세어 주면서 유아에게 교사를 따라서 세어 보라고 한다.

• 교사가 '6' 숫자카드에 산가지를 '여섯 개' 놓는 시범을 보인다.

• 유아에게 교사를 모방하여 '6' 숫자카드에 산가지를 '여섯 개' 놓아 보라고 한다.

• 놓지 못하면 교사가 유아의 손을 잡고 '6' 숫자카드에 산가지를 '여섯 개' 놓아 준다.

• 교사가 산가지 '여섯 개'를 가리키며 유아에게 '6' 숫자카드에 놓아 보라고 한다.

• 도움을 점차 줄여 간다.

- 수행되면 유아 스스로 '6' 숫자카드에 산가지를 '여섯 개' 놓아 보라고 한다.
- 수행되면 교사가 1~6의 숫자카드를 제시한 후 유아에게 각 숫자만큼 산가지를 놓아 보라고 한다.
- 수행되면 교사가 '7'의 숫자카드에 산가지를 '일곱 개' 놓는 시범을 보인다.
- 유아에게 교사를 모방하여 '7' 숫자카드에 산가지를 '일곱 개' 놓아 보라고 한다.
- 놓지 못하면 교사가 유아의 손을 잡고 '7' 숫자카드에 산가지를 '일곱 개' 놓아 준다.
- 교사가 산가지 '일곱 개'를 가리키며 유아에게 '7' 숫자카드에 놓아 보라고 한다.
- 도움을 점차 줄여 간다.
- 수행되면 유아 스스로 '7' 숫자카드에 산가지를 '일곱 개' 놓아 보라고 한다.
- 수행되면 교사가 1~7의 숫자카드를 제시한 후 유아에게 각 숫자만큼 산가지를 놓아 보라고 한다.
- 수행되면 '6'과 '7'의 숫자카드 위치를 다양하게 바꾸어 유아가 각 숫자만큼 산가지를 놓을 수 있는지 확인한다.
- 이와 같은 방법으로 8~10의 수 개념을 지도한다.
- 수행되면 1~10의 숫자카드 위치를 다양하게 바꾸어 유아가 각 숫자만큼의 산가지를 놓을 수 있는지 확인한다.
- 수행되면 유아의 특성에 맞는 적절한 강화제를 제공한다.

방법 ❸

- 교사가 1~10의 숫자를 붙인 컵 열 개를 제시한다.
- 유아에게 1~5가 쓰인 컵에 산가지를 숫자만큼 넣게 한 후 교사가 '6'의 숫자가 쓰인 컵에 산가지를 세면서 '여섯 개' 넣는 시범을 보인다.
- 유아에게 교사를 모방하여 '6'의 숫자가 쓰인 컵에 산가지를 '여섯 개' 넣어 보라고 한다.
- 넣지 못하면 교사가 유아의 손을 잡고 '6'의 숫자가 쓰인 컵에 산가지를 '여섯

개' 넣어 준다.

- 교사가 산가지 '여섯 개'를 가리키며 유아에게 '6'의 숫자가 쓰인 컵에 넣어 보라고 한다.
- 도움을 점차 줄여 간다.
- 수행되면 유아 스스로 '6'의 숫자가 쓰인 컵에 산가지를 '여섯 개' 넣어 보라고 한다.
- 수행되면 교사가 '7'의 숫자가 쓰인 컵에 산가지를 세면서 '일곱 개' 넣는 시범을 보인다.
- 유아에게 교사를 모방하여 '7'의 숫자가 쓰인 컵에 산가지를 세면서 '일곱 개' 넣어 보라고 한다.
- 넣지 못하면 교사가 유아의 손을 잡고 '7'의 숫자가 쓰인 컵에 산가지를 '일곱 개' 넣어 준다.
- 교사가 산가지 '일곱 개'를 가리키며 '7'의 숫자가 쓰인 컵에 넣어 보라고 한다.
- 도움을 점차 줄여 간다.
- 수행되면 유아 스스로 '7'의 숫자가 쓰인 컵에 산가지를 '일곱 개' 넣어 보라고 한다.
- 수행되면 교사가 6~7의 숫자가 쓰인 컵을 제시한 후 유아에게 각 숫자만큼 산가지를 넣어 보라고 한다.
- 수행되면 '6'과 '7' 숫자가 쓰인 컵의 위치를 다양하게 바꾸어 유아가 각 숫자만큼 산가지를 넣을 수 있는지 확인한다.
- 이와 같은 방법으로 8~10의 수 개념을 지도한다.
- 수행되면 1~10이 쓰인 컵의 위치를 다양하게 바꾸어 유아가 각 숫자만큼의 산가지를 넣을 수 있는지 확인한다.
- 수행되면 유아의 특성에 맞는 적절한 강화제를 제공한다.

방법 ④

- 교사가 1~10의 숫자와 개수를 연결할 수 있는 그림을 가지고 어떻게 연결하는지 설명한 후 '6'의 숫자와 개수를 연결하는 시범을 보인다.
- 유아에게 1~5의 숫자와 개수를 연결하게 한 후 교사를 모방하여 '6'의 숫자와 개수를 연결해 보라고 한다.
- 연결하지 못하면 교사가 유아의 손을 잡고 '6'의 숫자와 개수를 연결해 준다.
- 교사가 '6'의 숫자와 개수를 연결하는 점선을 그려 준 후 유아에게 연결하라고 한다.
- 교사가 '6'의 숫자와 개수를 연결하는 점선을 가리키며 유아에게 연결하라고 한다.
- 도움을 점차 줄여 간다.
- 수행되면 유아 스스로 점선을 따라 '6' 숫자와 개수를 연결하라고 한다.
- 수행되면 교사가 7~10의 숫자와 개수를 연결하는 점선을 그려 준 후 유아에게 연결하라고 한다.
- 수행되면 교사가 8~10의 숫자와 개수를 연결하는 점선을 그려 주고 유아에게 연결하라고 한 후 7은 스스로 연결하라고 한다.
- 수행되면 교사가 9~10의 숫자와 개수를 연결하는 점선을 그려 주고 유아에게 연결하라고 한 후 7과 8은 스스로 연결하라고 한다.
- 수행되면 교사가 10의 숫자와 개수를 연결하는 점선을 그려 주고 유아에게 연결하라고 한 후 7~9는 스스로 연결하라고 한다.
- 수행되면 점선을 전부 지운 후 유아 스스로 숫자와 개수를 연결하라고 한다.
- 수행되면 1~10의 숫자와 개수의 위치를 다양하게 바꾸어 유아에게 연결하라고 한다.
- 수행되면 유아의 특성에 맞는 적절한 강화제를 제공한다.

방법 ⑤

- 교사가, 예를 들어 밤에 1~10의 숫자만큼 동그라미가 그려진 그림을 가지고 동그

라미를 각각 세어 숫자스티커를 붙이는 시범을 보인다.

- 교사가 유아에게 1~5의 숫자만큼 동그라미가 그려진 그림의 동그라미를 세어 각 숫자스티커를 붙여 보라고 한다.
- 교사가 '여섯 개'의 동그라미가 그려진 그림의 동그라미를 세어 숫자스티커 '6'을 붙이는 시범을 보인다.
- 유아에게 교사를 모방하여 '여섯 개'의 동그라미를 센 후 숫자스티커 '6'을 붙여 보라고 한다.
- 동그라미를 세지 못하면 교사가 유아의 손을 잡고 "한 개~여섯 개,"라고 세어 준다.
- 유아에게 교사를 모방하여 '여섯 개'의 동그라미를 세어 보라고 한다.
- 수행되면 유아에게 '여섯 개'의 동그라미를 센 후 숫자스티커 '6'을 붙여 보라고 한다.
- 숫자스티커 '6'을 붙이지 못하면 교사가 유아의 손을 잡고 '여섯 개'의 동그라미를 "한 개~여섯 개."라고 센 후 숫자스티커 '6'을 붙여 준다.
- 도움을 점차 줄여 간다.
- 수행되면 유아 스스로 "여섯 개."라고 센 후 숫자스티커 '6'을 붙여 보라고 한다.
- 수행되면 교사가 '일곱 개'의 동그라미를 "한 개~일곱 개."라고 센 후 숫자스티커 '7'을 붙이는 시범을 보인다.
- 유아에게 교사를 모방하여 동그라미를 "한 개~일곱 개."라고 센 후 숫자스티커 '7'을 붙여 보라고 한다.
- 붙이지 못하면 '여섯 개'를 지도한 것과 같은 방법으로 지도한다.
- 수행되면 교사가 동그라미가 6~7개 그려진 그림을 제시한 후 유아에게 동그라미를 세어 동그라미 개수에 맞는 숫자스티커를 붙여 보라고 한다.
- 수행되면 이와 같은 방법으로 8~10의 수 개념을 지도한다.
- 수행되면 교사가 동그라미가 1~10개 그려진 그림의 위치를 다양하게 바꾸어 유아가 동그라미 개수에 맞는 숫자스티커를 붙일 수 있는지 확인한다.

5~6
세

- 수행되면 유아의 특성에 맞는 적절한 강화제를 제공한다.

방법 ⑥

- 교사가 1~10의 숫자가 쓰인 그림을 가지고 쓰인 숫자만큼 동그라미를 그리는 시범을 보인다.
- 교사가 유아에게 1~5의 숫자가 쓰인 그림을 제시한 후 숫자만큼 동그라미를 그려 보라고 한다.
- 수행되면 교사가 숫자 '6'을 센 후 "한 개~여섯 개."라고 세면서 '여섯 개'의 동그라미를 그리는 시범을 보인다.
- 유아에게 교사를 모방하여 '6'의 숫자가 쓰인 그림에 "한 개~여섯 개."라고 세면서 '여섯 개'의 동그라미를 그려 보라고 한다.
- 그리지 못하면 교사가 "6은 ♫ 랄~랄~랄 ♫ 여섯 개이고요."라고 노래 부르며 유아의 손을 잡고 동그라미를 '여섯 개' 그려 준다.
- 교사가 "6은 ♫ 랄~랄~랄 ♫ 여섯 개이고요."라고 노래 부르며 유아에게 동그라미를 '여섯 개' 그려 보라고 한다.
- 도움을 점차 줄여 간다.
- 수행되면 유아 스스로 "한 개~여섯 개."라고 세면서 숫자 '6'에 동그라미를 '여섯 개' 그려 보라고 한다.
- 수행되면 교사가 숫자 '7'을 센 후 "한 개~일곱 개."라고 말하면서 동그라미를 '일곱 개' 그리는 시범을 보인다.
- 유아에게 교사를 모방하여 숫자 '7'을 센 후 "한 개~일곱 개."라고 세면서 동그라미를 '일곱 개' 그려 보라고 한다.
- 그리지 못하면 숫자 '6'에 동그라미를 그리는 것과 같은 방법으로 지도한다.
- 수행되면 교사가 숫자 '6'과 '7'이 쓰인 그림을 제시한 후 유아에게 '6'과 '7'의 숫자만큼 동그라미를 그려 보라고 한다.
- 수행되면 나머지 숫자들도 같은 방법으로 지도한다.

• 수행되면 교사가 숫자 1~10이 쓰인 그림의 위치를 다양하게 바꾸어 유아가 각 숫자만큼 동그라미를 그릴 수 있는지 확인 한다.

• 수행되면 유아의 특성에 맞는 적절한 강화제를 제공한다.

☞ 방법 ❺ 지도 시 숫자를 쓸 수 있는 경우에는 숫자스티커 대신 숫자를 직접 쓰게 하면 된다.

☞ 방법 ❻ 지도 시 동그라미를 그리지 않고 숫자만큼 스티커를 붙이게 해도 된다.

☞ 반드시 숫자보다 많은 산가지를 제시하도록 한다. 숫자와 같은 산가지를 제시할 경우 수행 여부를 확인하기가 어렵기 때문에 주의하도록 한다.

☞ 산가지는 시중에서 저렴하게 구입할 수 있으며 숫자 개념 외에도 다양하게 활용할 수 있어 유용하다. 1~10 숫자를 붙인 컵은 집에서 컵에 숫자스티커를 붙이거나 숫자를 잘라서 붙이면 된다.

5~6
세

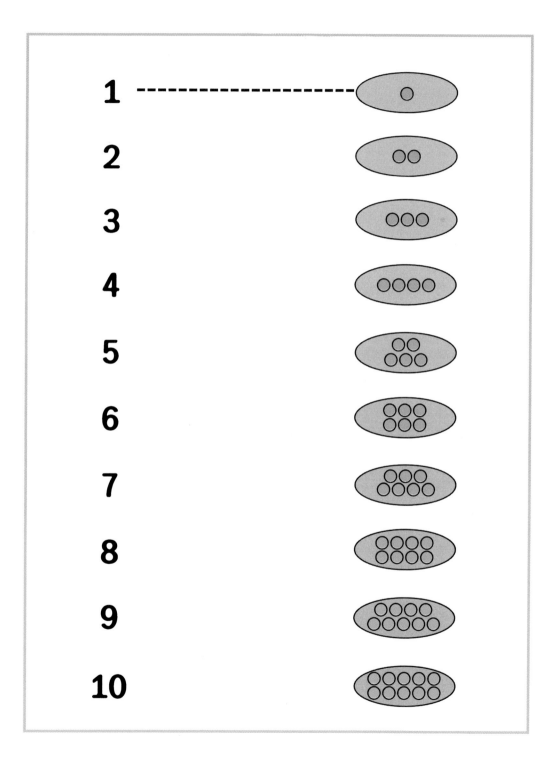

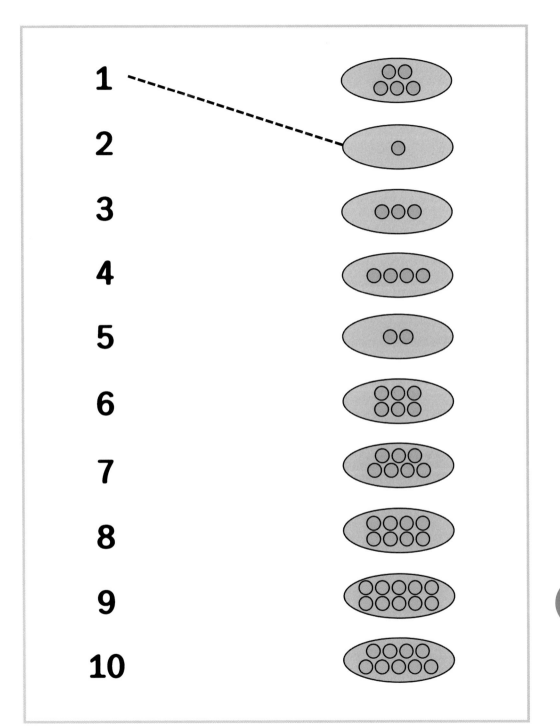

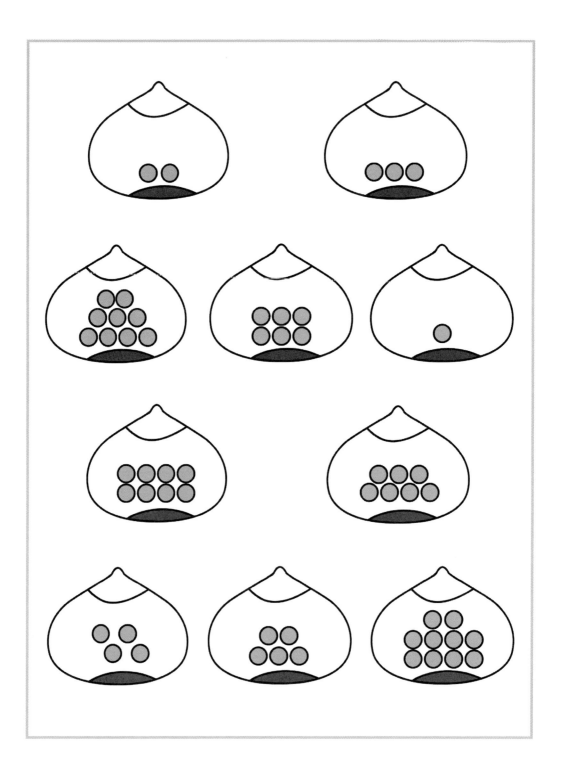

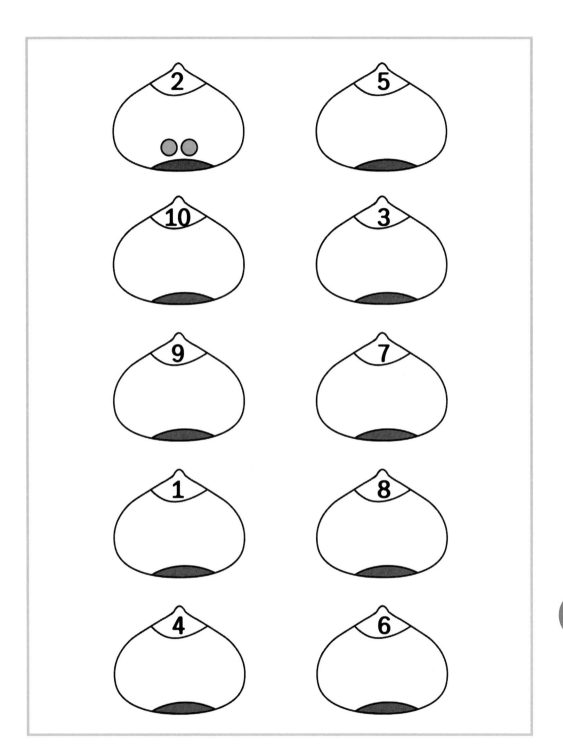

78 1~10의 앞에 오는 숫자 가리키기

5~6세

목표 | 1~10의 앞에 오는 숫자를 가리킬 수 있다.

자료 | 1~10이 쓰인 숫자카드 두 쌍, 1~10이 쓰인 숫자블록 두 쌍, 숫자스티커, 강화제

방법 ❶

- 교사가 1~10의 숫자카드를 순서대로 배열한다.
- 교사가 배열된 순서대로 각 수의 앞에 오는 숫자를 가리키는 시범을 보인다.
- 유아에게 교사를 모방하여 1~10의 앞에 오는 각 숫자를 가리켜 보라고 한다.
- 수행되면 유아 스스로 1~10의 앞에 오는 각 숫자를 가리켜 보라고 한다.
- 수행되면 유아의 특성에 맞는 적절한 강화제를 제공한다.

방법 ❷

- 교사와 유아가 1~10의 숫자카드를 각각 나누어 갖는다.
- 교사가 1~10의 숫자카드를 배열한 후 각 수의 앞에 오는 숫자를 가리키며 앞에 오는 숫자를 설명해 준다.
- 교사가 1~3의 숫자를 순서대로 배열한 후 '2' 앞에 오는 숫자 '1'을 가리키는 시범을 보인다.
- 유아에게 교사를 모방하여 '2' 앞에 오는 숫자 '1'을 가리켜 보라고 한다.
- 가리키지 못하면 교사가 유아의 손을 잡고 '1'을 가리켜 준다.
- 도움을 점차 줄여 간다.
- 수행되면 교사가 '2' 앞에 오는 숫자를 물어볼 때 유아 스스로 '1'을 가리켜 보라고 한다.
- 수행되면 교사가 2~3을 제시한 후 유아에게 '2' 앞에 오는 숫자를 놓아 보라고 한다.
- '1'을 놓지 못하면 교사가 유아의 손을 잡고 '1'을 '2' 앞에 놓아 준다.
- 유아 스스로 '1'을 '2' 앞에 놓아 보라고 한다.

- 수행되면 교사가 1~3의 숫자를 순서대로 배열한 후 '3' 앞에 오는 숫자 '2'를 가리키는 시범을 보인다.
- 유아에게 교사를 모방하여 '3' 앞에 오는 숫자 '2'를 가리켜 보라고 한다.
- 가리키지 못하면 교사가 유아의 손을 잡고 '2'를 가리켜 준다.
- 도움을 점차 줄여 간다.
- 수행되면 유아 스스로 '2'을 가리켜 보라고 한다.
- 수행되면 교사가 '3'을 제시한 후 유아에게 '3' 앞에 오는 숫자를 놓아 보라고 한다.
- '2'를 놓지 못하면 교사가 유아의 손을 잡고 '3' 앞에 '2'를 놓아 준다.
- 수행되면 교사가 '3' 앞에 오는 수를 놓아 보라고 할 때 유아 스스로 '2'를 놓을 수 있는지 확인한다.
- 수행되면 교사가 1~4의 숫자를 순서대로 배열한 후 '4' 앞에 오는 숫자 '3'을 가리키는 시범을 보인다.
- 유아에게 교사를 모방하여 '4' 앞에 오는 숫자 '3'을 가리켜 보라고 한다.
- 가리키지 못하면 '2'를 지도한 것과 같은 방법으로 10까지 각 숫자의 앞에 오는 숫자를 지도한다.
- 수행되면 교사가 1~10 앞에 오는 수를 물어볼 때 유아가 각각 가리킬 수 있는지 확인한다.
- 수행되면 유아의 특성에 맞는 적절한 강화제를 제공한다.

방법 ❸
- 교사와 유아가 1~10의 숫자카드를 각각 나누어 갖는다.
- 교사가 1~10의 숫자카드를 배열한 후 각 수의 앞에 오는 숫자를 가리키며 앞에 오는 숫자를 설명해 준다.
- 교사가 2~10의 숫자를 배열한 후 '2' 앞에 오는 숫자 '1'을 가리키는 시범을 보인다.
- 유아에게 교사를 모방하여 '2' 앞에 오는 '1'을 가리켜 보라고 한다.
- 가리키지 못하면 교사가 유아의 손을 잡고 '1'을 가리켜 준다.

5~6
세

- 교사가 '1'을 가리키며 '2' 앞에 '1'을 놓아 보라고 한다.
- 도움을 점차 줄여 간다.
- 수행되면 교사가 '2' 앞에 오는 숫자를 물어볼 때 유아 스스로 '1'을 가리켜 보라고 한다.
- 수행되면 교사가 2~10의 숫자를 배열한 후 유아 스스로 '2' 앞에 '1'을 놓아 보라고 한다.
- 수행되면 교사가 3~10의 숫자를 배열한 후 '3' 앞에 오는 숫자 '2'를 가리키는 시범을 보인다.
- 유아에게 교사를 모방하여 '3' 앞에 오는 숫자 '2'를 가리켜 보라고 한다.
- 가리키지 못하면 '1'을 지도한 것과 같은 방법으로 각 숫자의 앞에 오는 숫자를 지도한다.
- 수행되면 교사가 1~10 앞에 오는 수를 물어볼 때 유아가 각각 가리킬 수 있는지 확인한다.
- 수행되면 유아의 특성에 맞는 적절한 강화제를 제공한다.

방법 ❹
- 교사가 1~10의 각 숫자 앞에 오는 숫자를 연결할 수 있는 그림을 제시한 후 각각의 숫자 앞에 오는 숫자를 연결하는 시범을 보인다.
- 유아에게 각 숫자와 각 숫자의 앞에 오는 숫자를 연결해 보라고 한다.
- 연결하지 못하면 교사가 '2' 앞에 오는 숫자 '1'을 연결하는 시범을 보인다.
- 유아에게 교사를 모방하여 '2' 앞에 오는 숫자 '1'을 연결해 보라고 한다.
- 연결하지 못하면 교사가 유아의 손을 잡고 연결해 준다.
- 교사가 "♬ 1은 어디 있나 ♬ 여~기."라고 노래 부르며 '1'을 가리켜 주고 유아에게 연결해 보라고 한다.
- 도움을 점차 줄여 간다.
- 수행되면 유아 스스로 '2' 앞에 오는 숫자 '1'을 연결해 보라고 한다.
- 수행되면 교사가 '3' 앞에 오는 숫자 '2'를 연결하는 시범을 보인다.

- 유아에게 교사를 모방하여 '3' 앞에 오는 숫자 '2'를 연결해 보라고 한다.
- 연결하지 못하면 '1'을 지도한 것과 같은 방법으로 각 숫자의 앞에 오는 숫자를 지도한다.
- 수행되면 교사가 1~10 앞에 오는 수를 물어볼 때 유아가 각각 가리킬 수 있는지 확인한다.
- 수행되면 유아의 특성에 맞는 적절한 강화제를 제공한다.

방법 ❺

- 교사가 1~10의 각 숫자 앞에 오는 숫자를 연결할 수 있는 그림을 제시한 후 각각의 숫자 앞에 오는 숫자를 연결하는 시범을 보인다.
- 유아에게 각 숫자 앞에 오는 숫자를 연결해 보라고 한다.
- 연결하지 못하면 교사가 유아의 손을 잡고 각 숫자와 각 숫자 앞에 오는 숫자를 연결해 준다.
- 교사가, 예를 들어 2 숫자와 2 숫자 앞에 오는 1을 점선으로 그려 준 후 유아에게 연결해 보라고 한다.
- 교사가 1을 가리키며 유아에게 점선을 따라 연결해 보라고 한다.
- 도움을 점차 줄여 간다.
- 유아 스스로 2 숫자와 2 숫자 앞에 오는 1을 점선을 따라 연결해 보라고 한다.
- 수행되면 각 숫자와 각 숫자 앞에 오는 숫자를 연결할 수 있는 점선을 여덟 개 그려 준 후 유아에게 점선을 따라 연결하게 하고 한 개는 스스로 연결하게 한다.
- 수행되면 일곱 개의 숫자에만 점선을 그려 준 후 유아에게 점선을 따라 연결하게 하고 두 개는 스스로 연결하게 한다.
- 이와 같은 방법으로 나머지 숫자도 각 숫자 앞에 오는 숫자를 연결하게 한다.
- 수행되면 점선을 모두 지운 후 각 숫자와 각 숫자 앞에 오는 숫자를 유아 스스로 연결하게 한다.
- 수행되면 유아의 특성에 맞는 적절한 강화제를 제공한다.

5~6
세

4	1
0	2
5	3
1	4
7	5
3	6
9	7
2	8
8	9
6	10

○	3	○	−8
○	5	○	−6
○	7	○	−4
○	9	○	−1
○	2	○	−5
○	4	○	−10
○	1	○	−9
○	6	○	−7
○	8	○	−2
○	10	○	−3

5～6
세

79 같은 공간 위치 표시하기 5~6세

목표 | 공간의 위치를 표시할 수 있다.

자료 | 공간 지각 관련 그림, 다양한 모양의 스티커, 종이, 연필 또는 색연필, 강화제

방법 ❶

- 공간 위치를 표시할 수 있는 그림을 제시 한다.

- 교사가 왼쪽 그림을 보고 오른쪽 그림의 같은 칸에 ○를 그리는 시범을 보인다.

- 유아에게 교사를 모방하여 왼쪽 그림을 보고 오른쪽 그림의 같은 칸에 ○를 그려 보라고 한다.

- 수행되면 유아 스스로 왼쪽 그림을 보고 오른쪽 그림의 같은 칸에 ○를 그려 보라 고 한다.

- 수행되면 교사가 다른 그림들도 시범을 보인 후 유아가 같은 칸에 표시할 수 있는 지 확인한다.

- 수행되면 유아의 특성에 맞는 적절한 강화제를 제공한다.

방법 ❷

- 교사가 세 칸이 그려진 그림의 중간에 동그라미가 그려져 있는 그림을 제시한다.

- 교사가 세 칸이 그려진 그림의 중간에 동그라미가 그려져 있는 왼쪽 그림과 같이 오른쪽 그림의 같은 칸에 ○를 그리는 시범을 보인다.

- 유아에게 교사를 모방하여 왼쪽 그림을 보고 오른쪽 그림의 같은 칸에 ○를 그려 보라고 한다.

- 그리지 못하면 교사가 유아의 손을 잡고 오른쪽 같은 칸에 ○를 그려 준다.

- 교사가 오른쪽 같은 칸을 손으로 가리켜 주며 유아에게 ○를 그려 보라고 한다.

- 교사가 왼쪽 같은 칸을 손으로 짚어 주며 유아에게 오른쪽 같은 칸에 ○를 그려 보 라고 한다.

- 도움을 점차 줄여 간다.
- 수행되면 유아 스스로 오른쪽 같은 칸에 ○를 그려 보라고 한다.
- 수행되면 교사가 세 칸으로 나누어진 그림에 ○의 위치를 바꾸어 유아에게 같은 칸에 ○를 그려 보라고 한다.
- 수행되면 교사가 왼쪽의 네 칸이 그려진 그림의 ○를 보고 오른쪽 그림의 같은 칸에 ○를 그리는 시범을 보인다.
- 유아에게 오른쪽 그림의 같은 칸에 ○를 그려 보라고 한다.
- 그리지 못하면 세 칸으로 나누어진 그림에 ○를 한 것과 같은 방법으로 지도한다.
- 수행되면 유아 스스로 왼쪽의 네 칸이 그려진 그림의 ○를 보고 오른쪽 그림의 같은 칸에 ○를 그려 보라고 한다.
- 수행되면 교사가 네 칸으로 나누어진 그림에 ○의 위치를 바꾸어 유아에게 같은 칸에 ○를 그려 보라고 한다.
- 수행되면 다른 그림들도 같은 방법으로 지도한다.
- 수행되면 유아 스스로 왼쪽의 네 칸이 그려진 그림의 ○를 보고 오른쪽 그림의 같은 칸에 ○를 그려 보라고 한다.
- 수행되면 좀 더 복잡한 그림을 제시하여 교사가 여러 위치에 다양한 기호를 표시해 준 후 유아가 같은 공간에 표시할 수 있는지 확인한다.
- 수행되면 유아의 특성에 맞는 적절한 강화제를 제공한다.

☞ 유아에게 기호로 표시하게 하는 대신 교사가 왼쪽 그림의 칸에 다양한 스티커를 붙여 준 후 유아에게 오른쪽 그림의 같은 칸에 교사가 붙인 것과 같은 모양의 스티커를 붙이게 지도해도 효과적이다.

5~6
세

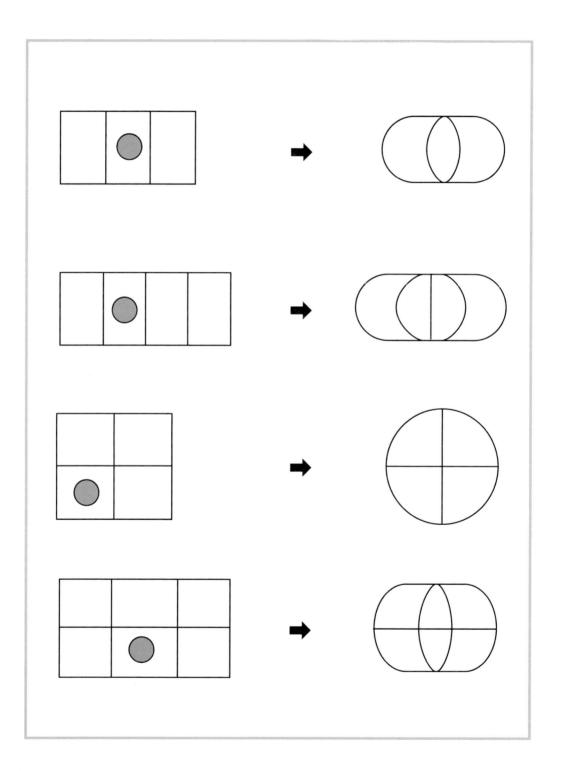

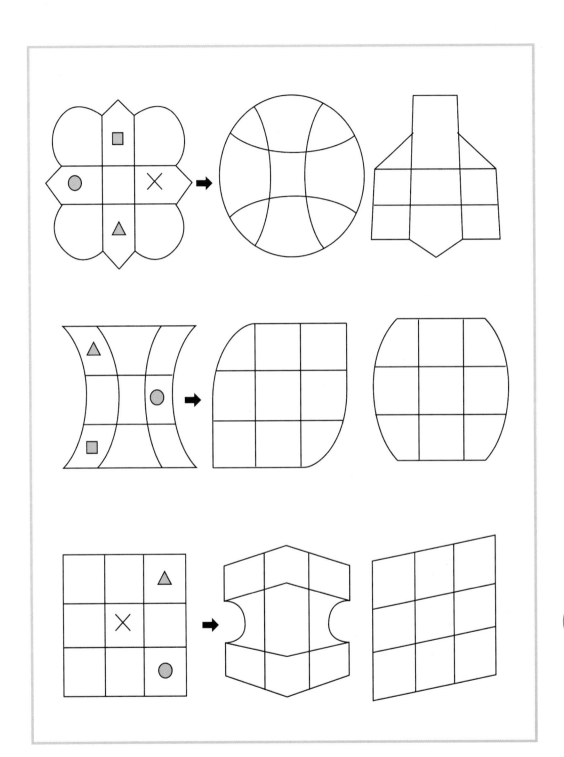

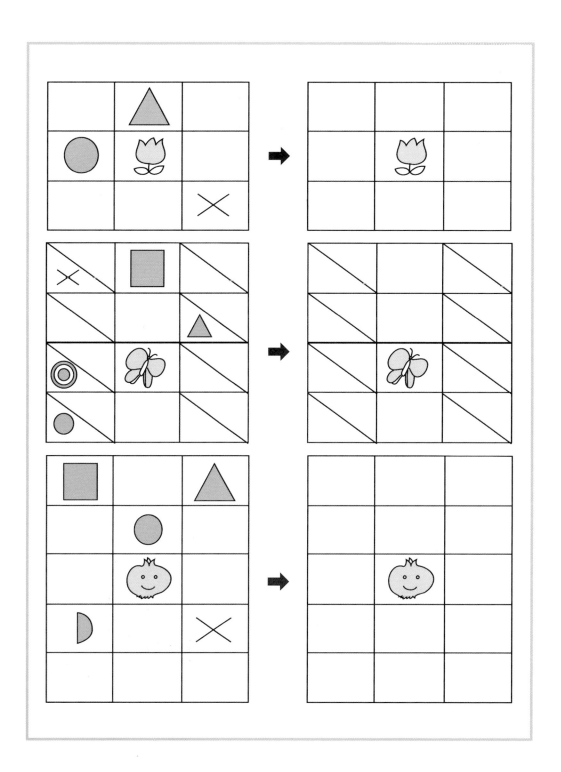

80 친숙한 단어 열 개 읽기

목표 | 친숙한 단어를 열 개 읽을 수 있다.

자료 | 친숙한 단어가 쓰여 있는 글자카드, 그림 밑에 글자가 쓰여 있는 카드, 동화책, 강화제

방법 ❶

- 교사가 그림 밑에 글자가 쓰여 있는 카드를 보여 준 후 친숙한 단어가 쓰여 있는 글자카드를 보고 읽는 시범을 보인다.
- 유아에게 교사를 모방하여 친숙한 단어가 쓰여 있는 글자카드를 보고 읽어 보라고 한다.
- 수행되면 유아 스스로 친숙한 단어가 쓰여 있는 글자카드를 보고 읽어 보라고 한다.
- 수행되면 유아의 특성에 맞는 적절한 강화제를 제공한다.

방법 ❷

- 교사가 그림 밑에 글자가 쓰여 있는 카드를 보여 준 후 친숙한 단어가 쓰여 있는 글자카드를 보고 읽는 시범을 보인다.
- 유아에게 교사를 모방하여 친숙한 단어가 쓰여 있는 글자카드를 보고 읽어 보라고 한다.
- 읽지 못하면 교사가, 예를 들어 바나나 그림이 있는 카드를 보여 준 후 '바나나' 글씨카드를 보여 주며 읽는 시범을 보인다.
- 유아에게 교사를 모방하여 '바나나'를 읽어 보라고 한다.
- 수행되면 유아 스스로 '바나나'를 읽어 보라고 한다.
- 읽지 못하면 교사가 '바나나' 그림을 보여 주며 읽어 보라고 한다.
- 수행되면 교사가 '바나나'의 '바나' 글자를 손으로 짚으며 읽어 준 후 유아에게

읽어 보라고 한다.

- 수행되면 교사가 '바나나'의 첫 글자 '바'를 손으로 짚으며 읽어 준 후 유아에게 읽어 보라고 한다.
- 도움을 점차 줄여 간다.
- 수행되면 유아 스스로 '바나나'를 읽어 보라고 한다.
- 수행되면 교사가 오이 그림이 있는 카드를 보여 준 후 '오이' 글씨 카드를 보여 주며 읽는 시범을 보인다.
- 유아에게 교사를 모방하여 '오이'를 읽어 보라고 한다.
- 읽지 못하면 교사가 '오이' 그림을 보여 주며 읽어 보라고 한다.
- 수행되면 교사가 '오이'의 첫 글자 '오'를 손으로 짚으며 읽어 준 후 유아에게 읽어 보라고 한다.
- 도움을 점차 줄여 간다.
- 수행되면 유아 스스로 '오이'를 읽어 보라고 한다.
- 수행되면 교사가 '바나나'와 '오이' 카드를 제시한 후 유아가 각각의 글자를 읽을 수 있는지 확인한다.
- 수행되면 교사가 '바나나'와 '오이' 카드의 위치를 다양하게 바꾸어 유아가 각각의 글자를 읽을 수 있는지 확인한다.
- 수행되면 이와 같은 방법으로 친숙한 단어를 지도한다.
- 수행되면 교사가 열 개의 단어카드를 섞어 놓은 후 유아가 각각의 글자를 읽을 수 있는지 확인한다.
- 수행되면 유아의 특성에 맞는 적절한 강화제를 제공한다.

81

1~10 수에 2까지 더하기　　　　　　　　　　　　　

목표 ｜ 1~10 수에 2까지 더하기를 할 수 있다.

자료 ｜ 산가지 서른 개, 1~10의 숫자카드, 숫자스티커, 덧셈 교구, 덧셈 그림자료, 연습장, 연필, 강화제

방법 ❶

• 1＋1의 문제가 출제되어 있는 종이를 유아에게 제시한다.

• 교사가 1＋1의 뒤에 쓰인 숫자 1 위에 동그라미를 한 개 그려 앞 숫자 1과 뒤에 쓰인 1 숫자 위의 동그라미를 세어 답을 쓰는 시범을 보인다.

• 유아에게 1＋1의 뒤에 쓰인 1 숫자 위에 동그라미를 한 개 그려 앞 숫자 1과 뒤에 쓰인 1 숫자 위의 동그라미를 세어 답을 써 보라고 한다.

• 답을 쓰지 못하면 교사가 유아의 손을 잡고 앞 숫자 1과 뒤에 쓰인 1 숫자 위의 동그라미를 세어 2라고 답을 써 준다.

• 교사가 앞 숫자 1을 "일."이라고 세어 주고 유아에게 뒤 숫자 1 위에 그려진 동그라미를 세어 2라고 답을 쓰게 한다.

• 도움을 점차 줄여 간다.

• 유아 스스로 1＋1의 뒤 숫자 1 위에 동그라미를 그린 후 세어 보고 2라고 답을 쓰게 한다.

• 수행되면 교사가 뒤 숫자에 동그라미를 그리지 않고 1＋1을 해서 2라고 답을 쓰는 시범을 보인다.

• 유아에게 뒤 숫자에 동그라미를 그리지 않고 1＋1을 해서 2라고 답을 써 보라고 한다.

• 수행되면 교사가 1~10의 숫자에 ＋1을 해서 답을 쓰는 시범을 보인다.

• 교사가 1~10의 숫자에 ＋1의 문제를 제시해서 유아가 답을 쓸 수 있는지 확인한다.

- 수행되면 1＋2의 문제가 출제되어 있는 종이를 유아에게 제시한다.
- 교사가 1＋2의 뒤에 쓰인 2 숫자 위에 동그라미를 두 개 그려 앞 숫자 1과 뒤에 쓰인 2 숫자 위의 동그라미를 세어 3이라고 답을 쓰는 시범을 보인다.
- 유아에게 1＋2의 뒤에 쓰인 2 숫자 위에 동그라미를 두 개 그려 앞 숫자 1과 뒤에 쓰인 2 숫자 위의 동그라미를 세어 3이라고 답을 써 보라고 한다.
- 수행되면 교사가 1＋2의 뒤에 쓰인 2 숫자 위에 동그라미를 그리지 않고 1＋2를 해서 답을 쓰는 시범을 보인다.
- 유아에게 1＋2의 뒤에 쓰인 2 숫자 위에 동그라미를 그리지 않고 1＋2를 해서 답을 써 보라고 한다.
- 수행되면 교사가 1~10의 숫자에 ＋2를 해서 답을 쓰는 시범을 보인다.
- 교사가 1~10의 숫자에 ＋2의 문제를 제시해서 유아가 답을 쓸 수 있는지 확인한다.
- 수행되면 교사가 1~10의 숫자에 ＋1~2가 그림으로 그려져 있는 문제를 출제하여 답을 쓸 수 있는지 확인한다.
- 수행되면 1~10의 숫자에 ＋1, 2의 문제를 혼합하여 제시한 후 유아가 답을 쓸 수 있는지 확인한다.
- 수행되면 유아의 특성에 맞는 적절한 강화제를 제공한다.

방법 ❷
- 1＋1의 문제가 출제되어 있는 종이를 유아에게 제시한다.
- 교사가 1＋1의 숫자 1 위에 동그라미를 각각 한 개씩 그린다.
- 교사가 앞 숫자 1과 뒤 숫자 1 위의 동그라미를 모두 세어 2라고 답을 쓰는 시범을 보인다.
- 유아에게 1＋1의 숫자 위에 각각 동그라미를 한 개씩 그리게 한다.
- 유아에게 앞 숫자 1과 뒤에 쓰인 1 숫자 위의 동그라미를 모두 세어 2라고 답을 쓰거나 숫자스티커 2를 붙여 보라고 한다.

- 답을 쓰지 못하면 교사가 유아의 손을 잡고 1＋1의 숫자 위에 그려진 동그라미를 모두 세어 2라고 답을 써 준다.
- 교사가 앞 숫자 1의 동그라미를 "일."이라고 세어준 후 유아에게 뒤 숫자 1 위의 동그라미를 세어 2라고 답을 쓰게 한다.
- 도움을 점차 줄여 간다.
- 유아 스스로 1＋1의 숫자 위에 각각 동그라미를 한 개씩 그린 후 세어 보고 2라고 답을 쓰게 한다.
- 수행되면 교사가 1 숫자 위에 동그라미를 그리지 않고 1＋1을 해서 답을 쓰는 시범을 보인다.
- 유아에게 1 숫자 위에 동그라미를 그리지 않고 1＋1을 해서 답을 써 보라고 한다.
- 수행되면 교사가 1～10의 숫자에 ＋1을 해서 답을 쓰는 시범을 보인다.
- 교사가 1～10의 숫자에 ＋1의 문제를 제시해서 유아가 답을 쓸 수 있는지 확인한다.
- 수행되면 1＋2의 문제가 출제되어 있는 종이를 유아에게 제시한다.
- 교사가 앞 숫자 1 위에 동그라미를 하나 그리고 ＋2의 숫자 위에 동그라미를 두 개 그린다.
- 교사가 앞 숫자 1과 뒤 숫자 2 위의 동그라미를 모두 세어 3이라고 답을 쓰는 시범을 보인다.
- 유아에게 앞 숫자 1 위에 동그라미를 하나 그리고 ＋2의 숫자 위에 동그라미를 두 개 그리게 한다.
- 유아에게 앞 숫자 1과 뒤에 쓰인 ＋2 숫자 위의 동그라미를 모두 세어 3이라고 답을 쓰거나 숫자스티커 3을 붙여 보라고 한다.
- 수행되면 교사가 1＋2의 숫자 위에 동그라미를 그리지 않고 1＋2를 해서 답을 쓰는 시범을 보인다.
- 유아에게 숫자 위에 동그라미를 그리지 않고 1＋2를 해서 답을 써 보라고 한다.
- 수행되면 교사가 1～10의 숫자에 ＋2를 해서 답을 쓰는 시범을 보인다.
- 교사가 1～10의 숫자에 ＋1～2가 그림으로 그려져 있는 문제를 출제하여 답을 쓸

수 있는지 확인한다.

- 교사가 1~10의 숫자에 +2의 문제를 제시해서 유아가 답을 쓸 수 있는지 확인한다.
- 수행되면 1~10의 숫자에 +1, 2를 혼합하여 제시하고 유아가 답을 쓸 수 있는지 확인한다.
- 수행되면 유아의 특성에 맞는 적절한 강화제를 제공한다.

방법 ❸

- 숫자카드 1~10과 산가지 서른 개를 준비한다.
- 교사가 산가지 한 개를 놓으면서 "하나."라고 하고 한 개를 더하면서 "둘."이라고 말하며 +1을 하는 시범을 보인다.
- 유아에게 교사를 모방하여 산가지를 가지고 1+1을 해 보라고 한다.
- 1+1을 하지 못하면 교사가 산가지를 하나 놓은 후 유아에게 몇 개인지를 물어본다.
- 유아가 "한 개."라고 대답하면 교사가 산가지 하나를 더 놓으면서 유아에게 몇 개인지를 물어본다.
- 대답하지 못하면 교사가 유아의 손을 잡고 산가지를 세어 본 후 "두 개."라고 말해 준다.
- 교사가 산가지 하나를 "한 개."라고 세어 준 후 유아에게 나머지 한 개를 세어 "두 개."라고 하거나 숫자카드 2를 주도록 한다.
- 도움을 점차 줄여 간다.
- 수행되면 유아 스스로 산가지를 세어 "두 개."라고 말하거나 숫자카드 2를 주도록 한다.
- 수행되면 이와 같은 방법으로 2~10의 산가지에 산가지 한 개 더하기를 지도한다.
- 수행되면 1~10의 산가지에 +1을 할 수 있는지 확인한다.
- 수행되면 교사가 산가지 한 개를 놓으면서 "하나."라고 하고 두 개를 더하면서 "둘, 셋."이라고 말하며 +2를 하는 시범을 보인다.
- 유아에게 교사를 모방하여 산가지를 가지고 1+2를 해 보라고 한다.

- 1+2를 하지 못하면 교사가 산가지를 하나 놓은 후 유아에게 몇 개인지를 물어본다.
- 유아가 "한 개."라고 대답하면 교사가 산가지 두 개를 더 놓으면서 유아에게 몇 개인지를 물어본다.
- 대답하지 못하면 교사가 유아의 손을 잡고 산가지를 세어 본 후 "세 개."라고 말해 준다.
- 교사가 산가지 하나를 "한 개."라고 세어 준 후 유아에게 나머지 두 개를 세어 "세 개."라고 하거나 숫자카드 3을 주도록 한다.
- 수행되면 이와 같은 방법으로 2~10의 산가지에 산가지 두 개 더하기를 지도한다.
- 수행되면 1~10의 산가지에 +2를 할 수 있는지 확인한다.
- 수행되면 교사가 1~10의 산가지에 +1, 2를 혼합하여 물어보고 유아가 대답을 할 수 있는지 확인한다.
- 수행되면 유아의 특성에 맞는 적절한 강화제를 제공한다.

방법 ❹

- 교사가 숫자 1을 놓고 옆에 산가지 한 개를 놓아 숫자 1과 산가지 한 개를 연결하여 세면 두 개가 되는 시범을 보인다.
- 유아에게 교사를 모방하여 숫자 1과 산가지 한 개를 연결하여 세어 본 후 몇 개인지를 말해 보라고 한다.
- 대답하지 못하면 교사가 유아의 손을 잡고 숫자 1과 산가지 한 개를 연결하여 세어 본 후 유아에게 "두 개." 또는 "이."라고 대답하게 한다.
- 교사가 숫자 1을 가리키며 "하나." 또는 "일."이라고 한 뒤 유아가 연결하여 산가지 한 개를 "둘." 또는 "이."라고 세고 "두 개." 또는 "이."라고 대답하게 한다.
- 도움을 점차 줄여 간다.
- 수행되면 유아 스스로 숫자 1과 산가지 한 개를 세어 보게 한 후 답을 말하게 한다.
- 수행되면 이와 같은 방법으로 1~10의 숫자에 산가지 한 개를 연결하여 +1을 하도록 지도한다.

5~6
세

291

- 수행되면 1~10의 숫자에 산가지 한 개를 연결하여 +1을 할 수 있는지 확인한다.
- 수행되면 교사가 숫자 1을 놓고 옆에 산가지 두 개를 놓아 숫자 1과 산가지 두 개를 연결하여 세면 세 개가 되는 시범을 보인다.
- 유아에게 교사를 모방하여 숫자 1과 산가지 두 개를 연결하여 세어 보게 한 후 몇 개인지를 말해 보라고 한다.
- 대답하지 못하면 교사가 유아의 손을 잡고 숫자 1과 산가지 두 개를 연결하여 세어 본 후 유아에게 "세 개." 또는 "삼."이라고 대답하게 한다.
- 교사가 숫자 1을 가리키며 "하나." 또는 "일."이라고 한 뒤, 유아가 연결하여 산가지 두 개를 "둘, 셋." 또는 "이, 삼."이라고 세고 "세 개." 또는 "삼."이라고 대답하게 한다.
- 수행되면 이와 같은 방법으로 1~10의 숫자에 산가지 두 개를 연결하여 +2를 하도록 지도한다.
- 수행되면 1~10의 숫자에 산가지 두 개를 연결하여 +2를 할 수 있는지 확인한다.
- 수행되면 교사가 1~10의 산가지에 +1, 2를 혼합하여 물어보고 유아가 대답을 할 수 있는지 확인한다.
- 수행되면 유아의 특성에 맞는 적절한 강화제를 제공한다.

방법 ❺

- 덧셈 교구를 준비하여 교사가 1+1을 할 때 각 숫자 위에 각 숫자만큼 동그라미를 붙이는 시범을 보인다.
- 교사가 동그라미를 전부 세어 1+1=2라고 붙이는 시범을 보인다.
- 유아에게 각 숫자만큼 동그라미를 붙이게 한 후 동그라미를 전부 세어 더한 숫자 2를 1+1=에 붙이게 한다.
- 2를 붙이지 못하면 교사가 유아의 손을 잡고 동그라미를 전부 세어 준 후 2를 찾아 붙여 준다.
- 교사가 동그라미를 더해서 세어 주고 유아에게 2를 찾아 붙이게 한다.

- 유아 스스로 1＋1을 할 때 각 숫자 위에 숫자만큼 동그라미를 붙여 동그라미를 더해서 세어 본 후 2를 찾아 붙이게 한다.
- 수행되면 이와 같은 방법으로 2~10의 숫자에 1을 더하는 방법을 지도한다.
- 수행되면 1~10의 숫자에 ＋1의 문제를 출제해서 확인한다.
- 수행되면 교사가 1＋2를 할 때 각 숫자 위에 각 숫자만큼 동그라미를 붙이는 시범을 보인다.
- 교사가 동그라미를 전부 세어 1＋2＝3이라고 붙이는 시범을 보인다.
- 유아에게 각 숫자만큼 동그라미를 붙이게 한 후 동그라미를 전부 세어 1＋2＝에 3을 붙여 보라고 한다.
- 3을 붙이지 못하면 1＋1과 같은 방법으로 지도한다.
- 수행되면 이와 같은 방법으로 2~10의 숫자에 2를 더하는 것을 지도한다.
- 수행되면 1~10의 숫자에 ＋1, 2를 혼합하여 출제한 뒤 유아가 답을 쓸 수 있는지 확인한다.
- 수행되면 유아의 특성에 맞는 적절한 강화제를 제공한다.

☞ 더하기 지도 시 '하나, 둘'이라고 세고 답을 1, 2라고 쓰게 하는 것보다 '일, 이'라고 세고 답을 쓰게 하면 더하기를 빠르게 습득하므로 참고하도록 한다.

☞ 각 단계마다 숫자를 쓰지 못하면 숫자스티커를 활용하면 된다. 그리고 숫자를 쓸 수 있는 경우에도 숫자스티커를 적절하게 활용하면 재미있게 지도할 수 있다.

☞ 산가지는 시중에서 저렴하게 구입할 수 있으며 숫자 개념 외에도 다양하게 활용할 수 있어 유용하다. 산가지가 없으면 바둑알이나 블록을 활용해도 된다.

☞ 덧셈 교구는 하드보드지에 보슬이를 붙인 후 숫자 뒤에 까슬이를 붙여 제작하거나 그림처럼 시중에서 판매되는 교구를 활용하면 효과적이다.

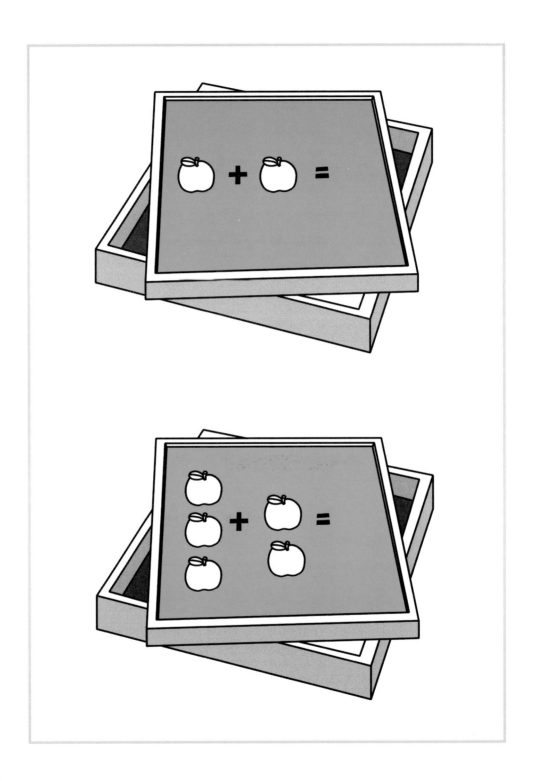

1 + ○1 =

2 + ○1 =

3 + ○1 =

4 + ○1 =

5 + ○1 =

1　　+　⚬⚬
　　　　2　　=

2　　+　⚬⚬
　　　　2　　=

3　　+　2　　=

4　　+　2　　=

5　　+　2　　=

○　　　　　○
1　　+　　**1**　　=

○○　　　○○
2　　+　　**2**　　=

3　　+　　**2**　　=

4　　+　　**1**　　=

5　　+　　**2**　　=

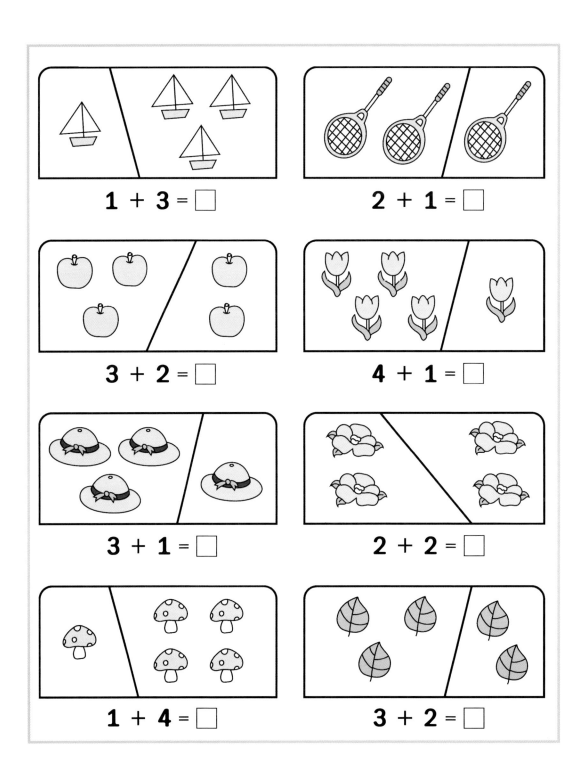

1 + **3** = ☐

2 + **1** = ☐

3 + **2** = ☐

4 + **1** = ☐

3 + **1** = ☐

2 + **2** = ☐

1 + **4** = ☐

3 + **2** = ☐

82

1~10의 수에서 2까지 빼기　　　　　　　　　　

목표 ┃ 1~10 수에서 2까지 뺄 수 있다.

자료 ┃ 산가지 서른 개, 과자, 접시, 1~10의 숫자카드, 숫자스티커, 뺄셈 교구, 뺄셈 그림자료, 연습장, 연필, 강화제

방법 ❶

- 교사가 과자 한 개를 접시 위에 담아 놓은 후 접시 위의 과자를 한 개 먹고 없으면 "영."이라고 말하는 시범을 보인다.
- 유아에게 과자 한 개를 주고 먹으라고 한 후 몇 개 남았는지 물어본다.
- 수행되면 교사가 과자 두 개를 접시 위에 담아 놓은 후 한 개를 먹고 한 개가 남아 있는 것을 가리키며 "한 개(또는 일)."라고 대답하는 시범을 보인다.
- 교사가 유아에게 과자를 두 개 주고 한 개를 먹으라고 한 후 남아 있는 과자가 몇 개인지를 물어본다.
- 대답하지 못하면 교사가 유아의 손을 잡고 남아 있는 과자를 세어 본 후 "한 개." 라고 대답하게 한다.
- 도움을 점차 줄여 간다.
- 수행되면 교사가 물어볼 때 유아 스스로 몇 개 남았는지 대답하라고 한다.
- 이와 같은 방법으로 1~10개의 과자에서 1을 빼는 것을 지도한다.
- 교사가 과자 두 개를 준비하여 두 개를 먹고 없으면 "영."이라고 말하는 시범을 보인다.
- 유아에게 과자 두 개를 주고 먹으라고 한 후 몇 개 남았는지 물어본다.
- 수행되면 과자 세 개를 놓은 후 교사가 두개를 먹고 한 개가 남아 있는 것을 가리키며 "한 개."라고 말하는 시범을 보인다.
- 교사가 과자 세 개를 놓고 유아에게 두 개를 먹도록 한 후 몇 개 남았는지 물어본다.
- 대답하지 못하면 교사가 남아 있는 두 개의 과자 중 하나를 세어 주고 유아가 연결

해서 나머지 하나를 세어 보게 한 후 "하나(또는 일)."라고 대답하게 한다.

- 수행되면 1~10개의 과자를 주고 유아에게 과자를 한 개, 또는 두 개 먹게 한 후 답을 말할 수 있는지 확인한다.
- 수행되면 유아의 특성에 맞는 적절한 강화제를 제공한다.

방법 ❷

- 교사가 1-1을 하면 "영."이라고 말하는 시범을 보인다.
- 유아에게 1-1을 한 후 몇 개 남았는지 물어본다.
- 수행되면 교사가 2-1을 할 때 뒤 숫자 1을 "일."이라고 센 후 앞 숫자 2 위에 "이." 라고 하면서 동그라미를 하나 그린다.
- 교사가 2 숫자 위의 동그라미를 세어 1이라고 답을 쓰는 시범을 보인다.
- 유아에게 교사를 모방하여 뒤 숫자 1을 센 후 앞 숫자 2 위에 "이."라고 하면서 동 그라미를 하나 그려 보라고 한다.
- 모방하지 못하면 교사가 유아의 손을 잡고 뒤 숫자 1을 센 후 앞 숫자 2 위에 "이." 라고 하면서 동그라미를 하나 그려 준 후 유아에게 동그라미를 세어 답을 써 보라 고 한다.
- 도움을 점차 줄여 간다.
- 유아 스스로 뒤 숫자 1을 센 후 앞 숫자 2 위에 "이."라고 하면서 동그라미를 하나 그린 후 동그라미를 세어 답을 쓰게 한다.
- 수행되면 교사가 3-1을 할 때 뒤 숫자 1을 "일."이라고 센 후 앞 숫자 3 위에 "이, 삼."이라고 하면서 동그라미를 두 개 그린다.
- 교사가 3 숫자 위의 동그라미 두 개를 세어 2라고 답을 쓰는 시범을 보인다.
- 유아에게 교사를 모방하여 뒤 숫자 1을 센 후 앞 숫자 3 위에 "이, 삼."이라고 하면 서 동그라미를 두 개 그리게 한다.
- 교사가 유아에게 그려진 동그라미를 세어 답을 써 보라고 한다.
- 수행되면 4~10까지 2~3-1과 같은 방법으로 -1을 지도한 후 유아가 답을 쓸 수

있는지 확인한다.

- 교사가 2-2를 하면 "영."이라고 말하는 시범을 보인다.
- 유아에게 2-2를 한 후 몇 개가 남았는지 물어본다.
- 수행되면 교사가 3-2를 할 때 뒤 숫자 2를 "이."라고 센 후 앞 숫자 3 위에 "삼."이라고 하면서 동그라미를 한 개 그린다.
- 교사가 3 숫자 위의 동그라미 한 개를 세어 1이라고 답을 쓰는 시범을 보인다.
- 유아에게 교사를 모방하여 뒤 숫자 2를 센 후 앞 숫자 3 위에 "삼."이라고 하면서 동그라미를 한 개 그려 보라고 한다.
- 교사가 유아에게 3 위에 그려진 동그라미 한 개를 세어 1이라고 답을 쓰게 한다.
- 수행되면 교사가 4-2를 할 때 뒤 숫자 2를 "이."라고 센 후 앞 숫자 4 위에 "삼, 사."라고 하면서 동그라미를 두 개 그린다.
- 교사가 4 숫자 위의 동그라미 두 개를 세어 2라고 답을 쓰는 시범을 보인다.
- 유아에게 뒤 숫자 2를 센 후 앞 숫자 4 위에 "삼, 사."라고 하면서 동그라미를 두 개 그리게 한 후 답을 쓰게 한다.
- 수행되면 4~10까지 3~4-2와 같은 방법으로 -2를 지도한 후 유아가 답을 쓸 수 있는지 확인한다.
- 수행되면 수 1~10까지 -1, 2를 혼합하여 출제한 후 유아에게 답을 써 보라고 한다.
- 수행되면 유아의 특성에 맞는 적절한 강화제를 제공한다.

방법 ❸

- 교사가 1-1을 하면 "영."이라고 말하는 시범을 보인다.
- 유아에게 1-1을 한 후 몇 개 남았는지 물어본다.
- 수행되면 교사가 2-1을 할 때 앞 숫자 2 위에 동그라미를 두 개 그린 후 뒤 숫자 1만큼 앞 숫자 2 위의 동그라미를 사선으로 긋는다.
- 교사가 2 숫자 위에 남아 있는 동그라미를 센 후 '1'이라고 답을 쓰는 시범을 보인다.

5~6
세

- 유아에게 앞 숫자 2 위에 동그라미를 두 개 그린 후 뒤 숫자 1만큼 동그라미를 사선으로 긋게 한다.
- 유아에게 앞 숫자 2 위에 남아 있는 동그라미를 세어 답을 써 보라고 한다.
- 답을 쓰지 못하면 교사가 유아의 손을 잡고 앞 숫자 2 위의 동그라미를 세어 1이라고 써 준다.
- 도움을 점차 줄여 간다.
- 유아 스스로 앞 숫자 2 위에 동그라미를 두 개 그리고 뒤 숫자 1만큼 동그라미를 사선으로 그은 후 남아 있는 동그라미를 세어 답을 쓰게 한다.
- 수행되면 교사가 3-1을 할 때 뒤 앞 숫자 3 위에 동그라미를 세 개 그리고 뒤 숫자 1만큼 동그라미를 사선으로 긋는다.
- 교사가 3 숫자 위에 남아 있는 동그라미를 세어 2라고 답을 쓰는 시범을 보인다.
- 유아에게 앞 숫자 3 위에 동그라미를 세 개 그린 후 뒤 숫자 1만큼 동그라미를 사선으로 긋게 한다.
- 유아에게 숫자 3 위에 남아 있는 동그라미를 세어 답을 써 보라고 한다.
- 수행되면 이와 같은 방법으로 4~10까지 -1을 지도한 후 유아가 답을 쓸 수 있는지 확인한다.
- 수행되면 교사가 3-2를 할 때 앞 숫자 3 위에 동그라미를 세 개 그린 후 뒤 숫자 2만큼 동그라미를 사선으로 긋는다.
- 교사가 3 숫자 위에 남아 있는 동그라미를 세어 1이라고 답을 쓰는 시범을 보인다.
- 유아에게 앞 숫자 3 위에 동그라미를 세 개 그리고 뒤 숫자 2만큼 동그라미를 사선으로 긋게 한다.
- 유아에게 앞 숫자 3 위에 남아 있는 동그라미를 세어 답을 써 보라고 한다.
- 수행되면 4~10의 숫자에서 각각 2를 빼는 것도 이와 같은 방법으로 지도한다.
- 수행되면 1~10의 숫자에서 -1~2의 문제를 혼합하여 제시하고 유아가 답을 쓸 수 있는지 확인한다.
- 수행되면 유아의 특성에 맞는 적절한 강화제를 제공한다.

방법 ④

- 뺄셈 교구를 준비하여 교사가 2-1을 할 때 앞 숫자 2 위에 숫자만큼 동그라미를 두 개 붙인다.
- 교사가 뒤 숫자 1만큼 동그라미를 떼어 낸 후 남아 있는 동그라미를 세어 2-1=1이라고 붙이는 시범을 보인다.
- 유아에게 앞 숫자 2만큼 동그라미를 붙이게 한 후 뒤 숫자 1만큼 동그라미를 떼어 내게 하고 앞 숫자 2에 남아 있는 동그라미를 세어 2-1=에 1을 붙이게 한다.
- 1을 붙이지 못하면 교사가 유아의 손을 잡고 앞 숫자 2 위에 남아 있는 동그라미를 세어 본 후 1을 찾아 붙여 준다.
- 교사가 앞 숫자 2 위에 남아 있는 동그라미를 세어 준 후 유아에게 1을 찾아 붙여 보라고 한다.
- 도움을 점차 줄여 간다.
- 수행되면 유아 스스로 2-1을 해 보라고 한다.
- 수행되면 이와 같은 방법으로 3~10의 숫자에 1을 빼는 방법을 지도한다.
- 수행되면 1~10의 숫자에 -1의 문제를 출제해서 유아가 답을 쓸 수 있는지 확인한다.
- 수행되면 교사가 3-2를 할 때 앞 숫자 3 위에 숫자만큼 동그라미를 붙이고 뒤 숫자 2만큼 동그라미를 떼어 내는 시범을 보인다.
- 교사가 남아 있는 동그라미를 세어 3-2=1이라고 붙이는 시범을 보인다.
- 유아에게 앞 숫자 3만큼 동그라미를 붙이게 한 후 뒤 숫자 2만큼 동그라미를 떼어 내게 한다.
- 앞 숫자 3에 남아 있는 동그라미를 세어 3-2=에 1을 붙이게 한다.
- 1을 붙이지 못하면 3-1과 같은 방법으로 지도한다.
- 수행되면 이와 같은 방법으로 4~10의 숫자에서 2를 빼는 것을 지도한다.
- 수행되면 1~10의 숫자에 -1, 2 문제를 혼합하여 출제해서 유아가 답을 쓸 수 있는지 확인한다.

5~6
세

• 수행되면 유아의 특성에 맞는 적절한 강화제를 제공한다.

☞ 여기에 제시된 빼기 방법은 현장에서 장애아동들에게 적용했을 때 가장 효과적으로 빼기를 습득시킬 수 있는 방법 중 하나였으므로 참고하기 바란다.

☞ 빼기 지도 시 하나, 둘이라고 세고 답을 2라고 쓰게 하는 것보다 일, 이라고 세고 답을 2라고 쓰게 하면 빠르게 습득하므로 참고하도록 한다.

☞ 각 단계마다 숫자를 쓰지 못하면 숫자스티커를 활용하면 된다. 그리고 숫자를 쓸 수 있는 경우에도 숫자스티커를 적절하게 활용하면 재미있게 지도할 수 있다.

☞ 뺄셈 교구는 하드보드지에 보슬이를 붙인 후 숫자 뒤에 까슬이를 붙여 제작하거나 그림처럼 시중에서 판매되는 교구를 활용하면 효과적이다.

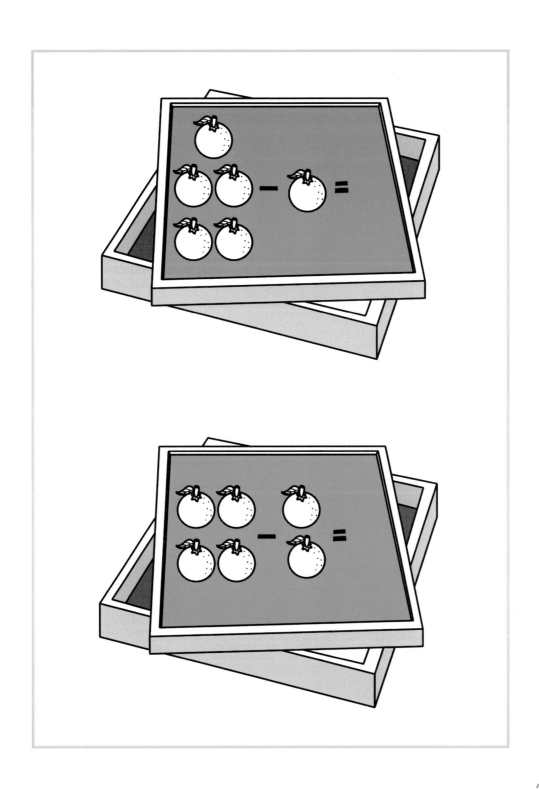

1   —   **1**   =

○
2   —   **1**   =

○○
3   —   **1**   =

○○○
4   —   **1**   =

○○○○
5   —   **1**   =

$$2 - 2 =$$

◯
$$3 - 2 =$$

◯◯
$$4 - 2 =$$

◯◯◯
$$5 - 2 =$$

◯◯◯◯
$$6 - 2 =$$

1   —   **1**   =

○
2   —   **1**   =

○
3   —   **1**   =

○○○
4   —   **1**   =

○○○
5   —   **2**   =

○○∅
3 — **1** =

○○○○○○∅∅
9 — **2** =

○∅
2 — **1** =

○○○○○○∅
7 — **1** =

○○○○○○∅∅
8 — **2** =

○○∅∅
4 — **2** =

○○○○○∅
6 — **1** =

○○○○○○○○○∅
10 — **1** =

○○○∅
4 — **1** =

○○○○∅∅
6 — **2** =

○○○∅∅
5 — **2** =

○∅∅
3 — **2** =

5~6
세

309

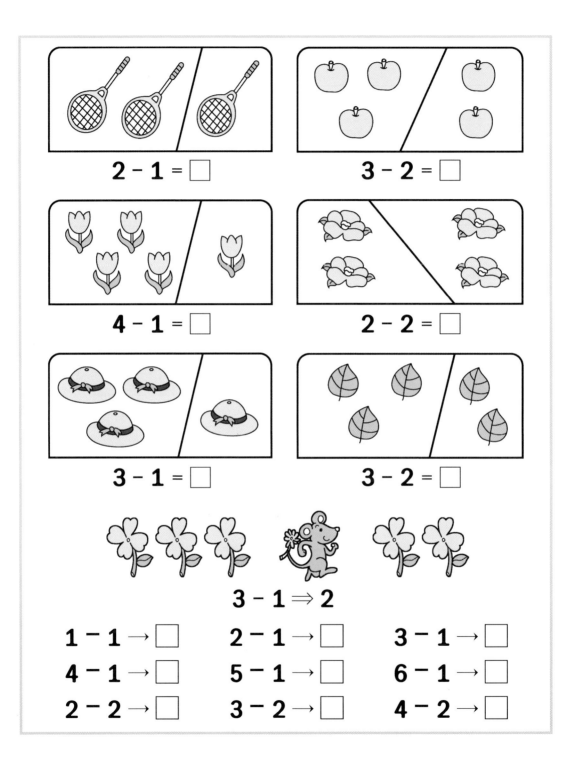

2 - 1 = ☐

3 - 2 = ☐

4 - 1 = ☐

2 - 2 = ☐

3 - 1 = ☐

3 - 2 = ☐

3 - 1 ⇒ 2

1 - 1 → ☐   2 - 1 → ☐   3 - 1 → ☐

4 - 1 → ☐   5 - 1 → ☐   6 - 1 → ☐

2 - 2 → ☐   3 - 2 → ☐   4 - 2 → ☐

83 다양한 미로에 선 긋기

목표 | 다양한 미로를 따라 선을 그을 수 있다.

자료 | 다양한 미로 그림, 연필 또는 색연필, 강화제

방법 ❶

- 교사가 다양한 미로가 그려진 그림을 유아에게 보여 준 후 미로를 따라 선을 긋는 시범을 보인다.
- 유아에게 교사를 모방하여 미로를 따라 선을 그어 보라고 한다.
- 수행되면 유아 스스로 미로를 따라 선을 그어 보라고 한다.
- 수행되면 유아의 특성에 맞는 적절한 강화제를 제공한다.

방법 ❷

- 교사가, 예를 들어 포도가 미로로 그려진 그림을 유아에게 보여 준 후 미로를 따라 선을 긋는 시범을 보인다.
- 유아에게 교사를 모방하여 포도 미로를 따라 선을 그어 보라고 한다.
- 미로를 따라 선을 긋지 못하면 교사가 유아의 손을 잡고 그어 준다.
- 교사가 미로를 따라 손가락으로 가리켜 주면서 유아에게 교사의 손가락을 따라 선을 그어 보라고 한다.
- 선을 긋지 못하면 교사가 출발점에 스티커를 붙여 주고 미로 중간 지점에, 예를 들

어 조각 초콜릿을 놓아 준 후 유아에게 미로를 따라 선을 그어 보라고 한다.

- 수행되면 교사가 미로의 출발점에 스티커를 붙여 주고 미로 도착점에, 예를 들어 조각 초콜릿을 놓아 준 후 유아에게 선을 그어 보라고 한다.
- 수행되면 교사가 미로의 출발점에 스티커를 붙여 준 후 유아에게 선을 그어 보라고 한다.
- 수행되면 교사가 미로를 가리키며 유아에게 미로를 따라 선을 그어 보라고 한다.
- 도움의 양을 점차 줄여 간다.
- 수행되면 유아 스스로 미로를 따라 선을 그어 보라고 한다.
- 수행되면 다른 미로도 같은 방법으로 지도한다.
- 수행되면 유아의 특성에 맞는 적절한 강화제를 제공한다.

방법 ❸

- 교사가 복잡한 미로가 그려진 그림을 유아에게 보여 준 후 미로를 따라 선을 긋는 시범을 보인다.
- 유아에게 교사를 모방하여 복잡한 미로를 따라 선을 그어 보라고 한다.
- 긋지 못하면 교사가 유아의 손을 잡고 복잡한 미로를 따라 선을 그어 준다.
- 교사가 미로를 따라 색연필로 점선을 그려 준 후 유아에게 점선을 따라 그어 보라고 한다.
- 점선을 따라 긋지 못하면 교사가 점선을 따라 손가락으로 가리켜 주면서 유아에게 교사의 손가락을 따라 선을 그어 보라고 한다.
- 수행되면 교사가 미로를 따라 3/4만 점선을 그려 주고 유아가 점선을 따라 그린 후 나머지는 스스로 그려 보라고 한다.
- 수행되면 교사가 미로를 따라 2/4만 점선을 그려 주고 유아가 점선을 따라 그린 후 나머지는 스스로 그려 보라고 한다.
- 수행되면 교사가 미로를 따라 1/4만 점선을 그려 주고 유아가 점선을 따라 그린 후 나머지는 스스로 그려 보라고 한다.

- 수행되면 교사가 미로에 시작점과 끝점을 찍어 준 후 유아에게 미로를 따라 선을 그어 보라고 한다.
- 수행되면 교사가 미로에 시작점만 찍어 준 후 유아에게 미로를 따라 선을 그어 보라고 한다.
- 도움의 양을 점차 줄여 간다.
- 수행되면 유아 스스로 복잡한 미로를 따라 선을 그려 보라고 한다.
- 수행되면 다른 미로도 같은 방법으로 지도한다.
- 수행되면 유아의 특성에 맞는 적절한 강화제를 제공한다.

6~7
세

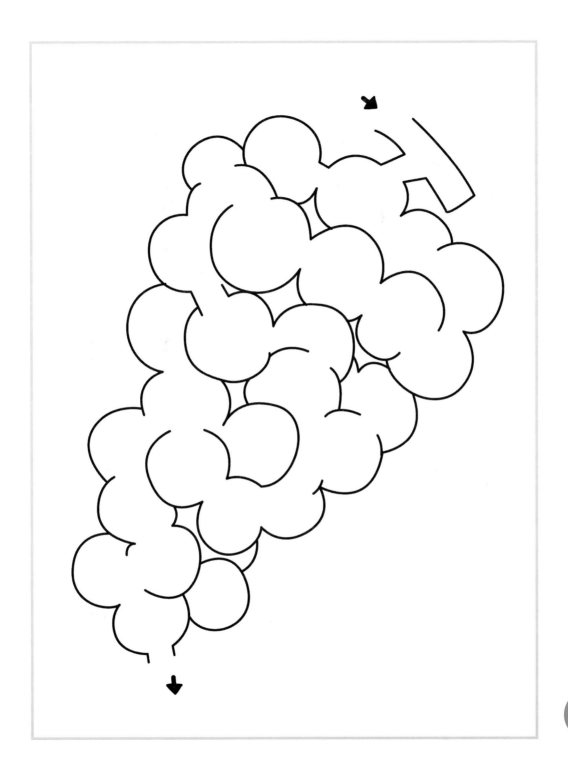

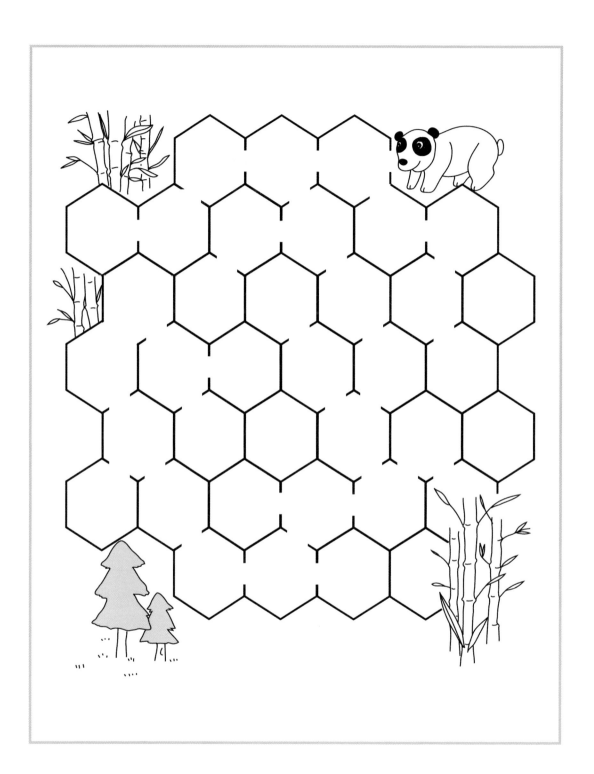

84 순서대로 붙이기　　　　　　　6~7세

목표 ｜ 순서대로 붙일 수 있다.

자료 ｜ 순서대로 붙일 수 있는 그림, 풀, 가위, 스티커, 강화제

방법 ❶

- 웃는 얼굴, 화난 얼굴, 우는 얼굴의 그림을 세 쌍 준비한다.
- 교사가 웃는 얼굴, 화난 얼굴, 우는 얼굴을 제시한 후 순서대로 붙이는 시범을 보인다.
- 유아에게 교사를 모방하여 순서대로 붙여 보라고 한다.
- 수행되면 유아 스스로 순서대로 붙여 보라고 한다.
- 수행되면 교사가 다른 그림들도 순서대로 붙이는 시범을 보인 후 유아가 순서대로 붙일 수 있는지 확인한다.
- 수행되면 유아의 특성에 맞는 적절한 강화제를 제공한다.

방법 ❷

- 교사가 고양이의 웃는 얼굴, 우는 얼굴 그림을 세 쌍 준비한다.
- 교사가 여섯 칸의 네모에 고양이의 웃는 얼굴, 우는 얼굴, 웃는 얼굴, 우는 얼굴을 붙인 후 한 칸을 비워 놓고 우는 얼굴을 붙여 놓는다.
- 교사가 순서를 설명한 후 빈칸에 웃는 얼굴을 붙이는 시범을 보인다.
- 유아에게 웃는 얼굴과 우는 얼굴을 제시한 후 빈칸에 들어가야 할 얼굴을 찾아 붙여 보라고 한다.
- 붙이지 못하면 교사가 유아의 손을 잡고 웃는 얼굴을 찾아 붙여 준다.
- 교사가 웃는 얼굴을 가리키며 유아에게 붙여 보라고 한다.
- 도움을 점차 줄여 간다.
- 수행되면 유아 스스로 웃는 얼굴을 찾아 붙여 보라고 한다.

- 수행되면 교사가 여섯 칸의 네모에 고양이의 화난 얼굴, 웃는 얼굴, 웃는 얼굴을 붙인 후 한 칸을 비워 놓고 웃는 얼굴, 웃는 얼굴을 붙여 놓는다.
- 교사가 순서를 설명한 후 화난 얼굴을 빈칸에 붙이는 시범을 보인다.
- 유아에게 웃는 얼굴과 화난 얼굴을 제시한 후 빈칸에 들어가야 할 얼굴을 찾아 붙여 보라고 한다.
- 붙이지 못하면 웃는 얼굴과 같은 방법으로 지도한다.
- 수행되면 교사가 여섯 칸의 네모에 고양이의 우는 얼굴, 우는 얼굴, 화난 얼굴, 우는 얼굴을 붙인 후 한 칸을 비워 놓고 화난 얼굴을 붙여 놓는다.
- 교사가 순서를 설명한 후 우는 얼굴을 빈칸에 붙이는 시범을 보인다.
- 유아에게 우는 얼굴과 화난 얼굴을 제시한 후 빈칸에 들어가야 할 얼굴을 찾아 붙여 보라고 한다.
- 수행되면 같은 방법으로 그림을 가지고 다양하게 순서대로 붙이는 것을 지도한다.
- 수행되면 유아의 특성에 맞는 적절한 강화제를 제공한다.

방법 ❸

- 교사가 왼쪽에는 순서대로 그려진 동물과 오른쪽에는 다음에 올 동물이 그려져 있는 그림을 준비한다.
- 교사가 왼쪽의 순서대로 그려진 동물과 오른쪽의 다음에 올 동물을 찾아 줄을 긋는 시범을 보인다.
- 유아에게 왼쪽의 그림을 보고 오른쪽의 다음에 올 동물을 찾아 줄을 그어 보라고 한다.
- 긋지 못하면 교사가 순서대로 그려진 동물과 다음에 올 동물을 연결하는 점선을 네 개 그려 준 후 줄을 그어 보라고 한다.
- 수행되면 점선을 전부 지우고 줄을 그어 보라고 한다.
- 긋지 못하면 교사가, 예를 들어 왼쪽에 배열된 토끼, 곰 그림의 순서를 설명한 후 오른쪽에 있는 곰을 찾아 줄을 긋는 시범을 보인다.

6~7
세

319

- 유아에게 오른쪽에 있는 곰을 찾아 줄을 그어 보라고 한다.
- 긋지 못하면 교사가 유아의 손을 잡고 곰을 찾아 그어 준다.
- 교사가 곰을 가리키며 그어 보라고 한다.
- 도움을 점차 줄여 간다.
- 수행되면 유아 스스로 오른쪽에 있는 곰을 찾아 줄을 그어 보라고 한다.
- 수행되면 순서대로 그려진 동물과 다음에 올 동물을 연결하는 점선을 세 개 그려 주고 유아가 점선을 따라 연결한 후 한 개는 스스로 연결하게 한다.
- 수행되면 순서대로 그려진 동물과 다음에 올 동물을 연결하는 점선을 두 개 그려 주고 유아가 점선을 따라 연결한 후 두 개는 스스로 연결하게 한다.
- 수행되면 순서대로 그려진 동물과 다음에 올 동물을 연결하는 점선을 한 개 그려 주고 유아가 점선을 따라 연결한 후 세 개는 스스로 연결하게 한다.
- 수행되면 점선을 모두 지운 후 유아 스스로 연결하라고 한다.
- 수행되면 순서대로 그려진 동물과 다음에 올 동물의 위치를 바꾸어 유아에게 연결해 보라고 한다.
- 수행되면 유아의 특성에 맞는 적절한 강화제를 제공한다.

☞ 풀을 칠하지 못하는 경우 유아에게 다음에 올 동물을 가리키게 하거나 교사가 빈칸에 풀을 칠해 놓으면 된다.

☞ 다양한 스티커를 이용하여 교사가 순서대로 붙인 후 유아가 빈칸에 들어갈 스티커 모양을 찾아 붙이게 하면 편리하고 놀이식으로 지도할 수 있다.

☞ 각 그림을 오려서 교구로 만들어 사용하면 편리하고 다양한 방법으로 순서를 지도할 수 있다. 하드보드지에 보슬이를 붙이고 각 동물 그림 뒤에는 까슬이를 붙여 사용하면 된다.

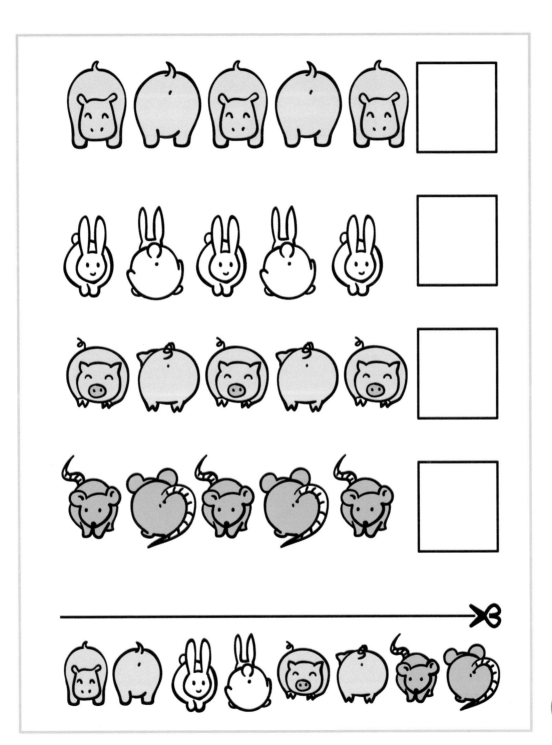

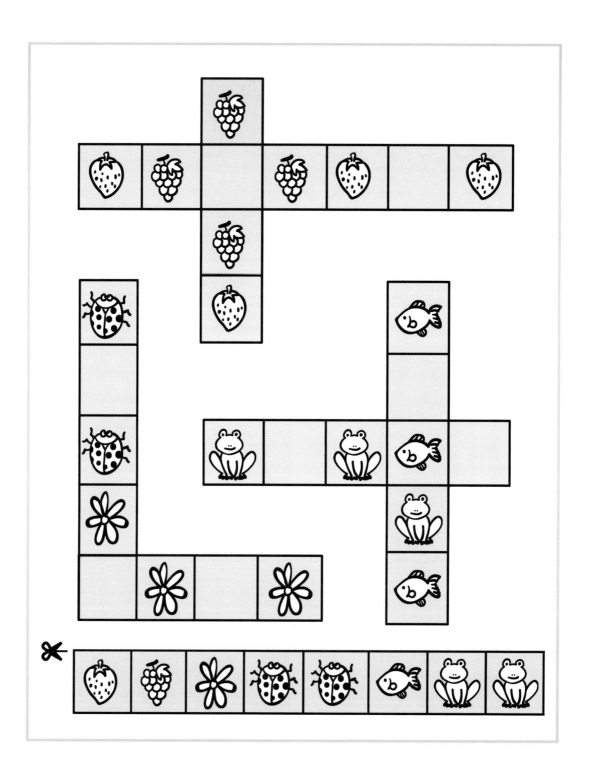

85 순서대로 요일 말하기

목표 | 순서대로 요일을 말할 수 있다.

자료 | 달력, 요일이 쓰인 카드, 요일스티커, 강화제

방법 ❶

- 교사가 요일이 쓰인 카드를 보여 주며 요일을 순서대로 말하는 시범을 보인다.
- 유아에게 교사를 모방하여 요일을 순서대로 말해 보라고 한다.
- 수행되면 유아 스스로 요일을 순서대로 말해 보라고 한다.
- 수행되면 유아의 특성에 맞는 적절한 강화제를 제공한다.

방법 ❷

- 교사가 요일이 쓰인 카드를 보여 주며 "월요일."이라고 말하는 시범을 보인다.
- 교사가 "♬ 월요일 어~디 있소 ♬ 월요일 어~디 ♬ 있소."라고 노래 부르며 '월요일'을 반복적으로 말해 준다.
- 유아에게 교사를 모방하여 '월요일'을 말해 보라고 한다.
- 말하지 못하면 교사가 '월요일'의 첫 글자를 말해 준 후 유아에게 '월요일'을 말해 보라고 한다.
- 수행되면 유아 스스로 '월요일'을 말해 보라고 한다.
- 수행되면 교사가 요일이 쓰인 카드를 보여 주며 "♬ 월요일 어~디 있소 ♬ 화요일 어~디 ♬ 있소."라고 노래 부르며 '월요일'과 '화요일'을 순서대로 말하는 시범을 보인다.
- 유아에게 교사를 모방하여 '월요일'과 '화요일'을 순서대로 말해 보라고 한다.
- 말하지 못하면 교사가 '월요일'을 말해 준 후 유아에게 '화요일'을 말해 보라고 한다.
- 수행되면 교사가 '월요일'과 '화요일'의 첫 글자를 말해 준 후 유아에게 말해 보

라고 한다.

- 도움을 점차 줄여 간다.
- 수행되면 유아 스스로 '월요일'과 '화요일'을 말해 보라고 한다.
- 수행되면 교사가 요일이 쓰인 카드를 보여 주며 '월요일' '화요일' '수요일'을 순서대로 말하는 시범을 보인다.
- 유아에게 교사를 모방하여 '월요일' '화요일' '수요일'을 순서대로 말해 보라고 한다.
- 말하지 못하면 '월요일'과 '화요일'을 지도한 것과 같은 방법으로 지도한다.
- 수행되면 유아 스스로 요일을 순서대로 말해 보라고 한다.
- 수행되면 유아의 특성에 맞는 적절한 강화제를 제공한다.

방법 ❸

- 교사가 요일이 쓰인 카드를 보여 주며 요일을 순서대로 말하는 시범을 보인다.
- 교사가 '월요일'에서 '일요일'까지 말해 준 후 유아에게 '토요일' 다음에 오는 요일을 말해 보라고 한다.
- 말하지 못하면 교사가 "♬ 일요일 어~디 있소 ♬ 일요일 어~디 ♬ 있소."라고 노래 부르며 '일요일'을 말해 준 후 유아에게 교사를 모방하여 '일요일'을 말해 보라고 한다.
- 교사가 '일요일'의 첫 글자를 말해 준 후 유아에게 '일요일'을 말해 보라고 한다.
- 도움을 점차 줄여 간다.
- 수행되면 유아 스스로 '일요일'을 말해 보라고 한다.
- 수행되면 교사가 '월요일'에서 '토요일'까지 말해 준 후 유아에게 '금요일' 다음에 오는 요일들을 말해 보라고 한다.
- 말하지 못하면 교사가 '토요일'을 말해 준다.
- 유아에게 교사를 모방하여 '토요일'을 말한 후 '일요일'은 스스로 말해 보라고 한다.
- 토요일을 말하지 못하면 교사가 '토요일'의 첫 글자를 말해 준 후 유아에게 '토요

일'을 말해 보라고 한다.

- 수행되면 유아 스스로 '토요일'과 '일요일'을 순서대로 말해 보라고 한다.
- 수행되면 교사가 '월요일'에서 '금요일'까지 말해 준 후 유아에게 '목요일' 다음에 오는 요일을 말해 보라고 한다.
- 말하지 못하면 '일~토요일'을 지도한 것과 같은 방법으로 지도한다.
- 수행되면 유아 스스로 요일을 순서대로 말해 보라고 한다.
- 수행되면 유아의 특성에 맞는 적절한 강화제를 제공한다.

방법 ❹

- 교사가 요일이 쓰인 카드를 보여 주며 요일을 순서대로 말하는 시범을 보인다.
- 교사가 '월요일'에서 '일요일'까지 말해 준 후 유아에게 제일 앞에 오는 요일을 말해 보라고 한다.
- 말하지 못하면 교사가 "♬ 월요일 어~디 있소, ♬ 월요일 어~디 ♬ 있소."라고 노래 부르며 '월요일'을 반복적으로 말해 준다.
- 유아에게 교사를 모방하여 '월요일'을 말해 보라고 한다.
- 수행되면 교사가 '월요일'의 첫 글자를 말해 준 후 유아에게 '월요일'을 말해 보라고 한다.
- 도움을 점차 줄여 간다.
- 수행되면 유아 스스로 '월요일'을 말해 보라고 한다.
- 수행되면 교사가 '화요일'에서 '일요일'까지 말해 준다.
- 교사가 유아에게 유아 스스로 '월요일'을 말한 후 '월요일' 다음에 오는 요일을 말해 보라고 한다.
- 말하지 못하면 교사가 "♬ 화요일 어~디 있소, ♬ 화요일 어~디 ♬ 있소."라고 노래 부르며 '화요일'을 반복적으로 말해 준다.
- 유아에게 교사를 모방하여 '화요일'을 말해 보라고 한다.
- 수행되면 교사가 '화요일'의 첫 글자를 말해 준 후 유아에게 '화요일'을 말해 보

6~7
세

라고 한다.

- 수행되면 유아 스스로 '월요일'과 '화요일'을 순서대로 말해 보라고 한다.
- 수행되면 교사가 '수요일'에서 '일요일'까지 말해 준다.
- 교사가 유아에게 유아 스스로 '월요일'과 '화요일'을 말한 후 '화요일' 다음에 오는 요일을 말해 보라고 한다.
- 말하지 못하면 '월~화요일'을 지도한 것과 같은 방법으로 지도한다.
- 수행되면 유아 스스로 요일을 순서대로 말해 보라고 한다.
- 수행되면 유아의 특성에 맞는 적절한 강화제를 제공한다.

☞ 그림은 요일스티커를 활용하여 글씨를 모르는 경우 교사가 읽어 준 후 붙이게 하면 된다.

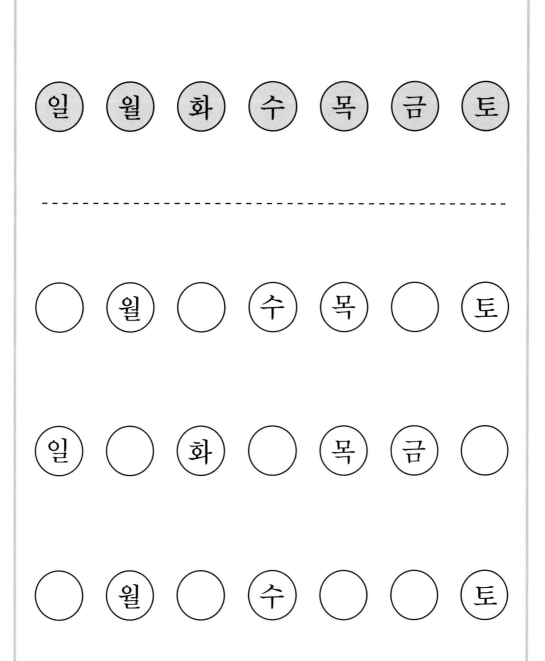

일 월 화 수 목 금 토

월 수 목 토

일 화 목 금

월 수 토

6~7
세

완전한 형태 그림과 부분 그림 맞추기

목표 | 완전한 형태 그림과 부분 그림을 맞출 수 있다.

자료 | 칫솔, 가방, 나비, 가위, 우산, 안경 등의 완전한 형태 그림과 부분 그림, 강화제

방법 ❶

- 교사가 칫솔, 가방, 나비, 가위, 우산, 안경 등의 완전한 형태 그림과 부분 그림을 맞추는 시범을 보인다.
- 유아에게 교사를 모방하여 완전한 형태 그림과 부분 그림을 맞추어 보라고 한다.
- 수행되면 유아 스스로 완전한 형태 그림과 부분 그림을 맞추어 보라고 한다.
- 수행되면 유아의 특성에 맞는 적절한 강화제를 제공한다.

방법 ❷

- 교사가 가방, 나비, 가위, 안경의 완전한 형태 그림과 부분 그림을 제시한 후, 예를 들어 가위를 보고 부분 그림을 가리키는 시범을 보인다.
- 유아에게 교사를 모방하여 가위의 완전한 형태 그림을 보고 부분 그림을 가리켜 보라고 한다.
- 가리키지 못하면 교사가 유아의 손을 잡고 가위의 부분 그림을 가리켜 준다.
- 교사가 가위의 부분 그림을 가리키며 유아에게 가리켜 보라고 한다.
- 도움을 점차 줄여 간다.
- 수행되면 유아 스스로 가위의 부분 그림을 가리켜 보라고 한다.
- 수행되면 교사가 안경의 완전한 형태 그림을 보고 부분 그림을 가리키는 시범을 보인다.
- 유아에게 교사를 모방하여 안경의 완전한 형태 그림을 보고 부분 그림을 가리켜 보라고 한다.
- 가리키지 못하면 가위를 지도한 것과 같은 방법으로 지도한다.

- 수행되면 교사가 가위와 안경의 부분 그림을 제시한 후 유아에게 각각의 부분 그림을 가리켜 보라고 한다.
- 수행되면 나머지 그림들도 같은 방법으로 지도한다.
- 수행되면 가방, 나비, 가위, 안경의 부분 그림을 제시한 후 유아에게 각각의 부분 그림을 가리켜 보라고 한다.
- 수행되면 유아의 특성에 맞는 적절한 강화제를 제공한다.

방법 ❸
- 교사가 다양한 물건의 완전한 형태 그림과 부분 그림을 연결하는 시범을 보인다.
- 유아에게 교사를 모방하여 완전한 형태 그림과 부분 그림을 연결해 보라고 한다.
- 연결하지 못하면 교사가 유아의 손을 잡고 완전한 형태 그림과 부분 그림을 연결해 준다.
- 교사가 완전한 형태 그림과 부분 그림을 점선으로 그려 준 후 유아에게 연결해 보라고 한다.
- 연결하지 못하면 교사가 유아의 손을 잡고, 예를 들어 칫솔과 칫솔의 부분 그림을 점선을 따라 연결해 준다.
- 교사가 칫솔의 부분 그림을 가리키며 유아에게 연결해 보라고 한다.
- 도움을 점차 줄여 간다.
- 수행되면 유아 스스로 칫솔과 칫솔의 부분 그림을 점선을 따라 연결해 보라고 한다.
- 수행되면 완전한 형태 그림과 부분 그림을 연결할 수 있는 점선을 네 개 그려 준 후 유아에게 점선을 따라 연결하게 하고 한 개는 스스로 연결하게 한다.
- 수행되면 완전한 형태 그림과 부분 그림을 연결할 수 있는 점선을 세 개 그려 준 후 유아에게 점선을 따라 연결하게 하고 두 개는 스스로 연결하게 한다.
- 수행되면 완전한 형태 그림과 부분 그림을 연결할 수 있는 점선을 두 개 그려 준 후 유아에게 점선을 따라 연결하게 하고 세 개는 스스로 연결하게 한다.

6~7
세

- 수행되면 완전한 형태 그림과 부분 그림을 연결할 수 있는 점선을 한 개 그려준 후 유아에게 점선을 따라 연결하게 하고 네 개는 스스로 연결하게 한다.
- 수행되면 점선을 전부 지우고 완전한 형태 그림과 부분 그림들을 연결하라고 한다.
- 수행되면 교사가 그림의 위치를 바꾸어 유아에게 완전한 형태 그림과 부분 그림을 연결하라고 한다.
- 수행되면 유아의 특성에 맞는 적절한 강화제를 제공한다.

87 동물의 발자국 맞추기 6~7세

목표 | 각 동물과 동물의 발자국을 맞출 수 있다.

자료 | 각 동물의 그림, 각 동물의 발자국 그림, 강화제

방법 ❶

- 교사가 각 동물과 각 동물의 발자국을 맞추는 시범을 보인다.
- 유아에게 교사를 모방하여 각 동물과 각 동물의 발자국을 맞추어 보라고 한다.
- 수행되면 유아 스스로 각 동물과 각 동물의 발자국을 맞추어 보라고 한다.
- 수행되면 유아의 특성에 맞는 적절한 강화제를 제공한다.

방법 ❷

- 교사가 돼지, 오리, 닭, 강아지 그림과 각각의 발자국 그림을 제시한 후, 예를 들어 강아지 그림을 보고 강아지 발자국을 맞추는 시범을 보인다.
- 유아에게 교사를 모방하여 강아지 그림을 보고 강아지 발자국을 맞추어 보라고 한다.
- 맞추지 못하면 교사가 유아의 손을 잡고 강아지 발자국을 맞추어 준다.
- 교사가 강아지의 발자국을 가리키며 유아에게 맞추어 보라고 한다.
- 도움을 점차 줄여 간다.
- 수행되면 유아 스스로 강아지 발자국을 맞추어 보라고 한다.
- 수행되면 교사가 돼지 그림을 보고 돼지 발자국을 맞추는 시범을 보인다.
- 유아에게 교사를 모방하여 돼지 그림을 보고 돼지 발자국을 맞추어 보라고 한다.
- 맞추지 못하면 강아지를 지도한 것과 같은 방법으로 지도한다.
- 수행되면 교사가 강아지와 돼지 그림을 제시한 후 유아에게 각각 발자국을 맞추어 보라고 한다.
- 수행되면 나머지 그림들도 같은 방법으로 지도한다.
- 수행되면 강아지, 돼지, 오리, 닭 그림을 제시한 후 유아에게 각각의 발자국을 맞

추어 보라고 한다.

- 수행되면 유아의 특성에 맞는 적절한 강화제를 제공한다.

방법 ❸

- 교사가 각 동물과 각 동물의 발자국을 찾아 연결하는 시범을 보인다.
- 유아에게 교사를 모방하여 각 동물과 각 동물의 발자국을 찾아 연결해 보라고 한다.
- 연결하지 못하면 교사가 유아의 손을 잡고 각 동물과 동물의 발자국을 연결해 준다.
- 교사가 각 동물과 동물의 발자국을 점선으로 그려 준 후 유아에게 연결해 보라고 한다.
- 연결하지 못하면 교사가 유아의 손을 잡고, 예를 들어 강아지와 강아지의 발자국 그림을 점선을 따라 연결해 준다.
- 교사가 강아지의 발자국 그림을 가리키며 유아에게 연결해 보라고 한다.
- 도움을 점차 줄여 간다.
- 수행되면 유아 스스로 강아지와 강아지의 발자국 그림을 점선을 따라 연결해 보라고 한다.
- 수행되면 각 동물과 동물의 발자국을 연결하는 점선을 세 개 그려 준 후 유아에게 점선을 따라 연결하게 하고 한 개는 스스로 연결하게 한다.
- 수행되면 각 동물과 동물의 발자국을 연결하는 점선을 두 개 그려 준 후 유아에게 점선을 따라 연결하게 하고 두 개는 스스로 연결하게 한다.
- 수행되면 각 동물과 동물의 발자국을 연결하는 점선을 한 개 그려 준 후 유아에게 점선을 따라 연결하게 하고 세 개는 스스로 연결하게 한다.
- 수행되면 점선을 전부 지운 후 유아 스스로 연결하라고 한다.
- 수행되면 각 동물과 동물의 발자국 순서를 다양하게 바꾸어 연결하라고 한다.
- 수행되면 유아의 특성에 맞는 적절한 강화제를 제공한다.

☞ 하드보드지에 보슬이를 붙인 후 각 동물과 동물 발자국 그림 뒤에 까슬이를 붙여 사용하면 쉽게 붙였다 뗐다 할 수 있으므로 다양한 방법으로 위치나 순서를 바꾸어 지도하기에 용이하다.

6~7
세

88 1~30 세기

목표 | 1~30을 셀 수 있다.

자료 | 1~30이 쓰인 숫자카드, 강화제

방법 ❶

- 1~20 세기는 앞 단계에서 수행하였으므로 확인한 후 시행한다.
- 교사가 유아에게 1~30이 쓰인 숫자카드를 제시한 후 "일~삼십." 이라고 말하면서 숫자를 세는 시범을 보인다.
- 유아에게 교사를 모방하여 "일~삼십." 이라고 말하면서 숫자를 세어 보라고 한다.
- 수행되면 유아 스스로 "일~삼십" 이라고 말하면서 숫자를 세어 보라고 한다.
- 수행되면 유아의 특성에 맞는 적절한 강화제를 제공한다.

방법 ❷

- 교사가 유아에게 1~30이 쓰인 숫자카드를 제시한 후 앞 단계에서 수행한 1~20의 숫자를 셀 수 있는지 확인한다.
- 수행되면 교사가 1~21이 쓰인 숫자카드를 제시하고 유아에게 "일~이십." 이라고 세게 한 후 교사가 21을 보여 주며 "이십일." 이라고 세는 시범을 보인다.
- 교사가 "♬ 이십일 여~기 있소, ♬ 이십일 여~기 ♬ 있소." 라고 노래 부르며 '이십일' 을 반복적으로 말해 준다.
- 유아에게 "일~이십." 을 세어 보게 한 후 교사를 모방하여 21을 보고 "이십일." 이라고 세어 보라고 한다.
- '이십일' 을 세지 못하면 교사가 유아의 손을 잡고 숫자를 순서대로 세면서 21을 보고 "이십일." 이라고 세어 준다.
- 교사가 순서대로 "일~이십." 이라고 말해 준 후 유아에게 다음 숫자 "이십일." 을 세어 보라고 한다.

- 도움을 점차 줄여 간다.
- 수행되면 유아 스스로 "일~이십일"을 세어 보라고 한다.
- 수행되면 교사가 1~22가 쓰인 숫자카드를 제시하고 "일~이십이."라고 세는 시범을 보인다.
- 교사가 "♬ 이십이 여~기 있소, ♬ 이십이 여~기 ♬ 있소."라고 노래 부르며 '이십이'를 반복적으로 말해 준다.
- 유아에게 교사를 모방하여 1~22가 쓰인 숫자를 보고 순서대로 "일~이십이."라고 세어 보라고 한다.
- 세지 못하면 교사가 "일~이십일."을 세어 주고 유아에게 "이십이."를 세어 보라고 한다.
- 수행되면 유아 스스로 "일~이십이."를 세어 보라고 한다.
- 수행되면 교사가 1~23이 쓰인 숫자카드를 제시하고 "일~이십삼."이라고 세는 시범을 보인다.
- 나머지 숫자를 세는 것도 같은 방법으로 지도한다.
- 수행되면 유아 스스로 1~30이 쓰인 숫자카드를 가리키며 "일~삼십."이라고 세어 보라고 한다.
- 수행되면 유아의 특성에 맞는 적절한 강화제를 제공한다.

89 1~20 쓰기

목표 | 1~20의 숫자를 쓸 수 있다.

자료 | 숫자카드, 종이, 연필 및 색연필, 숫자스티커, 강화제

방법 ❶

- 1~10 쓰기는 앞 단계에서 수행하였으므로 확인한 후 시행한다.
- 교사가 1~20의 숫자카드를 보여 주면서 "일~이십."이라고 읽어 준 후 1~20의 숫자를 쓰는 시범을 보인다.
- 유아에게 교사를 모방하여 "일~이십."이라고 말하면서 1~20의 숫자를 써 보라고 한다.
- 수행되면 유아 스스로 "일~이십."이라고 말하면서 1~20의 숫자를 써 보라고 한다.
- 수행되면 유아의 특성에 맞는 적절한 강화제를 제공한다.

방법 ❷

- 1~10 쓰기는 앞 단계에서 수행하였으므로 확인한 후 시행한다.
- 교사가 11 숫자카드를 보여 준 후 11을 쓰는 시범을 보인다.
- 유아에게 교사를 모방하여 11을 써 보라고 한다.
- 수행되면 교사가 12 숫자카드를 보여 준 후 12를 쓰는 시범을 보인다.
- 유아에게 교사를 모방하여 12를 써 보라고 한다.
- 12를 쓰지 못하면 교사가 유아의 손을 잡고 12를 써 준다.
- 교사가 12를 점선으로 써 준 후 유아에게 점선을 따라 12를 써 보라고 한다.
- 도움을 점차 줄여 간다.
- 수행되면 유아 스스로 12를 써 보라고 한다.

- 수행되면 유아 스스로 1~12를 써 보라고 한다.
- 수행되면 교사가 13 숫자카드를 보여 준 후 13을 쓰는 시범을 보인다.
- 유아에게 교사를 모방하여 13을 써 보라고 한다.
- 13을 쓰지 못하면 교사가 유아의 손을 잡고 13을 써 준다.
- 교사가 13을 점선으로 써 준 후 유아에게 점선을 따라 13을 써 보라고 한다.
- 이와 같은 방법으로 20까지 쓰기를 지도한다.
- 수행되면 유아 스스로 1~20을 써 보라고 한다.
- 수행되면 유아의 특성에 맞는 적절한 강화제를 제공한다.

방법 ❸

- 교사가 중간중간 숫자가 비어 있는 1~20이 쓰인 그림을 제시하고, 비어 있는 칸에 숫자를 쓰는 시범을 보인다.
- 1~10 쓰기는 앞 단계에서 수행하였으므로 1~10까지 중간중간 비어 있는 곳에는 유아에게 숫자를 쓰라고 한다.
- 교사가 12, 15, 16, 18, 19를 써 놓고 유아에게 중간중간 비어 있는 곳에 숫자를 써 보라고 한다.
- 쓰지 못하면 교사가 유아의 손을 잡고 "비~어 있는 곳에 ♬ 무~슨 수가 들어갈까요? ♬ 숫자 집을 찾아 줘요 여~기."라고 노래 부르며 중간중간 비어 있는 곳에 숫자를 써 준다.
- 교사가 12, 15, 16, 18, 19를 써 놓고 비어 있는 곳의 숫자는 점선으로 써 놓은 후 유아에게 점선으로 쓰인 숫자를 써 보라고 한다.
- 도움을 점차 줄여 간다.
- 유아 스스로 비어 있는 곳에 점선을 따라 숫자를 써 보라고 한다.
- 수행되면 유아 스스로 비어 있는 곳에 숫자를 써 보라고 한다.
- 이와 같은 방법으로 나머지 숫자 쓰기를 지도한다.
- 수행되면 교사가 다양하게 중간중간 숫자를 비워 놓은 후 유아가 빈 곳에 적절한

숫자를 쓸 수 있는지 확인한다.
• 수행되면 유아의 특성에 맞는 적절한 강화제를 제공한다.

☞ 여기서는 1~20 쓰기를 제시했지만 일반적으로 1~10 쓰기가 가능할 경우에는 같은 숫자가 반복되기 때문에 1~50 이상 쓰는 것도 가능하다.

☞ 여기서는 방법론적으로 순서대로 제시했지만 순서대로 숫자를 쓰게 하는 것보다는 유아의 특성에 따라 현장에서는 11과 20을 먼저 쓰게 한 후 직선으로 된 숫자, 곡선으로 된 숫자순으로 쓰게 하는 것이 효과적이었으므로 참고하기 바란다.

☞ 숫자를 칼로 오려 낸 숫자카드를 준비하여 오려진 모양을 따라 숫자를 쓰게 하면 효과적으로 숫자 쓰기를 지도할 수 있다.

☞ 일반적으로 숫자 쓰기를 지도할 때는 사포로 쓰인 숫자카드를 손으로 따라 쓰게 한 후 지도하면 보다 빠르게 숫자 쓰기를 습득할 수 있으므로 참고하기 바란다.

6~7
세

90

숨은 그림 찾기　　　　　　　　

목표 ┃ 숨은 그림을 찾을 수 있다.

자료 ┃ 숨은 그림 자료, 색연필 또는 크레파스 강화제

방법 ❶

- 교사가 숨은 그림들을 찾는 시범을 보인다.
- 유아에게 교사를 모방하여 숨은 그림들을 찾아보라고 한다.
- 수행되면 유아 스스로 숨은 그림들을 찾아보라고 한다.
- 수행되면 유아의 특성에 맞는 적절한 강화제를 제공한다.

방법 ❷

- 교사가 숨은 그림들을 찾는 시범을 보인 후, 예를 들어 그림들 중에서 나비들을 찾는 시범을 보인다.
- 유아에게 교사를 모방하여 나비들을 찾아보라고 한다.
- 찾지 못하면 교사가 유아의 손을 잡고 나비들을 찾아 준다.
- 교사가 나비들을 손으로 가리키며 유아에게 찾아보라고 한다.
- 교사가 튤립 꽃과, 새, 나비가 각각 다른 색으로 칠해져 있는 그림을 보여 준 후 찾아보라고 한다.
- 교사가 나비 그림을 보여 주면서 유아에게 찾아보라고 한다.
- 도움을 점차 줄여 간다.
- 수행되면 유아 스스로 숨은 그림들 중에서 나비를 찾아보라고 한다.
- 수행되면 유아가 찾은 나비에 색칠을 하게 한다.
- 수행되면 튤립 꽃과 새를 찾는 것도 같은 방법으로 지도한다.
- 수행되면 숨은 그림들 중에서 유아 스스로 튤립 꽃과, 새, 나비를 찾아보라고 한다.
- 수행되면 유아의 특성에 맞는 적절한 강화제를 제공한다.

91

정시 말하고 쓰기

목표 ┃ 정시를 말하고 쓸 수 있다.

자료 ┃ 숫자시계, 시계 그림, 연필 또는 색연필 , 강화제

방법 ❶

- 교사가 시계의 짧은 바늘이 '시' 를 가리킨다는 것을 설명한 후 짧은 바늘이 1을 가리킬 때 "한 시(1시).", 2를 가리킬 때 "두 시(2시)."라고 말하며 12시까지 시간을 말하는 시범을 보인다.
- 유아에게 교사를 모방하여 각각의 시간을 말해 보라고 한다.
- 수행되면 교사가 짧은 시계 바늘을 각각 가리키며 시간을 물어볼 때 유아 스스로 시간을 말해 보라고 한다.
- 수행되면 유아의 특성에 맞는 적절한 강화제를 제공한다.

방법 ❷

- 교사가 시계의 짧은 바늘이 '시' 를 가리킨다는 것을 말한 후 짧은 바늘이 '1' 을 가리킬 때 "한 시(1시).", '2' 를 가리킬 때 " 두 시(2시)."라고 말하며 12시까지 '정시' 를 설명한다.
- 교사가 짧은 바늘을 '1' 에, 긴 바늘은 '12' 에 맞추어 놓은 후 "한 시(1시)."라고 말하는 시범을 보인다.
- 유아에게 교사를 모방하여 "한 시(1시)."를 말해 보라고 한다.
- 교사가 짧은 바늘을 '1' 에 고정시킨 후 유아에게 '몇 시' 인지를 물어본다.
- 대답하지 못하면 교사가 유아의 손을 잡고 '1' 을 짚어 주며 "한 시(1시)."라고 말해 준다.
- 교사가 '1을' 가리키며 "한 시(1시)."라고 말해 준다.
- 도움을 점차 줄여 간다.

- 수행되면 유아 스스로 "한 시(1시)."라고 대답하게 한다.
- 수행되면 교사가 짧은 바늘을 '2'에, 긴 바늘은 '12'에 맞추어 놓은 후 "두 시(2시)." 라고 말하는 시범을 보인다.
- 교사가 유아에게 짧은 바늘이 '2'를 가리키면 '몇 시'인지를 물어본다.
- 대답하지 못하면 '한 시(1시)'를 지도한 것과 같은 방법으로 지도한다.
- 수행되면 교사가 긴 바늘은 '12'에 맞추어 놓은 후 짧은 바늘을 '1'과 '2'에 번갈 아 놓고 물어볼 때 유아 스스로 시간을 말해 보라고 한다.
- 수행되면 각각의 시간들도 '한 시(1시)'를 지도한 것과 같은 방법으로 지도한다.
- 수행되면 유아의 특성에 맞는 적절한 강화제를 제공한다.

방법 ❸
- 시계 그림과 시간(숫자)을 연결할 수 있는 그림을 제시한다.
- 교사가 시계 그림의 짧은 바늘이 가리키는 시간과 같은 숫자를 연결하는 시범을 보인다.
- 유아에게 교사를 모방하여 짧은 바늘이 가리키는 시간과 같은 숫자를 연결하라고 한다.
- 연결하지 못하면 교사가 유아의 손을 잡고 짧은 바늘이 가리키는 시간과 같은 숫 자를 연결해 준다.
- 교사가 짧은 바늘이 가리키는 시간과 같은 숫자를 점선으로 그려 준 후 유아에게 연결해 보라고 한다.
- 연결하지 못하면 교사가 유아의 손을 잡고, 예를 들어 짧은 바늘이 가리키는 '10시' 와 같은 숫자 '10시'를 점선을 따라 연결해 준다.
- 교사가 오른쪽에 쓰인 숫자 '10시'를 가리키며 유아에게 연결해 보라고 한다.
- 도움을 점차 줄여 간다.
- 수행되면 유아 스스로 짧은 바늘이 가리키는 '10시'와 같은 숫자 '10시'를 점선을 따라 연결해 보라고 한다.

- 수행되면 짧은 바늘의 시간과 같은 숫자를 연결하는 점선을 세 개 그려 준 후 유아에게 점선을 따라 연결하게 하고 한 개는 스스로 연결하게 한다.
- 수행되면 짧은 바늘의 시간과 같은 숫자를 연결하는 점선을 두 개 그려 준 후 유아에게 점선을 따라 연결하게 하고 두 개는 스스로 연결하게 한다.
- 수행되면 짧은 바늘의 시간과 같은 숫자를 연결하는 점선을 한 개 그려 준 후 유아에게 점선을 따라 연결하게 하고 세 개는 스스로 연결하게 한다.
- 수행되면 점선을 모두 지운 후 유아 스스로 연결하라고 한다.
- 수행되면 교사가 짧은 바늘이 가리키는 시간과 같은 숫자를 다양하게 바꾸어 유아에게 연결하라고 한다.
- 수행되면 유아의 특성에 맞는 적절한 강화제를 제공한다.

방법 ❹
- 시계 그림 밑에 괄호를 만들어 놓고 짧은 바늘이 '한 시(1시)'를 가리키는 그림을 제시한다.
- 교사가 "시계는 ♫ 아~침부터 ♫ 똑딱 똑딱 시간은 ♫ 한~시, 한~시."라고 노래 부르며 시계 밑에 '1시'를 쓰는 시범을 보인다.
- 유아에게 시계 밑에 '1시'를 써 보라고 한다.
- '1시'를 쓰지 못하면 교사가 유아의 손을 잡고 '1시'를 써 준다.
- 교사가 '1시'를 점선으로 써 준 후 유아에게 점선을 따라 '1시'를 써 보라고 한다.
- 수행되면 유아 스스로 '1시'를 써 보라고 한다.
- 수행되면 교사가 시계를 '1시'에 맞추어 놓은 후 유아가 '한 시'라고 말할 수 있는지 확인한다.
- 교사가 "시계는 ♫ 아~침부터 ♫ 똑딱 똑딱 시간은 ♫ 두~시, 두~시."라고 노래 부르며 시계 밑에 '2시'를 쓰는 시범을 보인다.
- 유아에게 시계 밑에 '2시'를 써 보라고 한다.
- 쓰지 못하면 교사가 유아의 손을 잡고 '2시'를 써 준다.

6~7
세

- 수행되면 교사가 시계를 '2시'에 맞추어 놓은 후 유아가 '두 시'라고 말할 수 있는지 확인한다.
- '1시'를 지도한 것과 같은 방법으로 '열두 시(12)'까지 지도한다.
- 수행되면 유아의 특성에 맞는 적절한 강화제를 제공한다.

☞ 방법 ❸과 ❹의 시계 그림은 시중에서 판매하는 시계 도장으로 찍어서 사용하면 편리하고, 시계 그림 대신 실제 시계를 가지고 물어본 후 유아에게 '몇 시'인지 쓰도록 지도해도 된다.

☞ 유아가 "한 시." "두 시."라고 대답하기 어려워할 경우 '1시' '2시'로 지도해도 무방하다. 일반적으로 서수(순서)를 어려워하므로 기수(수)로 지도하는 것도 효율적이다.

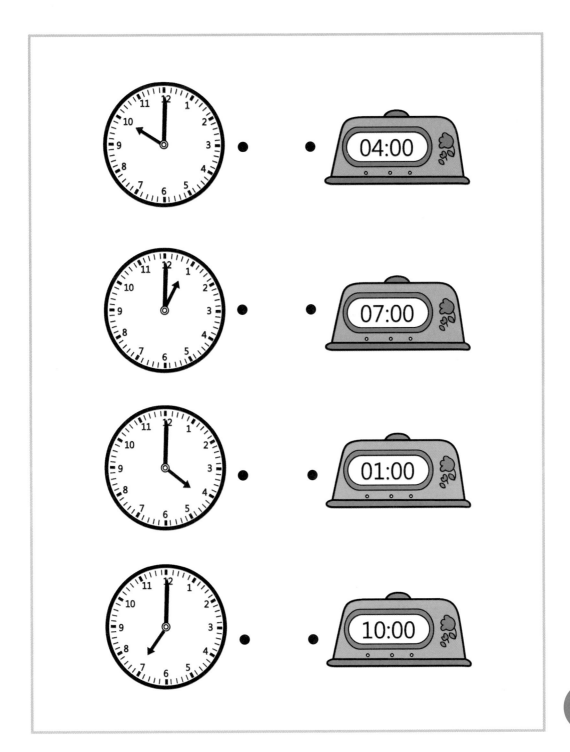

(시)   (시)

(시)   (시)

(시)   (시)

(시)   (시)

(시)   (시)

92

친숙한 단어 쓰기

목표 | 친숙한 단어를 쓸 수 있다.

자료 | 친숙한 단어카드, 사포로 쓴 단어카드, 단어를 오려 낸 카드, 종이, 연필 및 색
연필, 강화제

방법 ❶

- 교사가 유아에게 친숙한 단어를 보여 주며 각 단어를 읽어 준 후 글씨 쓰는 시범을
보인다.
- 유아에게 교사를 모방하여 친숙한 단어를 써 보라고 한다.
- 수행되면 유아 스스로 친숙한 단어를 써 보라고 한다.
- 수행되면 유아의 특성에 맞는 적절한 강화제를 제공한다.

방법 ❷

- 교사가 유아에게 친숙한 단어를 보여 주며 각 단어를 읽어 준 후, 예를 들어 '가
방'을 쓰는 시범을 보인다.
- 유아에게 교사를 모방하여 '가방'을 써 보라고 한다.
- 쓰지 못하면 교사가 유아의 손을 잡고 '가방'을 써 준다.
- 교사가 사포로 쓴 '가방' 글씨를 제시한 후 유아에게 손가락으로 글씨를 따라 써
보라고 한다.
- 교사가 유아의 손을 잡고 '가'를 써 준다.
- 교사가 '가' 글씨를 오려 낸 카드를 제시한 후 유아에게 오려진 모양을 따라 '가'
를 써 보라고 한다.
- 교사가 '가' 글씨를 점선으로 찍어 준 후 유아의 손을 잡고 써 준다.
- 유아에게 점선을 따라 '가'를 써 보라고 한다.
- 수행되면 교사가 'ㄱ'이 되도록 점을 찍어 주고 'ㅏ'는 써 놓은 후 유아에게 써 보

라고 한다.

- 수행되면 교사가 'ㄱ'의 시작점을 찍어 주고 'ㅏ'는 점선으로 써 준 후 유아에게 써 보라고 한다.
- 수행되면 교사가 'ㄱ'의 시작점만 찍어 준 후 유아에게 '가'를 써 보라고 한다.
- 도움을 점차 줄여 간다.
- 수행되면 유아 스스로 '가'를 써 보라고 한다.
- '방' 글자도 같은 방법으로 지도한다.
- 수행되면 다른 단어들도 '가'를 쓰게 한 것과 같은 방법으로 지도한다.
- 수행되면 유아의 특성에 맞는 적절한 강화제를 제공한다.

☞ 유아의 이름을 쓰는 것도 '가'를 쓰게 한 것과 같은 방법으로 지도하면 쉽게 쓸 수 있다.

가 → ㄱ ㅏ ㅣ

방 → ㅂ ㅂ ㅂ ㅂ

6~7
세

93 30분 말하고 쓰기 6~7세

목표 │ '30분'을 말하고 쓸 수 있다.

자료 │ 숫자시계, 시계 그림, 연필 또는 색연필, 강화제

방법 ❶

- 정시는 앞 단계에서 수행하였으므로 확인하고 시행한다.
- 교사가 시계를 가지고 긴 바늘이 '분'을 가리킨다는 것을 설명한다.
- 교사가 짧은 바늘을 각 숫자의 중간에 두고 긴 바늘이 6을 가리킬 때 각 시간의 '30분'을 말하는 시범을 보인다.
- 교사가 짧은 바늘을 각 숫자의 중간에 두고 긴 바늘이 6을 가리킬 때 각 시간의 '30분'을 말해 준 후 유아에게 교사를 모방하여 각 시간의 '30분'을 말해 보라고 한다.
- 수행되면 교사가 짧은 바늘을 각 숫자의 중간에 두고 긴 바늘이 6을 가리키는 시계 그림을 보여 주면 유아 스스로 각 시간의 '30분'을 말할 수 있는지 확인한다.
- 수행되면 유아의 특성에 맞는 적절한 강화제를 제공한다.

방법 ❷

- 교사가 시계의 긴 바늘이 '분'을 가리킨다는 것을 말한 후 짧은 바늘을 각 숫자 중간에 두고 긴 바늘이 '6'을 가리키면 '30분'이라는 것을 설명한다.
- 교사가 짧은 바늘을 '1'과 '2' 중간에 맞추어 두고 긴 바늘을 '6'에 고정시킨 후 "한 시(1시) 30분."이라고 말하는 시범을 보인다.
- 유아에게 교사를 모방하여 "한 시(1시) 30분."을 말해 보라고 한다.
- 교사가 짧은 바늘을 '1'과 '2' 중간에 맞추어 두고 긴 바늘을 '6'에 고정시킨 후 유아에게 '몇 분'인지를 물어본다.
- 대답하지 못하면 교사가 유아의 손을 잡고 '6'을 짚어 주며 "한 시(1시) 30분."이라

고 말해 준다.

- 교사가 '6을' 가리키며 "한 시(1시) 30분."이라고 말해 준다.

- 도움을 점차 줄여 간다.

- 수행되면 유아 스스로 "한 시(1시) 30분."이라고 대답하게 한다.

- 수행되면 교사가 짧은 바늘을 '2'와 '3' 중간에, 긴 바늘은 '6'에 맞추어 놓은 후 "두 시(2시) 30분."이라고 말하는 시범을 보인다.

- 교사가 짧은 바늘을 '2'와 '3' 중간에, 긴 바늘은 '6'에 맞추어 놓은 후 유아에게 '몇 시' '몇 분'인지를 물어본다.

- 대답하지 못하면 '한 시(1시) 30분'을 지도한 것과 같은 방법으로 지도한다.

- 수행되면 교사가 긴 바늘은 '6'에 맞추어 놓은 후 짧은 바늘을 '1과 2' 중간, '2와 3' 중간에 번갈아 놓고 물어볼 때 유아 스스로 '몇 시' '몇 분'인지를 말해 보라고 한다.

- 수행되면 각각의 '30' 분도 '한 시(1시) 30분'을 지도한 것과 같은 방법으로 지도한다.

- 수행되면 유아의 특성에 맞는 적절한 강화제를 제공한다.

방법 ❸

- 시계 그림과 30분(숫자)을 연결할 수 있는 그림을 제시한다.

- 교사가 시계 그림의 짧은 바늘과 긴 바늘이 가리키는 시간을 같은 숫자와 연결하는 시범을 보인다.

- 유아에게 교사를 모방하여 짧은 바늘과 긴 바늘이 가리키는 시간을 같은 숫자와 연결해 보라고 한다.

- 연결하지 못하면 교사가 유아의 손을 잡고 짧은 바늘과 긴 바늘이 가리키는 시간을 같은 숫자와 연결해 준다.

- 교사가 짧은 바늘과 긴 바늘이 가리키는 시간을 같은 숫자와 연결할 수 있도록 점 선으로 그려 준 후 유아에게 연결해 보라고 한다.

6~7
세

- 연결하지 못하면 교사가 유아의 손을 잡고, 예를 들어 시계의 '1시 30분'과 같은 숫자 '1시 30분'을 점선을 따라 연결해 준다.
- 교사가 오른쪽에 쓰인 숫자 '1시 30분'을 가리키며 유아에게 연결해 보라고 한다.
- 도움을 점차 줄여 간다.
- 수행되면 유아 스스로 시계의 '1시 30분'과 같은 숫자 '1시 30분'을 점선을 따라 연결해 보라고 한다.
- 수행되면 시계의 '시, 분'과 같은 숫자를 연결하는 점선을 세 개 그려 준 후 유아에게 점선을 따라 연결하게 하고 한 개는 스스로 연결하게 한다.
- 수행되면 시계의 '시, 분'과 같은 숫자를 연결하는 점선을 두 개 그려 준 후 유아에게 점선을 따라 연결하게 하고 두 개는 스스로 연결하게 한다.
- 수행되면 시계의 '시, 분'과 같은 숫자를 연결하는 점선을 한 개 그려 준 후 유아에게 점선을 따라 연결하게 하고 세 개는 스스로 연결하게 한다.
- 수행되면 점선을 모두 지운 후 유아 스스로 연결하라고 한다.
- 수행되면 교사가 시계의 '시, 분'과 연결하는 숫자를 다양하게 바꾸어 유아에게 연결하라고 한다.
- 수행되면 유아의 특성에 맞는 적절한 강화제를 제공한다.

방법 ❹
- 시계 그림 밑에 괄호를 만들어 놓고 '30분'을 쓸 수 있는 그림을 제시한다.
- 교사가 "시계는 ♪ 아~침부터 ♬ 똑딱 똑딱 바늘은 ♪ 30~분, 30~분."이라고 노래 부르며 짧은 바늘을 '1'과 '2' 중간에 맞추어 두고 긴 바늘은 '6'에 고정된 시계 그림 밑에 '1시 30분'이라고 쓰는 시범을 보인다.
- 유아에게 시계 밑에 '1시 30분'을 써 보라고 한다.
- '1시 30분'을 쓰지 못하면 교사가 유아의 손을 잡고 '1시 30분'을 써 준다.
- 교사가 '1시 30분'을 점선으로 써 준 후 유아에게 점선을 따라 '1시 30분'을 써 보라고 한다.

- 수행되면 교사가 '1시' 를 써 준 후 유아 스스로 '30분' 을 써 보라고 한다.

- 수행되면 유아 스스로 '1시 30분' 을 써 보라고 한다.

- 수행되면 교사가 시계를 '1시 30분' 에 맞추어 놓은 후 유아가 '한 시 삼십분' 이라고 말할 수 있는지 확인한다.

- 교사가 "시계는 ♫ 아~침부터 ♫ 똑딱 똑딱 바늘은 ♫ 30~분, 30~분." 이라고 노래 부르며 시계 밑에 '2시 30분' 을 쓰는 시범을 보인다.

- 유아에게 시계 밑에 '2시 30분' 을 써 보라고 한다.

- 쓰지 못하면 교사가 유아의 손을 잡고 '2시 30분' 을 써 준다.

- 수행되면 교사가 시계를 '2시 30분' 에 맞추어 놓은 후 유아가 '두 시 30분' 이라고 말할 수 있는지 확인한다.

- '1시 30분' 을 지도한 것과 같은 방법으로 '열두(12) 시 30분' 까지 지도한다.

- 수행되면 유아의 특성에 맞는 적절한 강화제를 제공한다.

☞ **방법 ❸**의 시계 그림은 시중에서 판매하는 시계 도장으로 찍어서 사용하면 편리하고, 시계 그림 대신 실제 시계를 가지고 물어본 후 유아에게 '몇 시 몇 분' 인지 쓰도록 지도해도 된다.

6~7
세

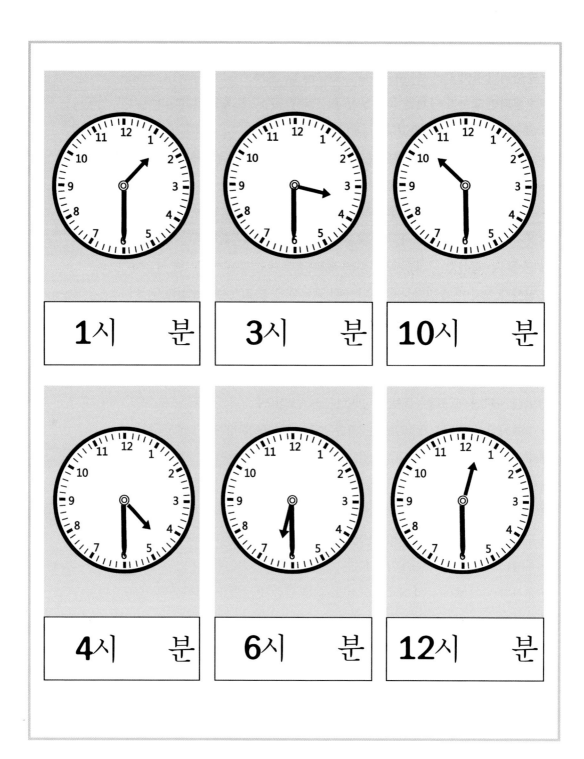

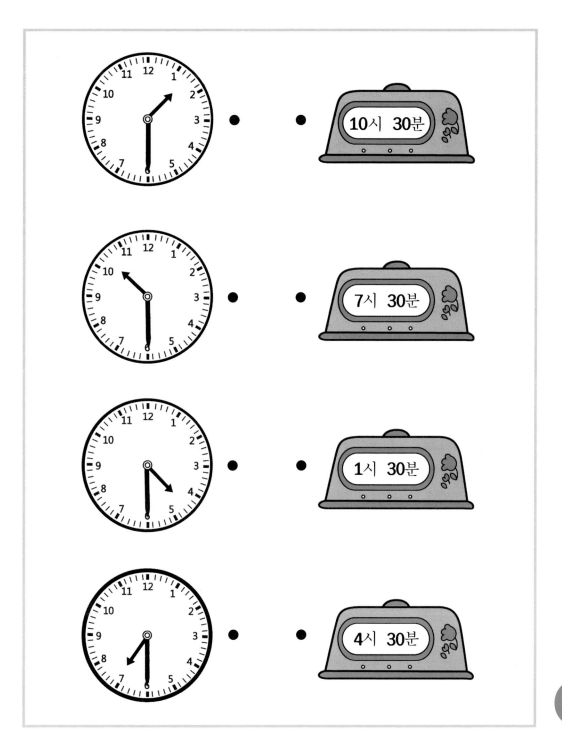

(시   분)　　　　(시   분)

(시   분)　　　　(시   분)

(시   분)　　　　(시   분)

(시   분)　　　　(시   분)

(시   분)　　　　(시   분)

362

94 1~10 수에 5까지 더하기

목표 │ 1~10 수에 5까지 더하기를 할 수 있다.

자료 │ 덧셈 교구, 덧셈 그림자료, 1~20의 숫자카드, 숫자스티커, 블록, 종이, 필기도
구, 강화제

방법 ❶

- 1＋3의 문제가 출제되어 있는 종이를 유아에게 제시한다.
- 교사가 1＋3의 뒤에 쓰인 3 숫자 위에 동그라미를 세 개 그려 앞 숫자 1과 뒤에 쓰인 3 숫자 위의 동그라미를 세어 답을 쓰는 시범을 보인다.
- 유아에게 1＋3의 뒤에 쓰인 3 숫자 위에 동그라미를 세 개 그려 앞 숫자 1과 뒤에 쓰인 3 숫자 위의 동그라미를 세어 답을 써 보라고 한다.
- 답을 쓰지 못하면 교사가 유아의 손을 잡고 앞 숫자 1과 뒤에 쓰인 3 숫자 위의 동그라미를 세어 4라고 답을 써 준다.
- 교사가 앞 숫자 1을 "하나."라고 세어 준 후 유아에게 뒤 숫자 3 위에 그려진 동그라미를 세어 4라고 답을 쓰게 한다.
- 도움을 점차 줄여 간다.
- 유아 스스로 1＋3의 뒤 숫자 3 위에 동그라미를 그린 후 앞 숫자 1과 동그라미를 세어 보고 4라고 답을 쓰게 한다.
- 수행되면 교사가 뒤 수에 동그라미를 그리지 않고 1＋3을 해서 4라고 답을 쓰는 시범을 보인다.
- 유아에게 뒤 수에 동그라미를 그리지 않고 1＋3을 해서 4라고 답을 써 보라고 한다.
- 수행되면 교사가 1~10의 숫자에 ＋3을 해서 답을 쓰는 시범을 보인다.
- 교사가 1~10의 숫자에 ＋3의 문제를 제시해서 유아가 답을 쓸 수 있는지 확인한다.
- 수행되면 2＋3의 문제가 출제되어 있는 종이를 유아에게 제시한다.
- 교사가 2＋3의 뒤에 쓰인 3 숫자 위에 동그라미를 세 개 그려 앞 숫자 2와 뒤에 쓰

인 3 숫자 위의 동그라미를 세어 5라고 답을 쓰는 시범을 보인다.

- 유아에게 2＋3의 뒤에 쓰인 3 숫자 위에 동그라미를 세 개 그려 앞 숫자 2와 뒤에 쓰인 3 숫자 위의 동그라미를 세어 5라고 답을 써 보라고 한다.
- 수행되면 교사가 2＋3의 뒤에 쓰인 3 숫자 위에 동그라미를 그리지 않고 2＋3을 해서 답을 쓰는 시범을 보인다.
- 유아에게 2＋3의 뒤에 쓰인 3 숫자 위에 동그라미를 그리지 않고 2＋3을 해서 답을 써 보라고 한다.
- 수행되면 교사가 1~10의 숫자에 ＋3을 해서 답을 쓰는 시범을 보인다.
- 교사가 1~10의 숫자에 ＋3의 문제를 제시해서 유아가 답을 쓸 수 있는지 확인한다.
- 수행되면 교사가 1~10의 숫자에 ＋4~5의 문제를 같은 방법으로 지도한다.
- 수행되면 교사가 1~10의 숫자에 ＋1~5의 숫자를 더해서 답을 쓰는 시범을 보인다.
- 교사가 1~10의 숫자에 ＋1~5가 그림으로 그려져 있는 문제를 출제하여 유아가 답을 쓸 수 있는지 확인한다.
- 교사가 1~10의 숫자에 ＋1~5의 문제를 혼합하여 제시한 후 유아가 답을 쓸 수 있는지 확인한다.
- 수행되면 유아의 특성에 맞는 적절한 강화제를 제공한다.

방법 ❷

- 1＋3의 문제가 출제되어 있는 종이를 유아에게 제시한다.
- 교사가 앞 숫자 1 위에 동그라미를 하나 그리고 ＋3의 숫자 위에 동그라미 세 개를 그린다.
- 교사가 앞 숫자 1과 뒤 숫자 3 위의 동그라미를 모두 세어 4라고 답을 쓰는 시범을 보인다.
- 유아에게 앞 숫자 1 위에 동그라미를 하나 그리고 ＋3의 숫자 위에 동그라미 세 개를 그리게 한다.
- 유아에게 앞 숫자 1과 뒤에 쓰인 ＋3 숫자 위의 동그라미를 모두 세어 4라고 답을

쓰거나 4 숫자스티커를 붙여 보라고 한다.

- 수행되면 교사가 1+3의 숫자 위에 동그라미를 그리지 않고 1+3을 해서 4라고 답을 쓰는 시범을 보인다.
- 유아에게 숫자 위에 동그라미를 그리지 않고 1+3을 해서 4라고 답을 써 보라고 한다.
- 수행되면 교사가 1~10의 숫자에 +3을 해서 답을 쓰는 시범을 보인다.
- 교사가 1~10의 숫자에 +3의 문제를 제시해서 유아가 답을 쓸 수 있는지 확인한다.
- 수행되면 교사가 1~10의 숫자에 +4~5의 문제를 같은 방법으로 지도한다.
- 수행되면 교사가 1~10의 숫자에 +1~5의 숫자를 더해서 답을 쓰는 시범을 보인다.
- 교사가 1~10의 숫자에 +1~5가 그림으로 그려져 있는 문제를 출제하여 유아가 답을 쓸 수 있는지 확인한다.
- 교사가 1~10의 숫자에 +1~5의 문제를 혼합하여 제시한 후 유아가 답을 쓸 수 있는지 확인한다.
- 수행되면 유아의 특성에 맞는 적절한 강화제를 제공한다.

방법 ❸

- 숫자카드 1을 놓고 옆에 블록 세 개를 놓는다.
- 교사가 숫자 1과 연결하여 블록 세 개를 세면 네 개가 되는 시범을 보인다.
- 유아에게 숫자 1과 블록 세 개를 연결하여 세어 보게 한 후 몇 개인지 물어본다.
- 유아가 대답하지 못하면 교사가 유아의 손을 잡고 숫자 1과 블록 세 개를 연결하여 세어 본 후 "네 개." 또는 "사."라고 대답하게 한다.
- 교사가 숫자 1을 가리키며 "하나." 또는 "일."이라고 한 뒤 유아가 연결하여 블록 세 개를 "둘, 셋, 넷(이, 삼, 사)."이라고 세고 "네 개." 또는 "사."라고 대답하게 한다.
- 유아 스스로 숫자 1과 블록 세 개를 연결하여 세어 본 후 대답하게 한다.
- 수행되면 교사가 숫자카드 2를 놓고 옆에 블록 세 개를 놓는다.
- 교사가 숫자 2와 연결하여 블록 세 개를 세면 다섯 개가 되는 시범을 보인다.

6~7
세

365

- 유아에게 숫자 2와 블록 세 개를 연결하여 세어 보게 한 후 몇 개인지 물어본다.
- 수행되면 1~10의 숫자에 블록 세 개를 연결하여 +3을 할 수 있는지 확인한다.
- 수행되면 교사가 1~10의 숫자에 +4~5의 문제를 같은 방법으로 지도한다.
- 이와 같은 방법으로 1~10의 숫자에 +1~5의 블록을 더하는 방법을 지도한다.
- 수행되면 유아의 특성에 맞는 적절한 강화제를 제공한다.

방법 ❹

- 덧셈 교구를 준비하여 교사가 1+3을 할 때 각 숫자 위에 숫자만큼 동그라미를 붙이는 시범을 보인다.
- 교사가 각 숫자 위의 동그라미를 전부 세어 1+3=4라고 붙이는 시범을 보인다.
- 유아에게 각 숫자만큼 동그라미를 붙이게 한 후 동그라미를 전부 세어 더한 숫자 4를 1+3=에 붙이게 한다.
- 4를 붙이지 못하면 교사가 유아의 손을 잡고 동그라미를 전부 세어 준 후 4를 찾아 붙여 준다.
- 교사가 동그라미를 더해서 세어 주고 유아에게 4를 찾아 붙이게 한다.
- 유아 스스로 1+3을 할 때 각 숫자 위에 숫자만큼 동그라미를 붙여, 동그라미를 더해서 세어 본 후 4를 찾아 붙이게 한다.
- 수행되면 이와 같은 방법으로 1~10의 숫자에 +3을 지도한다.
- 수행되면 1~10의 숫자에 +3의 문제를 제시해서 확인한다.
- 수행되면 같은 방법으로 1~10의 숫자에 +4~5를 지도한 후 문제를 제시해서 확인한다.
- 수행되면 유아의 특성에 맞는 적절한 강화제를 제공한다.

☞ 더하기 지도 시, 셋, 넷이라고 세고 답을 3, 4라고 쓰게 하는 것보다 3, 4라고 세고 답을 3, 4라고 쓰게 하면 빠르게 습득하므로 참고하도록 한다.

☞ 각 단계마다 ○ 대신 스티커를 활용해도 재미있게 진행할 수 있다. 숫자를 쓰지 못하면 숫자스 티커를 활용하면 된다. 그리고 숫자를 쓸 수 있는 경우에도 숫자스티커를 적절하게 활용하면 재미있게 지도할 수 있다.

☞ 덧셈 교구는 하드보드지에 보슬이를 붙인 후 숫자 뒤에 까슬이를 붙여 제작하거나 그림처럼 시 중에서 판매되는 교구를 활용하면 효과적이다.

6~7
세

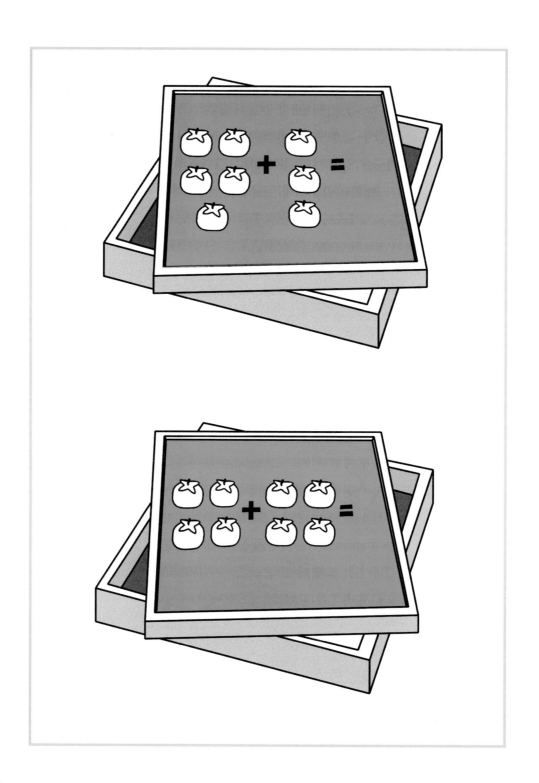

1 + ○○○ **3** =

2 + ○○○ **3** =

3 + ○○○ **3** =

○ **1** + ○○○ **3** =

○○ **2** + ○○○ **3** =

○○○ **3** + ○○○ **3** =

6~7
세

1 + ⚪⚪⚪ =

2 + ⚪⚪⚪ =

3 + ⚪⚪⚪ =

4 + ⚪⚪⚪ =

5 + ⚪⚪⚪ =

6 + ⚪⚪⚪ =

7 + ⚪⚪⚪ =

1 + 1 ⇒ 2

2 + 1 → ☐   3 + 1 → ☐   4 + 1 → ☐

5 + 1 → ☐   6 + 1 → ☐   7 + 1 → ☐

8 + 1 → ☐   9 + 1 → ☐   2 + 2 → ☐

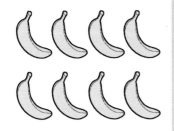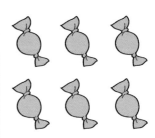

5 + ☐ → 8   3 + ☐ → 5   2 + 4 → ☐

4 + 4 → ☐   2 + ☐ → 5   5 + ☐ → 6

2 + ☐ → 8   4 + 1 → ☐   ☐ + 3 → 6

6~7
세

1~10 수에서 5까지 빼기

목표 │ 1~10 수에 5까지 빼기를 할 수 있다.

자료 │ 뺄셈 교구, 접시, 뺄셈 그림자료, 1~10의 숫자카드, 숫자스티커, 블록, 종이, 필기도구, 강화제

방법 ❶

- 교사가 과자 다섯 개를 접시 위에 담아 놓은 후 세 개를 먹고 두 개가 남아 있는 것을 가리키며 "두 개(이)."라고 말하는 시범을 보인다.

- 교사가 과자 다섯 개를 유아 앞에 놓고 세 개를 먹으라고 한 후 몇 개 남았는지 물어본다.

- 대답하지 못하면 교사가 유아의 손을 잡고 남아 있는 과자를 세어 본 후 '두 개'라고 대답하게 한다.

- 교사가 남아 있는 두 개의 과자 중 하나를 세어 주고 유아가 연결해서 나머지 하나를 세어 보게 한 후 '두 개'라고 대답하게 한다.

- 도움을 점차 줄여 간다.

- 수행되면 교사가 물어볼 때 유아 스스로 남아 있는 과자의 개수를 말하게 한다.

- 이와 같은 방법으로 1~10개의 과자에서 3을 빼는 것을 지도한다.

- 수행되면 1~10개의 과자에서 유아에게 4~5개의 과자를 먹으라고 한 후 답을 말하는 것도 같은 방법으로 지도한다.

- 수행되면 1~10개의 과자에서 유아에게 1~5개를 먹으라고 한 후 답을 말할 수 있는지 확인한다.

- 수행되면 유아의 특성에 맞는 적절한 강화제를 제공한다.

방법 ❷

- 3~10의 숫자에서 각각 3을 빼는 문제가 출제되어 있는 종이를 유아에게 제시한다.

- 교사가 3 - 3을 하면 "영." 이라고 말하는 시범을 보인다.
- 유아에게 3 - 3을 한 후 몇 개 남았는지 물어본다.
- 수행되면 교사가 4 - 3을 할 때 뒤 숫자 3을 "삼." 이라고 센 후 연결하여 앞 숫자 4 위에 "사." 라고 하면서 동그라미 하나를 그린다.
- 교사가 4 숫자 위의 동그라미를 세어 1이라고 답을 쓰는 시범을 보인다.
- 유아에게 교사를 모방하여 뒤 숫자 3을 센 후 연결하여 앞 숫자 4 위에 "사." 라고 하면서 동그라미를 하나 그려 보라고 한다.
- 모방하지 못하면 교사가 유아의 손을 잡고 뒤 숫자 3을 센 후 연결하여 앞 숫자 4 위에 "사." 라고 하면서 동그라미 한 개를 그려 준 후 유아에게 동그라미를 세어 답을 써 보라고 한다.
- 도움을 점차 줄여 간다.
- 유아 스스로 뒤 숫자 3을 센 후 연결하여 앞 숫자 4 위에 "사." 라고 하면서 동그라미 한 개를 그린 후 동그라미를 세어 답을 쓰게 한다.
- 수행되면 교사가 5 - 3을 할 때 뒤 숫자 3을 "삼." 이라고 센 후 연결하여 앞 숫자 3 위에 "사, 오." 라고 하면서 동그라미를 두 개 그린다.
- 교사가 3 숫자 위의 동그라미 두 개를 세어 2라고 답을 쓰는 시범을 보인다.
- 유아에게 교사를 모방하여 뒤 숫자 3을 센 후 연결하여 앞 숫자 5 위에 "사, 오." 라고 하면서 동그라미를 두 개 그리게 한다.
- 교사가 유아에게 그려진 동그라미를 세어 답을 써 보라고 한다.
- 수행되면 4~10까지 4~5 - 3과 같은 방법으로 -3을 지도한 후 유아가 답을 쓸 수 있는지 확인한다.
- 교사가 4 - 4를 하면 "영." 이라고 말하는 시범을 보인다.
- 유아에게 4 - 4를 한 후 몇 개 남았는지 물어본다.
- 수행되면 교사가 5 - 4를 할 때 뒤 숫자 4를 "사." 라고 센 후 연결하여 앞 숫자 5 위에 "오." 라고 하면서 동그라미를 한 개 그린다.
- 교사가 5 숫자 위의 동그라미 한 개를 세어 1이라고 답을 쓰는 시범을 보인다.

- 유아에게 교사를 모방하여 뒤 숫자 4를 센 후 앞 숫자 5 위에 "오."라고 하면서 동그라미 한 개를 그려 보라고 한다.
- 교사가 유아에게 5 위에 그려진 동그라미 한 개를 세어 1이라고 답을 쓰게 한다.
- 수행되면 교사가 6-4를 할 때 뒤 숫자 4를 "사."라고 센 후 연결하여 앞 숫자 6 위에 "오, 육."이라고 하면서 동그라미를 두 개 그린다.
- 교사가 6 숫자 위의 동그라미 두 개를 세어 2라고 답을 쓰는 시범을 보인다.
- 유아에게 뒤 숫자 4를 센 후 연결하여 앞 숫자 6 위에 "오, 육."이라고 하면서 동그라미를 두 개 그리게 한 후 답을 쓰게 한다.
- 수행되면 7~10까지 5~6-3~4와 같은 방법으로 지도한 후 유아가 답을 쓸 수 있는지 확인한다.
- 수행되면 수 1~10까지 -1~5를 혼합하여 출제한 후 유아에게 답을 써 보라고 한다.
- 수행되면 유아의 특성에 맞는 적절한 강화제를 제공한다.

방법 ❸

- 3~10의 숫자에서 각각 3을 빼는 문제가 출제되어 있는 종이를 유아에게 제시한다.
- 교사가 앞 숫자 위에 동그라미를 그린 후 뒤 숫자만큼 동그라미를 사선으로 긋고, 남아 있는 동그라미를 세어 답을 쓰는 시범을 보인다.
- 유아에게 4-3의 문제를 제시한다.
- 교사가 4-3을 할 때 앞 숫자 4 위에 동그라미 네 개를 그린 후 뒤 숫자 3만큼 앞 숫자 4 위의 동그라미를 사선으로 긋는다.
- 교사가 4 숫자 위에 남아 있는 동그라미를 센 후 '1'이라고 답을 쓰는 시범을 보인다.
- 유아에게 앞 숫자 4 위에 동그라미를 네 개 그린 후 뒤 숫자 1만큼 사선으로 긋게 한다.
- 유아에게 남아 있는 동그라미를 세어 답을 써 보라고 한다.
- 답을 쓰지 못하면 교사가 유아의 손을 잡고 동그라미를 세어 1이라고 써 준다.
- 도움을 점차 줄여간다.

- 유아 스스로 앞 숫자 4 위에 동그라미를 네 개 그린 후 뒤 숫자 1만큼 앞 숫자 4 위의 동그라미를 사선으로 그은 후 동그라미를 세어 답을 쓰게 한다.
- 수행되면 5~10의 숫자에서 각각 3을 빼는 것도 이와 같은 방법으로 지도한다.
- 수행되면 교사가 5-3을 할 때 앞 숫자 5 위에 동그라미를 다섯 개 그린 후 뒤 숫자 3만큼 앞 숫자 5 위의 동그라미를 사선으로 긋는다.
- 교사가 5 숫자 위에 남아 있는 동그라미를 센 후 '2'라고 답을 쓰는 시범을 보인다.
- 유아에게 앞 숫자 5 위에 동그라미를 다섯 개 그린 후 뒤 숫자 3만큼 사선으로 긋게 한다.
- 유아에게 남아 있는 동그라미를 세어 답을 써 보라고 한다.
- 답을 쓰지 못하면 4-3과 같은 방법으로 지도한다.
- 수행되면 5~10의 숫자에서 4~5를 빼는 것도 같은 방법으로 지도한다.
- 교사가 1~10의 숫자에서 -1~5의 문제를 혼합하여 제시하고 유아가 답을 쓸 수 있는지 확인한다.
- 수행되면 칭찬하거나 강화제를 제공한다.

방법 ❹

- 뺄셈 교구를 준비하여 교사가 4-3을 할 때 앞 숫자 4 위에 숫자만큼 동그라미를 네 개 붙인다.
- 교사가 뒤 숫자 3만큼 동그라미를 떼어 낸 후 남아 있는 동그라미를 세어 4-3=1이라고 붙이는 시범을 보인다.
- 유아에게 앞 숫자 4만큼 동그라미를 붙이게 한 후 뒤 숫자 4만큼 동그라미를 떼어 내게 하고 앞 숫자 4에 남아 있는 동그라미를 세어 4-3= 에 1을 붙이게 한다.
- 1을 붙이지 못하면 교사가 유아의 손을 잡고 앞 숫자 4 위에 남아 있는 동그라미를 세어 본 후 1을 찾아 붙여 준다.
- 교사가 앞 숫자 4 위에 남아 있는 동그라미를 세어 준 후 유아에게 1을 찾아 붙여 보라고 한다.

6~7
세

- 도움을 점차 줄여 간다.
- 수행되면 유아 스스로 4-3을 해 보라고 한다.
- 수행되면 이와 같은 방법으로 1~10의 숫자에 3을 빼는 방법을 지도한다.
- 수행되면 1~10의 숫자에 -3의 문제를 출제해서 유아가 답을 쓸 수 있는지 확인 한다.
- 수행되면 교사가 6-4를 할 때 앞 숫자 6 위에 숫자만큼 동그라미를 붙이고 뒤 숫 자 4만큼 동그라미를 떼어 내는 시범을 보인다.
- 교사가 남아 있는 동그라미를 세어 6-4=2라고 붙이는 시범을 보인다.
- 유아에게 앞 숫자 6만큼 동그라미를 붙이게 한 후 뒤 숫자 4만큼 동그라미를 떼어 내게 하고 앞 숫자 6에 남아 있는 동그라미를 세어 6-4=에 2를 붙이게 한다.
- 2을 붙이지 못하면 4-3과 같은 방법으로 지도한다.
- 수행되면 이와 같은 방법으로 1~10의 숫자에 5를 빼는 것을 지도한다.
- 수행되면 1~10의 숫자에 -1~5문제를 혼합하여 출제해서 유아가 답을 쓸 수 있 는지 확인한다.
- 수행되면 유아의 특성에 맞는 적절한 강화제를 제공한다.

☞ 빼기 지도 시 셋, 넷이라고 세고 답을 3, 4라고 쓰게 하는 것보다 삼, 사라고 세고 답을 3, 4라고 쓰게 하면 빠르게 습득하므로 참고하도록 한다.

☞ 각 단계마다 ○ 대신 스티커를 활용해도 재미있게 진행할 수 있다. 숫자를 쓰지 못하면 숫자스 티커를 활용하면 된다. 그리고 숫자를 쓸 수 있는 경우에도 숫자스티커를 적절하게 활용하면 재미있게 지도할 수 있다.

☞ 뺄셈 교구는 하드보드지에 보슬이를 붙인 후 숫자 뒤에 까슬이를 붙여 제작하거나 그림처럼 시 중에서 판매되는 교구를 활용하면 효과적이다.

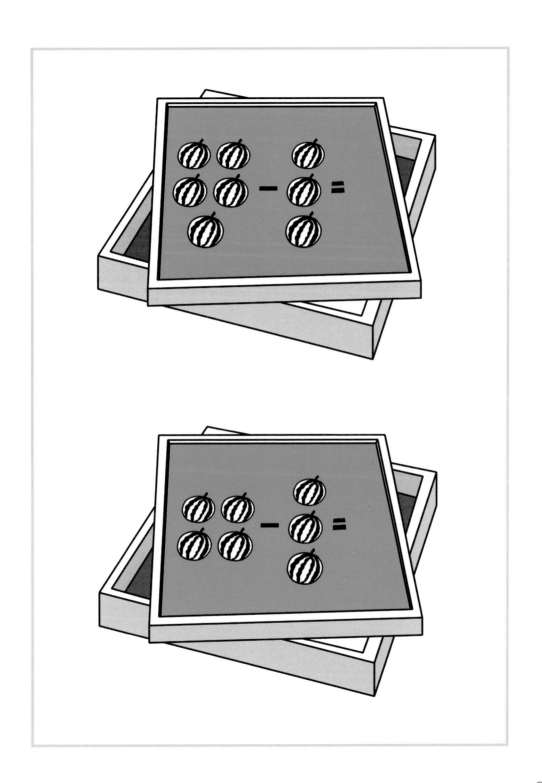

3 — 3 =

○
4 — 3 =

○○
5 — 3 =

○○○
6 — 3 =

○○○○
7 — 3 =

○○○○○
8 — 3 =

○○○○○
7 — 2 =

○○○
9 — 1 =

○
4 — 3 =

○○
6 — 4 =

○○○
8 — 5 =

○
3 — 2 =

○○○○○
10 — 5 =

○○○
5 — 2 =

6~7
세

○○⊘⊘⊘

6   —   **4**   =

○○○○⊘⊘⊘

7   —   **3**   =

○○○○○⊘⊘⊘⊘⊘

10   —   **5**   =

○○○○○○⊘⊘⊘

9   —   **3**   =

○○⊘⊘

4   —   **2**   =

○○⊘

3   —   **1**   =

○○○○⊘⊘⊘⊘

8   —   **4**   =

○○○⊘⊘

5   —   **2**   =

3 - 1 ⇒ 2

1 - 1 → ☐   2 - 1 → ☐   3 - 1 → ☐

4 - 1 → ☐   5 - 1 → ☐   6 - 1 → ☐

2 - 2 → ☐   3 - 2 → ☐   4 - 2 → ☐

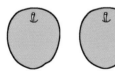

4 - 1 → ☐

4 - 2 → ☐

4 - ☐ → 1

6 - ☐ → 3

6 - ☐ → 4

6 - ☐ → 2

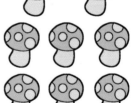

8 - ☐ → 2

8 - 3 → ☐

8 - 4 → ☐

6～7
세

MEMO

부록

관찰표

인지편

관찰표

인지편

연령	번호	목표	시행 일자	습득 일자
0~1세	1	얼굴을 가린 손수건 치우기		
	2	상자에서 물건 꺼내기		
	3	상자에 물건 넣기		
	4	상자에 물건 세 개를 넣었다 꺼내기		
	5	줄에 매달려 있는 장난감 흔들기		
	6	물건이나 사물 쳐다보기		
	7	떨어진 과자(장난감) 집어 올리기		
	8	컵 속에 있는 과자 찾기		
1~2세	9	상자 밑에 숨겨 놓은 물건 찾기		
	10	도형판에서 동그라미 도형 꺼내기		
	11	도형판에 동그라미 도형 넣기		
	12	두 개의 원기둥 꽂기		
	13	세 개의 블록 쌓기		
	14	같은 물건 짝짓기		
	15	두 조각 퍼즐 맞추기		
	16	신체 한 부위 가리키기		

〈계속〉

연령	번호	목표	시행 일자	습득 일자
2~3세	17	물건과 같은 그림 짝짓기		
	18	다섯 개의 원기둥 꽂기		
	19	같은 도형 짝짓기		
	20	세 가지 색 짝짓기		
	21	도형판에 세 가지 도형 넣기		
	22	도형블록과 도형카드 짝짓기		
	23	두 부분으로 나누어진 도형 완성하기		
	24	다양한 도형 끼우기		
	25	링 쌓기		
	26	여섯 개의 블록으로 모양 만들기		
	27	신체 세 부위 가리키기		
	28	1~3 숫자 가리키기		
	29	1~3 세기		
	30	블록 세 개 세기		
	31	네 조각 퍼즐 맞추기		
	32	같은 그림 짝짓기		
	33	같은 색 분류하기		
3~4세	34	두 부분으로 나누어진 형태 완성하기		
	35	함께 사용되는 물건 짝짓기		
	36	셋 이상의 물건 일대일 대응하기		
	37	여섯 조각 퍼즐 맞추기		
	38	같은 모양 도형 분류하기		
	39	크기 순서대로 네 개 쌓기		
	40	세 가지 색 변별하기		
	41	세 가지 도형 변별하기		
	42	신체 여섯 부위 가리키기		
	43	단순한 미로에 선 긋기		
	44	1~5 숫자 가리키기		
	45	1~5 순서대로 배열하기		
	46	1~5 세기		
	47	블록 다섯 개 세기		
	48	1~3의 수 개념		
	49	세 개의 같은 촉감 짝짓기		

〈계속〉

연령	번호	목표	시행 일자	습득 일자
4~5세	50	세 조각 그림 맞추기		
	51	남자와 여자 가리키기		
	52	크기에 맞는 상자 찾기		
	53	과일의 겉모양과 속 모양 맞추기		
	54	필요한 물건 가리키기		
	55	얼굴 그리기		
	56	눈, 팔, 다리 그려 넣기		
	57	같은 종류 분류하기		
	58	1~10 숫자 가리키기		
	59	1~10 순서대로 배열하기		
	60	1~10 세기		
	61	블록 열 개 세 기		
	62	1~5 쓰기		
	63	1~5의 수 개념		
	64	가게에서 파는 물건 분류하기		
	65	다섯 가지 색 변별하기		
	66	도형 모양 맞추기		
	67	네 개의 물건이나 그림 기억하여 말하기		
5~6세	68	물건을 정리해야 할 곳 구분하기		
	69	그림을 기호로 표시하기		
	70	오른쪽(손), 왼쪽(손) 구분하기		
	71	사람 그리기		
	72	여덟 가지 색 변별하기		
	73	동물의 집 구별하기		
	74	1~10의 뒤에 오는 숫자 가리키기		
	75	1~20 세기		
	76	1~10 쓰기		
	77	1~10의 수 개념		
	78	1~10의 앞에 오는 숫자 가리키기		
	79	같은 공간 위치 표시하기		
	80	친숙한 단어 열 개 읽기		
	81	1~10의 수에 2까지 더하기		
	82	1~10의 수에서 2까지 빼기		

〈계속〉

연령	번호	목표	시행 일자	습득 일자
6~7세	83	다양한 미로에 선 긋기		
	84	순서대로 붙이기		
	85	순서대로 요일 말하기		
	86	완전한 형태 그림과 부분 그림 맞추기		
	87	동물의 발자국 맞추기		
	88	1~30 세기		
	89	1~20 쓰기		
	90	숨은 그림 찾기		
	91	정시 말하고 쓰기		
	92	친숙한 단어 쓰기		
	93	30분 말하고 쓰기		
	94	1~10 수에 5까지 더하기		
	95	1~10 수에서 5까지 빼기		